根据保安业实际需要命题
依据《保安服务管理条例》组织编写

保安勤务规范与专业技能400问

（保安培训快餐教材·题库）

李斌杰　谷福生　编著

中国检察出版社

图书在版编目（CIP）数据

保安勤务规范与专业技能400问/李斌杰，谷福生编著. —北京：中国检察出版社，2010.1
ISBN 978－7－5102－0220－9

Ⅰ.①保…　Ⅱ.①李…②谷…　Ⅲ.①保安－工作－中国－问答
Ⅳ.①D631.3－44

中国版本图书馆CIP数据核字（2009）第235138号

保安勤务规范与专业技能400问

李斌杰　谷福生　编著

出版发行：中国检察出版社
社　　址：北京市石景山区鲁谷西路5号（100040）
网　　址：中国检察出版社（www.zgjccbs.com）
电子邮箱：zgjccbs@vip.sina.com
电　　话：（010）68658769（编辑）　68650015（发行）　68636518（门市）
经　　销：新华书店
印　　刷：保定市中画美凯印刷有限公司
开　　本：A5
印　　张：9.875印张
字　　数：272千字
版　　次：2010年1月第一版　2010年1月第一次印刷
书　　号：ISBN 978－7－5102－0220－9
定　　价：25.00元

前　言

（代序）

《保安服务管理条例》颁布后，我国的保安业队伍建设面临着一个亟待解决的问题：必须在2010年上半年，对在岗的数以百万计的保安人员进行专业培训、通过主管部门公安机关的考核和保安员资格认证，获得全国统一的《保安员证》。此外，为满足社会各方面对保安服务的需求，保安员队伍需要扩大，新招收的保安员需要受到良好的培训教育。目前，各地都纷纷组建保安培训学校，开展保安员培训。保安培训是保安业发展的重要保障，而培训教材则是培训工作的重中之重。据了解，教材短缺是各地保安培训机构面临的共同问题。据此，我们编写了这本《保安勤务规范与专业技能400问》，力图在这方面尽一己之力。

本书依据《保安服务管理条例》、《保安员国家职业标准（试行）》和公安部《保安员培训大纲》组织编写。针对保安员素质要求、职业能力，突出保安勤务实战操作规范与职业技能，全书共设十五章、分解为400个具体问题，基本囊括了保安勤务各个方面的内容、常见问题处置方法以及实战技能与战术，做到了专业、全面、实用、规范。

编写本书始终秉承简约、通用和多功能的原则，改变传统的单一模式，使得本书在用途上有所突破，做到了“一书三用”：其一，是一本保安培训教材。尽管本书采用问答式体例，但其理论结构系统全面，专业知识丰富，完全可以作为保安培训学校的培训教材。其二，是一本通俗易懂的自学书籍。本书考虑到保安员队伍整体文化程度的实际情况，避免空泛的理论阐述，力求语言通俗、方法实用、一看就懂、操作方便。其三，是一个丰富的考试考核题库。书中的400个题目，既是培训、实战的应用性问题，又可以直接选为考试考核的题目，既方便了教官出题考试，也方便了学员复习备考。

希望此书能在保安员队伍建设中起到帮助作用，也诚恳地期待读者不吝指正，以便充实完善本书。

作者

2009年12月8日

目　　录

第一章 保安服务业概述

第一节 保安服务业

1. 什么是保安?

保安，根据《辞海》中的定义，“保”是指保护、担保、保佑、保证的意思。“安”是指平安、安全、安宁、安定的意思。“保安”是指通过保护使之安全的活动。

随着社会的发展和进步，“保安”一词的含义逐渐稳定化和特定化。在现代社会条件下，对“保安”一词有广义和狭义两种解释：广义的“保安”，是指一切为了维护安全而实施的行为以及专业从事这种行为的组织与人员，包括军队、警察和企事业单位等保卫组织的人员与他们所从事的保障安全的行为。狭义的“保安”，包括两个方面的含义：一是指专业化的保安机构和组织按照契约的规定，为客户提供涉及安全保卫方面的各种服务活动；二是指专门为客户提供安全保卫服务的人员。本书所说的保安，指的是狭义的保安。

2. 什么是保安服务?

保安服务，指的是为满足公民、法人和其他组织的安全需求，依照法律、法规、规章和国家有关规定，由依法设立的企业、组织提供的专业化安全防范及相关服务的行为。

3. 什么是保安公司?

保安公司，是指依照国家相关法律规定设立的，从事保安服务，具有与其性质相适应的名称、组织机构、企业章程和管理制度的企业法人。

4. 保安公司的性质是什么?

党中央、国务院和公安部对保安公司的性质问题，在许多文件中都有过明确的阐述。

1985年1月中央政法工作会议提出建立保安公司的中办发13号文件中就指出，保安公司是“为适应新形势下社会安全防范工作需要”而创立的。它“既能满足社会需要，有利于社会治安管理，又有利于缓和警力不足的困难”。

在《中共中央关于加强公安工作的决定》中，将保安公司视为一支有力的群防群治力量，要求公安机关加强对保安公司的领导，“发挥其协助公安机关维护社会治安的积极作用”。

1988年，国务院批准的公安部《关于组建保安服务公司的报告》中明确规定：“保安服务公司是为客户承担保安服务和提供安全防范咨询业务的服务型企业，经济上实行独立核算，自负盈亏。保安服务公司的主管部门是公安机关，业务活动由公安机关指导和监督。”

公安部针对各地对保安公司性质认识和规定不一致的情况，在《关于加强保安服务公司管理的通知》中强调指出：“保安服务公司是为客户提供有偿安全服务的企业，不属于事业单位，各地组建的保安服务公司要统一为服务型企业性质。现规定为事业单位的保安服务公司，要立即着手改为企业单位。”

党中央、国务院和公安部的一系列指示和规定，是在充分考虑、分析公司的特点和我国保安公司的现状及发展需要的基础上而作出的，明确规定了保安公司的性质，即保安公司是在公安机关领导下，专门为客户提供安全防范服务的一种特殊服务型企业。

正确理解保安公司的性质，需要把握住以下几个方面的内容：

一、保安公司是一种企业

这是保安公司性质的根本点。既然是一种企业，当然就不同于国家机关或事业单位。保安公司与其他企业一样，是一个具有企业法人地位的独立经济实体，是以营利为目的而从事各种安全服务经营活动的企业法人。我国法律规定的企业法人的基本条件是：有自己的名称、组织机构和章程；有固定的经营场所和必要的设施；有符合规定的资金数额和从业人员；能够独立承担民事责任，实行独立核算，自负盈亏；符合法律、政策规定的经营范围；依照《企业法人登记管理条例》向当地工商行政管理机关进行登记，有自己选出的法定代表人。这些条件说明了，保安公司作为一种以营利为目的的企业，不具有类似于公安机关那样独立或无偿地向社会提供安全服务的责任，它所提供的服务是建立在有人雇请，并与之签订协议合同和有偿服务的基础之上的，目的只限于合同规定的目标、对象、内容、任务和要求。当然，这种依据合同所提供的安全服务任务的完成，在客观上同样起到了维护社会治安、稳定社会的积极作用。

二、保安公司是一种专门提供安全服务的特殊企业

这种特殊性主要表现在以下两点：

（一）保安公司是一种专门提供安全服务的企业。这是保安公司与其他企业不同的根本点，也是该企业的唯一宗旨。服务项目包括：向社会提供安全防范咨询业务服务；经营防盗、防火、报警等保安器材和设备；向社会提供门卫、守护、巡逻、押运等项业务服务。从这些服务项目与内容便可看出，保安公司这种企业与一般的企业是不同的，可以说，除保安公司外，其他任何企业不能为客户提供这种服务。由于保安公司具有自身的特殊性，所以称其为特殊企业。

（二）保安公司并不是以获取最高利润为根本目的的企业。这主要表现在：（1）保安公司在收费上由国家统一规定，比较合理；（2）更多注意和重视的还是社会效益。当然，保安公司毕竟是企业，他们也要进行独立核算、自负盈亏，要支付保安人员的工资、福利及受伤、致残、致死等医疗费用，还要有活动经费，必要时还需对客户支付赔偿。因此，也要进行适当合理的收费。

三、保安公司是一种由公安机关主管和指导的企业

这也是它的特殊性所在。之所以如此，是由保安公司所做的工作和所提供的安全服务的特殊性所决定的。维护社会治安是公安机

关的任务，但由于警力不足，加之有些安全服务由公安机关出面并不十分方便。故将这部分工作转变成有偿性的社会服务，交由保安公司来完成，是比较适宜、妥善和必要的。当然，由于提供安全服务与维护社会治安有密切的联系，所以，必须由公安机关主管和指导，这是完全必要的。这种主管、指导具体表现在以下几个方面：

（一）组建保安公司必须经市、县公安机关批准，并向工商管理部门登记注册。否则，不得营业。

（二）招聘保安人员和身份审查，必须报经公安机关同意、备案。保安服务公司不得自行规定条件，简化或取消身份审程序。

（三）保安公司经营的业务范围，必须经公安机关审定和批准，不能任意扩大业务范围。

（四）保安公司给保安人员配备的非杀伤性防卫器械和通讯、报警等用具，必须经公安机关批准，不得滥发滥用。

（五）保安公司制定的收取保安费用的标准，必须经主管公安机关商请财政物价部门批准，方能执行。

（六）公安机关对保安公司的业务活动，保安人员的培训，保安队伍的管理以及规章制度的制定，要给予具体的指导、帮助。

（七）公安机关对保安公司和保安人员遵纪守法、执行政策、业务能力、队伍素质等情况，要经常进行检查督促和引导教育；对成绩突出表现好的，要及时予以表扬，对表现差的影响坏的，要予以批评教育，依法进行处理。

应当指出，公安机关对保安公司的领导和监督，主要体现在对保安服务公司的组建要求、队伍管理、业务活动方法上的指导和监督，但绝不能据此将保安公司视为公安机关的直属机构或劳动服务公司，更不能搞所谓的“第二公安”，不得在业务经营上横加干涉或指挥。因为保安公司毕竟是企业，它应当具有独立的自主经营权，在性质上也与公安机关有着质的区别。

5. 保安业处于什么样的地位？

一、保安业是一种新型的社会安全规范组织

这一安全规范组织的新型性具体表现在：

（一）保安业不是维护社会治安秩序的专门国家机关，而是一个向社会提供安全服务的企业，这就打破了治安保卫活动一直由国家机关垄断的旧格局。

（二）保安业向社会提供的安全服务是有偿的，这就打破了我国提供安全服务一直不收费的旧传统。

（三）保安业适应了专业划分越来越细的社会化大分工的趋势，真正体现或实现了“人人为我、我为人人”的社会化分工的理念。

（四）由于保安公司与公安机关的特殊关系，以及保安公司自身的业务范围，它比以往的任何群众性防范组织都更能很好地发挥作用。

（五）由于保安公司是受客户的雇请，也就是社会或客户是花钱买平安，因此保安公司的业务服务更能满足社会或客户的特殊需要。而且随着时间的推移，保安公司及其向社会提供的安全服务更容易为客户所接受。

二、保安业是维护社会治安的一支重要辅助力量

就目前而言，我国维护社会治安的主要力量仍然是公安机关。但由于我国物力、财力的限制，国家财政不可能拿出更多经费来大规模扩充警察队伍，尤其是在我国对外开放，对内经济搞活的转型期，我国的警力远远无法满足日益严峻的社会治安形势的需要。这就要求必须有一支国家不承担经费的社会治安辅助力量作补充，实际上，保安业也正是在这种条件下应运而生的。一方面，保安业不仅缓解了公安机关警力不足的困难，而且也没有增加国家的财政负担，经济有效地维护了社会治安秩序；另一方面，随着改革开放和新旧体制的交替，安全防范方面出现了一些新情况和新问题，保安公司的安全服务业务不仅弥补了这一时期犯罪预防工作的空当，而且极大地满足了社会各界对安全的需求，可谓是“一举两得”。因此，保安业成为公安机关打击违法犯罪和维护社会治安的一支重要辅助力量。随着时间的推移，相信这支社会治安辅助力量将会发挥越来越重要的作用。

三、保安业是社会公共安全保障体系的重要组成部分

我国在计划经济体制下，社会公共安全工作是以公安机关为主，加上机关、团体、企事业单位的保卫部门和基层群众治安防范组织等，共同构成一个社会公共安全保障体系，并且长时间地发挥了很好的作用。改革开放后，我国的政治、经济、文化等各个方面发生了巨大的变化，尤其是随着社会主义市场经济的建设与深入，人们的思想观念、价值观念发生了突变，社会治安的矛盾也日益突出和严峻，原有的计划经济体制下的社会公共安全体系正逐渐被打破，越来越显示出其缺陷与弱点。可以说，原有的社会公共安全保障体系已不能完全适应改革开放后的新形势，必须寻找适应现在形势需要的新模式，于是在“花钱买平安”理念的影响下，我国的保安服务业应运而生。它既可以承担公安机关想承担而无力承担的一部分社会安全防范工作，缓解警力不足的矛盾，又可以满足社会各界不同层次的安全需要，在客观上与公安机关共同构成了适应社会主义市场经济条件下新的社会公共安全保障体系。事实上，作为专业性的有偿服务，保安服务业较基层群众性的安全防范组织更具生命力和战斗力，由此决定了保安业成为我国新时期社会公共安全保障体系的重要组成部分。

6. 保安公司应当具备哪些条件?

根据《保安服务管理条例》第 8 条的规定，保安公司应当具备下列条件：

第一，有不低于人民币 100 万元的注册资本；

第二，拟任的保安服务公司法定代表人和主要管理人员应当具备任职所需的专业知识和有关业务工作经验，无被刑事处罚、劳动教养、收容教育、强制隔离戒毒或者被开除公职、开除军籍等不良记录；

第三，有与所提供的保安服务相适应的专业技术人员，其中法律、行政法规有资格要求的专业技术人员，应当取得相应的资格；

第四，有住所和提供保安服务所需的设施、装备；

第五，有健全的组织机构和保安服务管理制度、岗位责任制

度、保安员管理制度。

7. 保安公司的任务是什么?

一、满足社会各个方面不同层次的安全需求

当前，社会治安不稳定因素日益增多，由此导致社会各个方面，包括集体、个人、企业、国家机关和社会团体等各个不同层次的安全需求日益增长。发展保安业的根本目的，就在于满足这些来自社会各个方面和不同层次的安全需求，为他们提供有偿性的安全服务，以保障社会的和谐稳定和社会主义现代化建设事业的顺利进行。

二、协助公安机关预防和打击违法犯罪活动

保安公司在为客户提供安全服务的过程中，遇到违法犯罪行为，应依据自己的职责和管辖范围，及时制止并将违法犯罪嫌疑人员扭送公安机关和有关部门，对暴力抗拒者可以依法实施正当防卫，以保护自身安全和完成保卫任务。并以此来协助公安机关预防各种违法犯罪行为，及时有力地预防打击各种违法犯罪活动。

三、向社会提供安全防范咨询服务和有关安全防范调查与方案设计服务

为满足社会各界和广大人民群众对安全防范知识的需求，也为宣传保安公司的营业范围，扩大经营，开拓市场，保安公司应积极向社会提供全面的安全防范咨询服务，以提高全民防范意识和防范技能与水平。此外，有些单位或者公民个人需要保安公司的专业技术人员协助他们开展安全防范实地调查与安全风险评估，并根据他们的特殊要求进行安全方案设计，这些安全防范的特殊需求也是保安业的重要任务之一。

四、开发、研制、生产和销售安全防范产品，向社会提供系统性的安全防范技术服务

随着社会的发展和科学技术的进步，犯罪手段也越来越智能化和现代化。作为专门从事安全服务业务的保安部门，不能只局限于人力防范的手工操作阶段和现有的安全防范技术水平，要不断增大技术投入，加强安全防范新技术产品的研制、开发、生产和销售，

尽最大可能地为社会提供先进、科学和现代化的安全防范技术产品，以确保安全服务质量的不断提高。由此也可取得社会各界对保安公司的信任，开拓市场，扩大服务范围，增强保安公司的实力。另外，要根据客户的特殊需求，向客户提供系统性的安全防范技术服务，如设计特制的安全防范技术设备，进行整体性的安全防范工程设计，直到器材、设备的选购、安装、调试、运行和维护等，提高安全防范的科技含量。这些都是保安行业的任务。

五、开展保安人员职业技能培训和保安特殊专业人才的培养，建立一支高素质的保安行业队伍

保安公司是一个具有特殊性质的安全服务企业，这一特殊性本身就决定了保安队伍必须是一支政治过硬、业务精通、纪律严明的高素质队伍，就必须向培训要素质，向素质要战斗力。因此，保安培训也成为我国保安业的一项极其重要的任务。不仅要培训初级保安人员，而且要有计划有针对性地加强对高级保安人才的培养，如专门的保安工程技术人员、专门的保安产品开发研究人员、专门的保安特殊技能人员、专门的高级保安管理人才和保安理论研究人才等，以适应保安业务与保安公司管理的特殊需要。

六、创造经济与社会效益，不断壮大保安业的实力，为社会的和谐与稳定作出贡献

保安业既然是企业，就要讲究经济效益，这也是确保自身生存与发展的必要条件。企业只有创造了利润，才能真正壮大保安业自身的实力，才能进一步推动保安业的迅速发展。当然，追求经济效益并不是保安业的唯一任务和目的，还应当重视和追求社会效益。也就是说，保安公司在获得经济效益的同时，也要同时收到良好的社会效益，这就是为社会的和谐与稳定贡献力量。这两者是相辅相成、缺一不可的。经济效益提高了社会效益也一定明显，反过来社会效益好了又能对经济效益起到推动作用。

8. 保安业务范围有哪些？

保安业务范围也称经营范围或服务项目。根据《保安服务管理条例》第2条规定：“保安服务公司根据保安服务合同，派出保

安员为客户单位提供的门卫、巡逻、守护、押运、随身护卫、安全检查以及安全技术防范、安全风险评估等服务。”具体来说，保安公司的业务范围主要有两大块。一是保安劳务服务，包括保安门卫、守护、押运、护卫、巡逻和大型活动安全保卫等业务。二是保安技术服务，包括安全技术防范产品的研制、开发与销售，安全防范技术工程的设计、安装与维修，以及保安技术防范咨询、安全评估业务等。

第二节　保安勤务

9. 什么是保安勤务?

保安勤务，是指保安公司为完成安全服务任务，对保安机构与保安人员，以最有效的编组，使其按分配的时间，遵循不同的方式，执行各种保安服务工作任务的一切有计划、有规律的活动。保安勤务为“勤务机构与人员编组”、“勤务方式与互换”、“勤务时间与分配”三者综合而执行各种保安服务活动的一切有计划、有规律的活动。

保安勤务的含义可以从以下几个方面理解：

第一，保安勤务的执行主体是保安服务公司的全体工作人员。包括保安服务公司的内部管理人员；直接对外进行各种保安服务工作的保安人员。

第二，保安勤务的内容是根据保安业务的需要进行组织和具体开展各种安全保护的手段、方法、措施等一切行为。

第三，保安勤务的目的是通过保安人员的实际活动，实施各项保安业务，完成保安服务的任务，实现企业的社会效益和经济效益。

10. 什么是保安内勤、外勤，两者之间是何种关系?

内勤，即保安人员在保安公司内部处理事务，是指保安服务业的管理者与领导者依据国家法律、政策的规定和单位的特点，制定的本单位的内部规章制度，对企业内部的人事、财务、经营状况、队伍管理等进行指导和协调的一系列工作过程。从而充分调动和发挥保安各个层次、各级人员的积极性、主动性；对管理对象、管理核心、管理过程和管理目标作统一的理解、概括和把握，研究人、财、物、时间、空间、信息、环境等各个环节和要素，摆正整体与局部、局部与局部之间的关系，以保证保安服务业“确保安全”的总体目标的实现，达到目标最优，最大限度地发挥保安企业的社会效益和经济效益。

外勤，是指保安公司为满足社会各个方面不同层次的安全需要，与集体、个人、企业、事业、国家机关、社会团体、社区等各个方面签订安全保卫合同，根据合同为他们提供各种有偿的安全服务的行为，即保安行为。它属于保安公司外部的实务活动，是保安勤务的重心。

保安内、外勤务密切相关，互相辅助，外勤多由内勤所筹划，内勤多靠外勤来实施，故内、外勤是保安勤务的一体两面。通常所说的保安勤务，均是指保安外勤，即基础业务。

11. 保安勤务具有哪些特点?

保安服务公司是社会公共安全保障体系中的一支民间力量，是协助政府维护社会治安的辅助力量。它既不同于其他机关、团体、企事业单位及群众组织，又不同于国家司法机关。保安勤务实质上是一种特殊民事商业行为，是企业依据事先与客户签订的合同契约和国家有关法律规定，对客户所要求的具体特定目的实施安全保护的一种活动。因此，保安勤务有以下特点：

一、专业性

保安服务公司不同于其他从事经济活动的企业。它所开展的各项业务、履行的职责，均是围绕着“安全防范”而进行的，如为保护客户的财产或人身安全服务，为维护客户单位的内部安全服务，为客户提供的安全技术防范服务，等等。这种独具特色的勤务，是社会上其他企业所没有的，体现出明显的专业性特点。

二、契约性

保安勤务本身是建立在合同契约基础之上的，从保安勤务的产生到保安勤务的完成，自始至终都是在履行保安服务合同。因此，保安勤务与契约合同是密不可分的，这充分体现了保安勤务的契约性特点。

三、特定性

保安勤务不同于公安勤务。公安勤务是为整个社会提供服务的，从服务的对象、目标到内容，以及服务的时间长短到空间范围，都是不特定的，可以说是全天候、全方位的立体服务；而保安勤务则不同，它从服务对象到内容，以及服务的时间、地点到要求，都是特定的，是事先由合同约定好的。也就是说，保安勤务的特定性具体体现在：一是为特定的雇请方提供安全服务；二是依据合同规定，为雇请方指定的目标提供服务；三是依据雇请方的要求提供具有特定内容的安全服务，包括人身安全、财产安全和场所安全等。

四、商品性

保安服务公司开展的各项服务活动，均把责、权、利有机结合起来，实行的是有偿服务的原则。保安服务公司为社会提供安全服务并不是无偿的，这一点与公安机关无偿履行维护社会治安的法定义务不同。它是严格按照双方事先所达成的协议条件提供的有偿的安全服务，充分体现了保安勤务的有偿性特点。

五、服务性

保安行业是一种为社会提供各种安全服务的企业，这就决定了保安勤务本身具有服务性特点，不过保安勤务的服务不同于社会其他行业的服务，它是向社会提供安全保障的一项特殊服务，既不完全等同于公安机关向整个社会提供的安全保卫和治安管理的服务，又在一定程度上协助了公安机关治安部门的工作。因此，它是一种特殊行业的社会服务。

12. 保安勤务分为哪些种类?

根据《保安服务管理条例》的规定，可将保安勤务分为以下几个方面：

一、为客户提供门卫、守护和巡逻等安全服务

依据合同规定，为客户提供门卫、守护和巡逻等安全服务，是我国目前保安服务公司的主要业务。这些安全服务项目的特点是服务内容简单、客户范围较广、业务量较大。最常见的是为国家机关、团体和其他企事业单位以及公共场所、居民社区等提供保安人员，做好守门警卫任务。门卫的具体任务和职责是：依据国家法律和政策规定，以及雇请单位自己制定的内部规章制度，对出入人员、车辆及其携带、装载的物品进行登记、验证和检查，以防止内部秩序混乱，杜绝财物流失和其他影响安全、失密、泄密和窃密现象的发生。守护和巡逻是指对雇请单位要求的特定目标和范围进行守卫、看护和巡查、警戒，以防水、防火、防毒、防盗、防破坏和防止其他灾害事故的发生，保护特定目标或范围的安全。如依据合同规定，对某些企业的仓库物资提供守护型业务服务，对某厂区或国家机关区域内提供昼夜巡逻、巡查、警戒、守护、看守任务等。

二、为客户押送现金、贵重物品、危险品和护送人员的安全服务

这是保安服务业中最常见的安全服务业务。就是依据合同规定，根据客户的具体要求，保安公司派员为客户押运现金、有价证券、重要文件、贵重物品、危险物品等，以保证这些财物在运输途中不丢失、不损坏，预防其他意外事故的发生，安全运送至目的地；专门护送某一人员到达目的地。押运或护送型业务的特点是：具有随行性、流动性、护卫性和安全性的特点。有时执行此种任务要使用专门的运输工具、通讯器材和押运武器，以防止中途遇险发生意外。如在押运货币和贵重物品时使用押运装甲车等。必要时，对特别重要或贵重物品的押运还要预先制订计划，确定运行路线和押运方案。在运营中由保安服务公司统一指挥，以防意外并能应急出动与救援。

三、为大型群众性活动提供维护秩序和警戒警卫的安全服务

这是保安服务中经常性的业务。一般是指依据合同规定，根据客户的具体要求，保安服务公司派员维护大型文体活动和商业性活

动的正常秩序，防止各类案件和事故的发生。这种安全服务项目的特点是场所大、范围广、人员多、情况复杂，加之这些场所和服务对象不确定因素多，随意性大，一旦发生混乱，秩序或局面就难以维持。故承担这类项目的安全服务，要事先具备一定的预见性，对可能出现的情况和问题要多制订应急方案，以确保该项业务服务活动的绝对安全和顺利进行。

四、为客户提供各种安全技术器材和防范设备器材的营销服务

这也是保安服务业务上的一项重要服务项目，可以称作是整个安全服务业务的一项配套服务措施。一般是指针对客户的不同层次需要，为其提供安全技术器材、防范器材和设备。有人称这种安全服务为硬件服务。如设立保安器材、设备、装备门市，根据签订的合同，选购保安器材，送货上门等。

五、为客户提供各种保安业务咨询服务

这是一项亟待开发的安全服务业务。一般是指针对客户提出的有关安全方面的问题，保安公司组织专家或专业人员进行口头或书面形式的答复，有的还要进行调研、评估，为客户提供保障个人人身、财产或其他方面安全的办法和方案。有人称这种安全服务为软件服务。

六、为客户提供安全技术措施、设备的设计、制造、安装、调试和维修方面的服务

这也是一项有待深入研究和开发的安全业务服务项目。一般是指根据合同规定，按照客户的特殊需要和请求，为客户专门设计、制造、安装、调试和维修安全技术设备和设施，从而为客户提供全面特殊的安全技术服务，以满足客户在安全设施、设备与技术等许多方面的特殊需要。这种服务被称为软硬件兼备的业务服务。当然，从事这方面的安全服务，需要有高层次的技术人才或专业人才，服务水平高、费用大，但效果好、效益高。

七、为客户提供其他合法的安全服务

如提供突发事件、治安灾害事故紧急救助、自然灾害救援、通讯安全服务等业务项目。以此方便客户，扩大经营范围、规模和

效益。

13. 什么是保安勤务管理，其原则是什么?

保安勤务管理，是指保安服务公司依据《保安服务管理条例》等有关规定，运用科学管理的理论和方法，采取组织、指挥、监督、控制等管理职能，合理有效地使用勤务力量、时间和信息，为保障勤务工作的完成而进行的一系列的组织活动。保安勤务管理的原则有：

一、统一指挥原则

统一指挥，是指在保安勤务实施过程中，一切参与执行勤务的单位和人员都要服从同一个指挥中心的指挥。统一指挥是保证行动一致的必然要求，统一指挥的基础是目标、意志的统一，在总的目标的前提下，各部门协调一致，明确职责，统一思想，统一执勤方式。

二、分工负责原则

分工负责，是指在统一指挥的基础上，各执勤单位、小组和个人按照任务分工和工作范围，各负其责地完成任务。要明确责任，包干负责，逐级制定包干负责制，定人、定位、定任务、定标准，科学运筹，合理地安排执勤力量。

三、密切协作原则

密切协作，是指负责执勤任务的单位和人员要加强相互之间的联系，主动配合，通力合作，形成协调一致的整体。要思想统一，树立整体观念，加强信息的沟通，积极主动配合。要主动与目标内部有关部门和附近的公安机关、居（村）民委员会、邻近的保安勤务单位密切联系，协同完成任务。

14. 保安勤务实施的基本原则是什么?

一、依法办事

依法办事，是保安勤务组织实施中应遵循的基础原则之一。保安勤务必须在法律许可的范围内进行，以国家法律作为行为准则，作为衡量是非曲直、合法与非法的唯一标准，在保安勤务中，在任何情况下都要严格按照法律规定办事，维护国家法律的统一性和严肃性。保安人员要学法、懂法、守法。对合法行为，坚决予以支持和保护，对违法行为，坚决予以纠正和制止，以维护法律之尊严。

二、遵守合同

遵守合同，是指保安公司和保安人员必须以重合同、守信用、严格全面地履行保安服务合同作为行为准则。保安服务合同是保安公司与客户在双方自愿的基础上，通过充分的协商、讨论，最终达成一致而签订的文本。依法签订的保安服务合同，受到国家法律的保护，对双方都具有约束力。合同是保安勤务开展的前提和条件，保安勤务的开展，自始至终都受到合同的制约。合同和协议中的具体的、特定的、实质性的条文，则是双方应享有的权利与必须履行的义务。双方也只有按照这些具体的条款和要求实施履行，才能获得利益和效益。遵守合同，是保安勤务的法定要求，只有遵守合同，才能赢得客户，才能在社会上树立良好的企业形象，求得企业自身生存与发展。

三、依靠群众、积极防范

所谓依靠群众，是指保安人员一定要与广大群众相结合，相信群众，依靠群众，密切联系群众，求得各行各业、各个部门的广大群众的理解和支持，充分调动和发挥广大群众的积极性、主动性，确保各项保安服务任务的完成。密切联系群众，善于依靠群众，自觉从群众中来到群众中去的工作方法，是保安人员必备的一项基本功，也是保安服务业得以开展的一条基本途径。所谓积极防范，是指在保安勤务活动过程中，保安服务公司和保安人员在自己的职责范围内要采取各种有效的防控措施和方法，提高安全防范能力，掌握安全保卫工作的主动权，预防各种违法犯罪和治安灾害事故的发生，防患于未然，以确保客户的财产和人身安全，维护良好的生产、工作和生活秩序。依靠群众，积极防范，是做好保安服务工作的基本途径和准则。从根本上说，保安服务的质量高低、效果之好坏，取决于保安勤务过程中保安服务公司和保安人员能否自觉地贯彻这一原则。

四、创造效益、确保安全

创造效益、确保安全，是对保安勤务质量和效果的基本要求，也是保安勤务的直接目的。所谓创造效益，就是指在保安勤务活动中要尽可能地获得更好的社会效益和更多的经济效益。获得更多的经济效益虽然不是保安勤务的唯一目的，但保安服务公司是一种服务型企业，企业的性质决定了其必须以一定的经济效益为经营目的，否则企业就无法生存，更无从谈发展了。当然经济效益并不排斥或否定社会效益，因为保安勤务本身在客观上就起着保障安全，完备社会治安体系，稳定社会的重要作用。因此，作为社会主义条件下的一种特殊企业，保安服务公司应为社会主义经济建设作出应有贡献，力争取得经济效益和社会效益双丰收。确保安全是对保安勤务质量的要求，也是保安服务业理应履行的重要职责和必须承担的社会责任。在保安勤务活动中，保安人员要精心组织，尽职尽责，有效地防止各种违法犯罪案件和治安灾害事故的发生，保证客户的人、财、物的安全，维护和创造良好的生产、工作和生活秩序，服务于社会主义现代化建设和构建和谐社会的大局。

15. 保安勤务中紧急情况的处置的原则是什么？

紧急情况，是指紧张急迫，不容拖延，必须立即采取应变措施，平息事态，恢复正常的情况。事物的发展，不可能是一帆风顺的，在保安勤务中，难免会出现这样或那样没有预见的突发情况。对这些情况处置不当，不仅会直接影响到保安任务的完成，影响社会的治安秩序，甚至会影响到社会的安定团结及党和国家的声誉。

因此，在实施保安勤务中，每个保安人员在遇到紧急情况时，应遵循一定的基本准则和行为标准，针对不同的情况，采取不同的方式、方法妥善处理。处置不同性质、不同种类的紧急情况所适用的基本原则，主要有以下几个方面：

一、接受公安机关监管、争取客户单位配合的原则

保安服务公司提供的是安全服务，而社会安全是一个复杂的社会系统工程，公安机关作为主管机关应对保安勤务进行指导和监督。而紧急情况处置得是否得当，将直接影响到社会治安。因此，

紧急情况的处置一定要在公安机关的统一领导和指挥下进行。另一方面，保安勤务是为客户提供的安全服务，涉及客户单位的人、事、物等方方面面，其中有对安全方面有利的因素，也有不利于安全方面的因素，在保安勤务活动过程中，特别是在紧急情况下，一定要争取客户单位的配合，努力发挥单位有利的方面，限制和克服不利的方面，以保障保安任务的最终完成。

二、预防为主、疏导教育的原则

预防为主、疏导教育的原则，反映了处置紧急情况的基本立场和主要着眼点。预防为主，就是立足于防范，努力减少引发紧急情况的各种因素。缓解社会矛盾，使之不发生或少发生紧急情况。疏导教育，即疏通引导，启发说服，使之开通思想。

预防为主、疏导教育的原则就是要求对发生的紧急情况，首先要科学预见，把工作做在前头，尽可能把问题解决在萌芽状态，把紧急事件制止于初动、平息于无形；其次要因势利导，措施要有针对性，在紧急情况的孕育之时或发生之初，就及时发现，认真分析、研究，因势利导，促使矛盾向有利的方面转化，避免紧急情况的发生。

三、迅速及时、果断处置的原则

迅速就是快速，及时就是不失时机。在处置紧急情况的过程中，迅速及时原则就是要求获取信息快，组织力量快，赶赴现场快，抓住有利时机制止平息事件快。“兵贵神速”，以快制快，选择紧急情况发展的有利时机及时、果断地予以处置，以较少的代价取得较大的治安效益。以较少的力量将事件控制在一定的范围内，为收集信息、分析情势创造条件，找出问题的症结所在，从而采取有力的措施平息事态。

四、统一指挥、整体作战的原则

所谓统一指挥，是指必须建立处置突发事件、紧急情况的指挥系统，负责对整个处置行动的情报信息收集研判与决策。在临场处置各种突发事件、紧急情况时，应有一个总指挥员对整个处置工作行使集中统一指挥权，所有的保安人员都必须按照高度集中统一的指挥原则，在总指挥员的统一组织指挥下行动。只有实行集中统一的指挥，才能保证指挥员在短时间内，周密计划，定下决心，精心部署，使所有保安人员都服从于统一的意图和计划，统一思想、行动一致、集中全力达到预期目的。整体作战，是指在统一的处置意图和计划下，保安人员之间密切配合、互相支援，以确保有关人员思想统一、步调一致地采取行动。统一指挥、整体作战的目的就在于使所有的人员一起去完成任务，即发挥整体效应。在一定的人力、物力条件下，合理地组织、协调和指挥，使现有的保安资源效益最大化。

五、因事施策、区别对待的原则

因事施策、区别对待，就是要区别不同的情况，实施相应的对策。突发事件、紧急情况的处置之所以要遵循因事施策、区别对待的原则，是因为其构成与引发的因素是多方面的，其社会危害性也是多层次的，而且其形成、发展和变化十分复杂，往往与其他社会问题交织在一起。如果对待所有的突发事件、紧急情况均一律实行一种处置方法，对同一紧急情况中不同层次、不同角色的人也用同一种处置模式，是不可能正确、妥善处置的，而应该区分不同情况，区别对待。因此，在处置突发事件、紧急情况时，首先要弄清性质，摸准引发的症结所在，探明引发或卷入事件的成员结构，然后再因事施策、区别对待，从而达到迅速、及时、妥善处置的目的。

六、确保重点、兼顾一般的原则

所谓重点，又可称为要害，是指重要的部位和问题的关键。比如供水、供电、供气、供热单位，党政机关，单位内部的财物集中处、易燃易爆危险品仓库等。要害的特点就是作用大，影响大，发生问题后损失大。要害部分一旦发生问题，就会造成严重的损失，甚至影响社会稳定。因此，在紧急情况处置过程中，要将有限的力量进行合理的配置，防止平均使用力量或产生不分主次、轻重倒置的现象，便于把主要力量用于保护重点部位的绝对安全上。做好了重点部位的保护，就是抓住了重点和关键，有利于克服保安勤务中的被动、应付局面，使保安工作处于主动地位。当然，“重点”和

“要害”不是孤立的，它们是全局和整体的重要组成部分，重点和一般、要害和非要害是相比较而存在的，是相互依存、相互影响的。就整个保安勤务来说，各个部分、各个环节都有一定的联系，哪个部分和环节发生问题对整体都有一定的影响。因此，我们既要充分认识重点和要害的重要性，又不能忽视一般部分的安全，防止把重点与一般对立起来，而出现不顾重点和只顾重点的两种倾向。在确保重点和要害的同时，还必须统筹兼顾，实现保障安全的目标。

16. 保安勤务管理包括哪些程序？

保安勤务管理一般包括以下程序：

一、受领任务

受领勤务必须做到准确地理解保安勤务的含义，及时了解上级及客户的意图。

二、准备工作

要从思想上、组织上、物质上和具体措施的落实上，切实做好准备工作。具体的准备工作包括：

（一）加强联系，了解值勤单位的基本情况。

（二）制订计划，交上级审批。

（三）做好人员和物质的准备。

（四）检查、落实准备情况。

三、制订勤务方案

勤务方案不仅要形成文字，还要让值勤人员全面了解，熟记在心。必要时还应当进行实战演练。

四、传达任务、进行动员

向执勤人员传达勤务方案的内容、要求和分工，统一思想。

五、勤务部署

本着全面部署、确保重点的原则，具体确定勤务部署的方式、保安力量的使用、安全防范设施的配置，严密、严格执行勤务方案。

六、落实各项制度和检查

落实各项安全规章制度，包括出入口控制制度、门卫制度、值班制度、巡逻制度等，并检查落实情况。

七、紧急情况处置

对值勤中出现或遇到的各种紧急情况，严格依照有关规章制度和方案的要求，进行处置。

八、撤收勤务

根据要求，在完成勤务任务后，做好善后工作，及时撤收人员、装备并进行总结。

17. 保安公司应建立哪些保安勤务管理制度?

保安勤务管理制度是勤务管理的重要内容和手段，对勤务工作具有控制、调整作用，对值勤人员具有监督、约束和鼓励作用。根据保安勤务的实践，主要应建立健全以下几个方面的制度：

一、勤务值班制度

各级勤务管理部门和勤务分队，必须建立昼夜值班制度。勤务值班队长、值班人员必须坚守岗位，履行职责，交接班时，要将当班情况和需要继续处理的问题，认真交接清楚。交接中遇有情况，应由交班人员处理，接班人员协助。

二、请示报告制度

勤务分队要定期、定时、随时向上级报告执勤情况。按照职责权限，及时请示报告。一般情况，要按规定时间逐级请示报告；重要情况和涉外问题，随时请示报告；紧急情况，可越级报告。对一时弄不清的问题，要先简报、后详报。报告情况要准确，请示问题应有处理建议。将事情处理后，应及时向上级续报处置情况。

三、勤务检查制度

保安服务公司经理、保安部以及各保安队长，要经常检查部属的执勤情况。各级勤务管理人员可采用定期与不定期相结合、日检与夜查相结合、普检与抽查相结合的方式，每天检查勤务人员履行职责的情况。重要节日或遇特殊情况，要加强检查，目的在于及时地了解勤务人员的岗位执勤状况，处理勤务中的问题，保证各勤务岗位不漏岗和认真履行岗位职责。

四、岗位轮换制度

岗位轮换，是指定期调换保安人员勤务岗位，变换其勤务工作。可以在一个客户单位中轮换值勤岗位，也可以在几个客户单位之间进行轮换。必要时，可以整建制轮换。尤其是在要害部位值勤时，更应该严格执行岗位轮换制度。

五、岗位责任制度

保安人员岗位责任制度，是指规定不同岗位的保安人员对保安服务工作应承担的责任和获得利益的一种制度。它是将保安人员工作任务目标具体化、制度化的措施，其内容因保安人员的具体工作岗位、任务不同而有所区别。制定从业人员岗位责任制，实行目标化管理，是我国深化企业改革，加强职工队伍管理的一项行之有效的重要措施，已经为我国各行各业所接受。保安人员的岗位责任制要充分反映出保安服务工作的特点，符合保安人员工作任务和岗位的实际情况。岗位责任制制定得科学、合理，有利于考核、评价保安人员的工作成绩，有利于鼓励保安人员自我约束和努力工作。

六、勤务登记制度

保安勤务要建立勤务值班日记以及查勤登记、领班员登记簿。值班日记、执勤日记主要记载：上级的命令、指示、通知和执行情况；临时勤务派遣；部署调整；执勤中发生的问题和处理情况。查勤登记、领班员登记簿和重要哨所登记簿分别记载：干部查勤情况；各岗位在值勤中遇到的问题及处理结果。大队、中队、分队用过的各类登记簿和值勤方案等文书资料，要指定专人收集整理，妥善保管。勤务移交时，随之移交或按上级指示处理。

七、勤务研究制度

勤务研究要坚持班每周、队半月、公司每月召开一次勤务研究会，分析执勤情况，总结经验教训，研究改进措施，解决值勤中遇到的问题。对重要紧迫的问题，要及时召开勤务研究会。

八、勤务联系制度

勤务分队要与执勤目标及有关部门密切联系，互通情况，与驻地公安机关、治保组织等友邻单位保持联系，了解周边社会治安情况变化，商定协同措施，搞好联防。

第二章　保 安 员

第一节　保安员职业标准概述

18. 担任保安员应具备哪些基本条件?

根据《保安服务管理条例》第16条规定，年满18周岁，身体健康，品行良好，具有初中以上学历的中国公民可以申领保安员证，从事保安服务工作。申请人经设区的市级人民政府公安机关考试、审查合格并留存指纹等人体生物信息的，发给保安员证。

19. 哪些人不得担任保安员?

根据《保安服务管理条例》第17条规定，有下列情形之一的，不得担任保安员：

第一，曾被收容教育、强制隔离戒毒、劳动教养或者3次以上行政拘留的；

第二，曾因故意犯罪被刑事处罚的；

第三，被吊销保安员证未满3年的；

第四，曾两次被吊销保安员证的。

20. 保安员职业标准规范是什么?

经劳动和社会保障部、公安部批准，《保安员国家职业标准(试行)》自2007年1月1日起施行。《保安员国家职业标准(试行)》贯彻《中华人民共和国劳动合同法》的有关规定，以《中华人民共和国职业分类大典》为依据，以客观反映现阶段我国保安服务水平和从业人员要求为目标，在充分考虑经济社会发展、科技进步和产业结构调整对保安职业影响的基础上，对保安职业的活动范围、工作内容、技能要求和知识水平作出了明确的规定。

《保安员国家职业标准（试行）》是保安员从业资格认定的基本规范。

21.《保安员国家职业标准（试行）》对保安员职业是如何定义的？

《保安员国家职业标准（试行）》对保安员职业做了如下具体规定：

一、职业名称

职业名称为保安员。

二、职业定义

保安员，是指合法从事安全管理和安全服务工作的人员。

三、职业环境

室内、室外；常温；无毒、无腐蚀性等正常环境中。

22.《保安员国家职业标准（试行）》对保安员职业等级是如何划分的？

《保安员国家职业标准（试行）》将保安职业分为五个等级：初级保安员（国家职业资格五级）、中级保安员（国家职业资格四级）、高级保安员（国家职业资格三级）、保安师（国家职业资格二级）、高级保安师（国家职业资格一级）。

《保安员国家职业标准（试行）》对各等级的保安员、保安师的职业标准、申报条件、培训内容、鉴定程序都作了具体规定。

23. 初级保安员申报条件是怎样规定的？

根据《保安员国家职业标准（试行）》的规定，具备以下条件之一者，可以申报初级保安员：

第一，经本职业保安员正规培训达规定标准学时数，并取得依法成立的保安培训机构核发的结业证书。

第二，连续从事本职业见习工作1年以上。

24. 中级保安员申报条件是怎样规定的？

根据《保安员国家职业标准（试行）》的规定，具备以下条件之一者，可以申报中级保安员：

第一，取得本职业初级保安员职业资格证书后，连续从事本职业工作2年以上。

第二，取得中等职业学校毕业证书。

第三，愿意从事本职业的军队退役人员。

第四，取得依法成立的保安培训机构核发的结业证书，连续从事本职业工作4年以上。

25. 高级保安员申报条件是怎样规定的？

根据《保安员国家职业标准（试行）》的规定，具备以下条件之一者，可以申报高级保安员：

第一，取得本职业中级保安员职业资格证书后，连续从事本职业工作3年以上。

第二，取得保安专业大专学历。

第三，具有大专学历，连续从事本职业工作2年以上。

第四，具有大学本科学历，连续从事本职业工作1年以上。

第五，取得依法成立的保安培训机构核发的结业证书，连续从事本职业工作6年以上。

26. 保安师申报条件是怎样规定的？

根据《保安员国家职业标准（试行）》的规定，具备以下条件之一者，可以申报保安师：

第一，具有大专学历，取得本职业高级保安员职业资格证书后，连续从事本职业工作4年以上。

第二，具有大专学历，取得依法成立的保安培训机构核发的结业证书，连续从事本职业工作6年以上。

第三，具有大学本科学历，取得依法成立的保安培训机构核发的结业证书，连续从事本职业5年以上。

第四，具有硕士研究生及以上学历，取得依法成立的保安培训机构核发的结业证书，连续从事本职业工作4年以上。

27. 高级保安师申报条件是怎样规定的？

根据《保安员国家职业标准（试行）》的规定，具备以下条件之一者，可以申报高级保安师：

第一，具有大专学历，取得本职业保安师职业资格证书后，连续从事本职业工作5年以上。

第二，具有大学本科学历，取得本职业保安师职业资格证书后，连续从事本职业工作4年以上。

第三，具有硕士研究生及以上学历，取得本职业保安师职业资格证书后，连续从事本职业工作3年以上。

第二节　保安职业道德

28. 保安职业道德是怎样规定的?

保安职业道德是一种特殊的职业道德，具体指的是在保安活动中，保安业及保安员应该遵循的、具有自身职业特点的道德准则和道德规范。

《保安员国家职业标准（试行）》明确将保安员的职业守则规定为：爱岗敬业，忠于职守，遵纪守法，诚信明礼，钻研业务，提高技能，增强体能，加强修养，为客户提供优质的安全服务。

对保安职业道德应从以下几个方面来理解：

一、保安员必须尽职尽责地做好本职工作，依约保护客户的安全

客户安全包括客户合法的人身和财产权益。保护人身安全，不仅是保安员的基本任务，也是新形势下的治安需求。保安守护提供的人身安全保护主要有两种形式：一是住宅守护，即通过对保护对象的住宅、办公场所的看守、保护，起到保证保护对象的人身安全的作用；二是随身护卫，即通过对外出活动中的保护对象实施跟随保护，达到保护其人身安全的目的。保护人身安全不仅要保护特定人员的人身安全，还要保护守护区域内所有人员的人身安全。保护客户的财产安全，即通过保安守护人员对存有大量物资、贵重物品、重要设备、设施等场所进行的守护，防止违法犯罪分子的盗窃、抢劫和破坏活动，及时发现火灾等治安灾害事故，以保障守护区域的财产安全。

二、保安员必须遵守国家的法律法规，协助公安机关维护社会治安

保安员必须认真学习国家的法律法规，只有在学习法律的基础上，才能提高自身的知法守法的自觉性，提高自己的法律水平，充分运用法律武器保护自己的合法权益，同时又善于用法律武器维护社会治安秩序，保护客户的人身和财产不受非法侵害。在国家和人民群众的生命财产受到非法侵害时，在客户的人身和财产受到非法侵害时，要勇于挺身而出，制止不法行为，维护国家法律的尊严。除此之外，保安员应当对发生在服务区域内的违法犯罪行为、治安灾害事故及时采取措施予以制止并报告当地公安机关和客户单位，保护现场，协助公安机关维护秩序，对现行违法犯罪嫌疑人应当扭送公安机关处理，为维护社会治安秩序发挥积极的作用。

三、保安员要文明执勤，礼貌待人，以理服人

热爱人民、关心人民、全心全意为人民服务，这是社会主义职业道德的核心。文明执勤、礼貌待人、以理服人是保安员的基本道德要求和行为规范。

（一）要文明执勤。执勤时，要精神饱满，认真履行职责，认真贯彻执行《保安员国家职业标准（试行）》的规定，不得越权行使人民警察的职权，不得阻碍国家执法机关的执法活动，处理违章行为时要做到依法或依照客户单位规章制度进行。

（二）要礼貌待人，以理服人。保安员无论是对客户单位的领导和员工，还是对外单位来洽谈业务、联系工作的人员，都要做到热情大方、举止文明，不能恶语伤人，更不能出手打人，要尊重群众，尊重他人，树立良好的自身形象。

四、保安员要廉洁奉公，不谋私利

保安员在工作中接触贵重物品或钱财的机会比较多，容易受到来自外界的物质诱惑。特别是在当前社会生活中，少数人为了谋取钱财，不惜采取各种非法手段，贪赃枉法，大肆侵吞国家资财。保安员不能被这些不健康的行为所侵袭，要清正廉洁，全身心投入到保安服务工作上。不谋个人的私利，不为违法犯罪分子开方便之

门，追求保安服务的信誉和质量，对客户的人身和财产的安全负责。

五、保安员要依法遵守服务单位的各项规章制度，严守服务单位的商业机密

保安人员根据保安服务公司与客户单位签订的服务合同为客户单位提供相应的服务，在提供服务的过程中，不得侵犯客户的商业秘密或个人隐私。保安人员若侵犯客户的商业秘密，情节严重的，可能构成侵犯商业秘密罪。

侵犯商业秘密罪，是指采取不正当手段，获取、使用、披露或者允许他人使用权利人的商业秘密，给商业秘密的权利人造成重大损失的行为。具体包括下述三种情形：一是以盗窃、利诱、胁迫或者其他不正当手段获取权利人的商业秘密的；二是披露、使用或者允许他人使用以前项手段获取的权利人的商业秘密的；三是违反约定或者违反权利人有关保守商业秘密的要求，披露、使用或者允许他人使用其所掌握的商业秘密的。

第三节 保安员应掌握的基础知识

29. 保安员应掌握哪些方面的知识?

保安员应掌握的基础理论知识包括：保安服务业的产生和发展；保安服务业的概念及性质；保安服务组织的职责及组建条件；保安员的职责和权限；保安员的基本素质及行为规范。

保安员应掌握的基本业务知识包括：保安勤务知识；安防技术与设施知识；消防安全知识；现场保护知识；现场救助知识；内务管理知识；保安礼仪常识；安全管理知识；交通安全知识；计算机操作知识；防卫术知识；人际沟通技巧。

保安员应掌握的法律、法规知识包括：宪法；刑法；刑事诉讼法；民法通则；民事诉讼法；合同法；公司法；治安管理处罚法；保安服务管理条例；企业事业单位内部治安保卫条例；物业管理条例；公安部等有关部委制定的相关规章和地方性法规；其他与保安

业务有关的法律法规及部门规章。

第四节 保安员应具备的职业技能

30. 初级保安员应具备哪些职业技能?

根据《保安员国家职业标准（试行）》的规定，初级保安员应具备下列职业技能：

一、守护技能

（一）出入口守卫：能查验出入人员和车辆的证件；能按照规定登记车辆及物品，接待来访人员；能指挥、疏导人员与车辆；能发现证件、出入人员、车辆及携带物品等异常情况并及时上报；能识别报警信号，并使用对讲机、电话、有线和无线等常用报警设备报警。

需要掌握的基本常识有：门卫操作规程与标准；查验证件和货物的基本方法；指挥疏导人员与车辆的基本手段和方法；常用报警设施和通信器材的使用方法；接待来访人员的规范；报告和报警的程序和方法。

（二）目标部位守护：要求初级保安员能够清理目标区域内的无关人员和可疑物品；能发现火险、水电气泄漏、盗窃等安全隐患并及时报告；能使用消火栓、灭火器等消防器材灭火；能按照规定设置隔离区保护案件、事故现场。

需要掌握的基本常识有：守护操作规程与标准；防火、防盗、防泄漏常识；常用消防器材的使用方法；安全隐患的识别方法；案件、事故现场保护常识。

二、巡逻技能

（一）区域巡逻：能按照预定方案巡逻；能使用有线、无线等通信器材进行联络；能徒手或使用保安器械进行防护；能发现异常情况并及时报告；能按照规定格式填写巡逻记录；能识别报警信号，并使用对讲机、电话、有线和无线等常用报警设备报警。

需要掌握的相关知识有：巡逻操作规程与标准；常用通信器材

和保安器械的使用方法和规定；保安巡逻登记表填写方法；报告和报警的程序和方法。

（二）人员聚集场所巡逻：能发现聚集场所可疑情况并及时报告；能按照工作要求疏导人群；能按照规定设置隔离区进行区域警戒。

需要掌握的相关知识有：人员聚集场所的特点；人群的疏导方法和要求。

三、押运技能

（一）武装押运：能按照押运操作规程进行警戒；能使用无线通信设备报告情况；能识别报警信号并报警；能使用防暴枪支；能处理安全隐患；能先期处置紧急情况。

需要掌握的相关知识有：押运操作规程与标准；常用通信器材和保安器械的使用方法；押运安全隐患的处理方法；防暴枪支的使用方法和注意事项；报告和报警的程序和方法。

（二）护送：要求初级保安员能对护送对象进行警戒；能全程实时监控护送对象；能报告护送中发生的异常情况；会使用常用通信器材；会使用一般的防护器械；能协助处理一般的安全隐患。

需要掌握的相关知识有：押运操作规程与标准；常用通信器材和保安器械的使用方法；押运安全隐患的处理方法；防暴枪支的使用方法和注意事项；报告和报警的程序和方法。

31. 中级保安员应具备哪些职业技能?

中级保安员相对于初级保安员来说，更加规范化、专业化，《保安员国家职业标准（试行）》将中级保安员分为守护专业、巡逻专业、押运专业、技术防范专业四个方面，分别对其工作内容和需掌握的相关知识作出了规定。

一、守护技能

（一）出入口守卫：能操作安全出入设备；能够处理门卫勤务中的纠纷；能够处理出入口的紧急情况；能够书面报告工作情况；能解答出入口守卫工作咨询；能按照要求检查和指导初级保安员的守卫工作。

需要掌握的相关知识有：安全出入设备的操作方法；门卫日常勤务管理要点和纠纷的处置方法；常见紧急情况的处置要求和方法；保安应用文写作常识。

（二）目标部位守护：能按照守护操作规程守卫重点目标；能对发现的安全隐患进行先期处置；能够按照工作方案落实安全防范措施。

需要掌握的相关知识有：常见重点守护目标的种类和方法；常见安全隐患的处置方法；消防、报警设施的启动常识；所在岗位安全防范工作方案的内容与要求。

二、巡逻技能

（一）区域巡逻：能发现可疑人员、车辆和物品并及时报告、协助处理；能组织人员对斗殴、滋事等一般紧急情况进行先期处置；能够书面报告工作情况；能按照要求检查和指导初级保安员巡逻工作。

需要掌握的相关知识有：常见紧急情况和可疑情况的处置要求和方法；案件、事故现场保护方法；班务会、队列操练、勤务检查等工作方法；保安应用文写作常识；消防、报警设施的启动常识及报告规范。

（二）人员聚集场所巡逻：能按照要求保护案件、事故现场；能组织初级保安员疏导人群；能处理人员聚集场所巡逻勤务中的纠纷。

需要掌握的相关知识有：常见紧急情况和可疑情况处置要求和方法；案件、事故现场保护方法；班务会、队列操练、勤务检查等工作方法；保安应用文写作常识；消防、报警设施的启动常识及报告规范。

三、押运技能

（一）武装押运：能按照要求设置、检查警戒哨位；能办理各种押运交接手续，组织人员清点物品；能排除防暴枪支的常见故障；能解答有关押运工作咨询；能处理武装押运工作中的紧急情况；能按照要求检查和指导初级保安员的押运工作；能用文字表述押运工作的程序和内容。

需要掌握的相关知识有：各类押运物品的交接手续、清点方法；监控、报警设备使用和维护的方法；消防、报警设施的启动常识、防暴枪支故障的排除方法；保安应用文写作常识。

（二）护送：能组织初级保安员对护送对象进行有效警戒；能指挥初级保安员及时制止不法侵害；能检查、排除安全隐患。

需要掌握的相关知识有：制止不法侵害的手段和方法；押运易燃、易爆、腐蚀等危险品的注意事项；常见押运工作安全隐患的检查和排除方法。

四、技术防范技能

（一）监控与报警：能操作电视监控系统进行监控；能操作楼宇对讲、出入口控制、电梯控制等系统进行安全控制；能操作报警控制系统，分辨火情、入侵等报警信号及警情目标；能使用卫星定位系统终端设备进行监控。

需要掌握的相关知识有：电视监控系统和常用安防计算机软件的技术应用；火情、入侵等常见报警信号的识别方法；卫星定位系统终端设备使用的方法；技术防范系统基本管理知识。

（二）设备维护：能对终端设备进行日常维护保养；能对系统数据进行及时备份。

需要掌握的相关知识有：电视监控系统和报警设备使用和维护的基本常识；各应用系统数据备份的方法和要求。

32. 高级保安员应具备哪些职业技能？

同中级保安员一样，高级保安员也分为守护专业、巡逻专业、押运专业、技术防范专业四个方面，其工作内容和需要掌握的相关知识各有不同。

一、守护技能

（一）出入口守卫：能编制出入口守卫勤务方案；能根据安全服务合同及现场特点安排岗位人员；能以书面和面谈方式解答客户安全咨询；能编制区域安全预案并组织实施；能处理区域纠纷和紧急情况；能指导本岗位初、中级保安员技能操作。

需要掌握的相关知识有：门卫和守护勤务管理制度和要求；守护勤务方案和安全预案制定方法和要求；沟通交流的常识和技巧；巡逻、押运工作操作规程和标准；巡逻、押运勤务管理制度和勤务实施方法。

（二）目标部位守护：能编制目标部位守护方案；能安排区域守护勤务；能提出安全防范建议；能指导本岗位初、中级保安员技能操作。

需要掌握的相关知识有：门卫和守护勤务管理制度和要求；守护勤务方案和安全预案制定方法和要求；沟通交流的常识和技巧；巡逻、押运工作操作规程和标准；巡逻、押运勤务管理制度和勤务实施方法。

二、巡逻技能

（一）区域巡逻：能编制区域巡逻方案和紧急情况的处置预案；能安排巡逻勤务；能先期处置巡逻勤务中的紧急情况；能指导本岗位初、中级保安员技能操作。

需要掌握的相关知识有：巡逻勤务管理制度和要求；巡逻勤务方案和安全预案制定方法和要求；沟通交流的常识和技巧；守护、押运工作操作规程和标准；守护、押运勤务管理制度和勤务实施方法。

（二）人员聚集场所巡逻：能编制人员聚集场所巡逻勤务方案和紧急情况处置预案；能安排人员聚集场所的巡逻勤务；能处理巡逻区域内的纠纷和紧急情况；能指导本岗位初、中级保安员技能操作。

需要掌握的相关知识有：巡逻勤务管理制度和要求；巡逻勤务方案和安全预案制定方法和要求；沟通交流的常识和技巧；守护、押运工作操作规程和标准；守护、押运勤务管理制度和勤务实施方法。

三、押运技能

（一）武装押运：能对承接的押运任务进行安全分析；能检查押运前各项准备工作情况；能编制武装押运方案和紧急情况处置预

案；能组织处置押运途中发生的火灾、交通、车辆故障等事故；能指导本岗位初、中级保安员技能操作。

需要掌握的相关知识有：押运勤务管理制度和要求；押运勤务方案和安全预案制定方法和要求；在押运业务中的特殊情况预防及处理；沟通交流的常识和技巧；守护、巡逻工作操作规程和标准；守护、巡逻勤务管理制度和勤务实施方法。

（二）护送：能对承接的护送任务进行安全分析；能编制护送勤务方案和紧急境况处置预案；能按照护送操作规程组织演练；能指导本岗位初、中级保安员技能操作。

需要掌握的相关知识有：押运勤务管理制度和要求；押运勤务方案和安全预案制定方法和要求；在押运业务中的特殊情况预防及处理；沟通交流的常识和技巧；守护、巡逻工作操作规程和标准；守护、巡逻勤务管理制度和勤务实施方法。

四、技术防范技能

（一）监控与报警：能根据警情及时启动应急预案；能判断系统运行中的异常情况并及时报告。

需要掌握的相关知识有：各种技防设备原理与功能；安全技术防范接警应急处置、技术防范系统管理知识。

（二）设备维护：能指导中级保安员进行技防设备维护保养；能排除技防设备的常见故障。

需要掌握的相关知识有：技防设备的功能分类；技防设备系统的安装及注意事项；技防设备使用、维护及注意事项，技防设备检修的一般方法。

33. 保安师应具备哪些职业技能？

一、人力防范

（一）规划：能编制人力防范的业务发展计划；能编制人力防范服务方案；能编制人力防范保安员的培训方案。

需要掌握的相关知识有：保安业务和勤务管理知识；制定、实施人力防范方案的方法与要求；保安队伍的考核方法；保安管理的基本理论。

（二）实施：能检查人力防范方案的落实；能谈判解决与客户发生的纠纷；能撰写人力防范工作总结；能解答客户有关安全防范的常识问题。

需要掌握的相关知识有：保安业务和勤务管理知识；制定、实施人力防范方案的方法与要求；保安队伍的考核方法；保安管理的基本理论。

二、技术防范

（一）规划：能根据技术防范管理规定和客户的要求，编制技术防范设计方案；能起草技术防范工程招投标文书；能评审技术防范系统工程方案。

需要掌握的相关知识有：技术防范系统设备的基本原理和使用要求；技术防范系统设计、安装的基本要求；技术防范工程方案编制的方法和要求；技术防范工程招投标文书编写的方法和要求；保安管理的基本理论。

（二）实施：能根据设计方案绘制施工现场图；能处理技术防范工作中的问题；能编制本岗位保安员的培训方案。

需要掌握的相关知识有：施工图绘制的方法；技术防范工程施工应注意的问题；实施技术防范服务的程序和要求。

三、保安管理

（一）业务管理：能对各项保安业务和保安勤务工作进行督促、检查、协调；能编制保安服务合同文本；能组织保安市场调研和预测，并编制发展规划；能组织编制各项保安业务和勤务管理制度。

需要掌握的相关知识有：保安市场调查和分析方法；保安业务管理方法和要求。

（二）人员管理：能对保安员进行招录、选拔、考核；能组织编制各级保安员管理制度。

需要掌握的相关知识有：保安员招录、选拔、考核的标准和要求；保安队伍建设和管理的方法和要求；保安队伍的综合素质的训练和考核。

34. 高级保安师应具备哪些职业技能？

一、咨询评估

（一）咨询：能编制安全防范咨询的规范文本；能组织开展各项保安业务咨询活动；能根据客户需求提供系统的安全防范方案；能编制综合性安全防范应急预案。

需要掌握的相关知识有：安全防范方案和预案的编制方法；组织实施安全防范工作的程序和方法。

（二）评估：能组织安全防范项目的风险分析和评估；能提出避免风险的针对性方案并组织实施；能评估技术防范工程的运行情况。

需要掌握的相关知识有：安全防范项目风险分析方法和要求；安全防范项目评估的知识和方法。

二、培训指导

（一）业务指导：能讲授保安专业知识；能指导保安师开展保安业务培训。

需要掌握的相关知识有：保安管理理论；编撰培训教材的原则和方法；人力防范、技术防范的基本理论和要求。

（二）教材编制：能编制保安培训教学计划；能编写保安培训教材。

需要掌握的相关知识有：保安管理理论；编撰培训教材的原则和方法；人力防范、技术防范的基本理论和要求。

第三章　门卫勤务

第一节　门卫勤务的含义、特点和任务

35. 什么是门卫勤务?

门卫，指的是大门或门口的守卫。它是一种定点式的安全保卫措施，凡具有院落或封闭式区域的单位和住宅小区，大都派有门卫把守。同时，“门卫”一词既是一种工作岗位名称，又是一种社会职业。

保安门卫勤务，是指保安公司根据保安服务合同派出保安人员，依据国家法律和客户单位的内部规章制度，对指定的大门或门口进行严格把守，对进出的车辆、人员、物品等进行检查、验证和登记的一系列工作过程，是保障客户单位人身和财产的安全，维护治安秩序的一项保安业务活动。

保安门卫是保安服务工作中的一项基础业务，是保安公司对社会提供保安服务的主要项目之一，在整个保安业务中占相当大的比例。从一定意义上讲，保安门卫是保安服务行业的一个极其重要的窗口和门面。

36. 门卫勤务有哪些特点?

一、门卫勤务是一种派驻式的安全保卫服务活动

门卫是由保安公司根据保安服务合同派出常驻到客户单位大门口开展安全服务的一种业务，派驻式安全服务明显区别于保安押运、保安咨询和保安技术防范等安全服务业务，其重要特点就是常驻。

二、门卫勤务是一种定点式守卫的安全服务活动

门卫的岗位就是客户单位指定的某大门口，这一地点的确定就基本划定了保安门卫的工作区域和范围，使得保安人员的工作地点相对稳定，有利于熟悉环境、设置岗位，给安全服务工作创造了一定条件。同时，由于地点的固定，工作岗位、执勤规律容易被掌握。

三、门卫是一种出入口控制式的安全服务活动

门卫所守卫或控制的对象就是客户单位指定的大门口，这是单位职工和外来人员及车辆、物资进出的必经之处，是客户单位的咽喉要塞，更是发现和阻止违法犯罪分子侵入及拦截违法犯罪分子逃出的重要关卡。正因为保安门卫具有这些显著特点，故其受到各单位的普遍重视，不惜花钱雇请保安人员进行守卫。甚至有的单位还根据自身的安全需要，配备现代化的电视监控和录像设备，对出入口进行严格控制。

四、门卫是一种窗口式的安全服务活动

保安门卫所管理的大门是客户单位及外来车辆、人员出入的必经之处，是反映一个单位文明程度及治安状况的窗口。不仅如此，对保安企业来讲，也是树立保安形象、展示保安服务质量、取得保安社会信誉的重要窗口。通过保安门卫人员的着装、仪表、姿态、文明用语等，均可对保安人员的政治思想素质和业务素质及服务态度与质量作一定程度的了解。这对于雇请单位和保安企业具有双重意义。

37. 门卫的任务有哪些?

一、查验出入人员

保安门卫对出入雇请单位的人员进行证件、身份的严格查验，并依据有关会客登记制度严格履行登记手续，以防无关人员进入，扰乱工作秩序。查验出入人员的身份和证件，严格履行门卫的登记手续，是担当门卫保安人员的重要职责和任务。通过这一活动，一方面可以严格控制无关人员进入，以保证正常的工作秩序和生产秩序；另一方面，履行登记手续以便单位内部出事后，进行有关查询

或调查，及时配合公安机关和内部保卫部门侦破各类治安、刑事案件。

二、查验出入车辆物品

保安门卫对出入雇请单位的人员和车辆所携带、装运的物品、物资进行严格检验、核查，以防该单位物资或物品的流失，确保雇请单位的财产安全。对人员、车辆所携带、装运的物品、物资的严格检查，一方面为了防止那些未经雇请单位允许的危险品、爆炸品的进入，以确保工作区、生产区的安全；另一方面防止不法分子偷、摸、拿，而防止雇请单位的物资、物品流失。

三、维护出入秩序

保安门卫的任务是：疏导出入车辆，清理无关人员，维持正常的工作、生产秩序。一个单位的大门是一个重要的交通要道。因此，做好进出车辆及行人的疏导工作，是门卫保安人员的重要职责与任务。另外，清理聚集在门口的人员也是保证进出车辆畅通，防止秩序混乱和交通堵塞的重要方面。

四、发现与处置治安问题

在门卫执勤时，发现可疑人、可疑事要及时报告公安保卫部门。如：发现盗窃嫌疑分子在机关、厂区门口逗留、“踩点”，外来人员和内部人员不正常的交往，职工家属来门口无理取闹或精神病患者闹事等，应及时报告有关部门，以便采取相应措施妥善处理。

发现有群众闹事、冲击机关和厂区者，要立即报告，并采取果断措施予以制止。如果在机关、厂区门口发现身份不明的人员，有教唆、挑动群众闹事的苗头，要立即向公安机关及有关部门报告，以便采取相应措施予以制止。在有关部门和领导没有到达前，门卫保安人员可以先行劝阻做好解释工作，必要时封闭大门，以维护好机关、厂区的治安秩序。

发现车辆通过门口时不停车，不接受检查，并强行闯进闯出时，一方面要采取有效措施予以制止；另一方面要详细记下车型、车号及司乘人员的相貌特征，以便事后调查。

第二节　门卫勤务操作规程

根据公安部2006年1月5日发布，2006年6月1日起实施的《保安服务操作规程与质量控制》行业标准，门卫勤务操作规程如下：

38. 门卫勤务的内容有哪些？

第一，保安员通过对客户单位出入口进行值守、验证、检查登记，维护客户安全。

第二，查验出入人员的证件，办理登记手续，禁止无关人员进入。

第三，对出入的人员、车辆及其携带或装运的物品进行查验，防止客户单位财物流失及违禁物品流入。

第四，指挥、疏导出入车辆，维护出入口的正常秩序。

第五，及时发现不法行为人，截获赃物，做好安全防范工作。

第六，协助客户单位做好来访人员接待等工作。

39. 如何制订门卫勤务方案？

门卫勤务方案的主要内容包括两个方面：

第一，根据出入口的建筑特征以及人员、车辆流量，确定门岗的具体位置。

第二，确定各类情况的处置方法，制定紧急情况的处置预案。

门卫勤务方案制订出来后，需经客户单位审定后方可执行。

40. 上岗前应做好哪些准备？

担任门卫任务的保安员要按规定着装，携带经公安机关批准使用的防护用具。根据需要携带对讲机，备有守护勤务登记簿。

41. 门卫验证如何操作？

一、逐个查证

在一般情况下，当来人距门卫2～3米时，保安员应请其止步并出示证件，接过证件后先看证件的封面、再翻看主页的身份情况。要着重查验照片与持证人的相貌是否相符，印鉴单位与签发证件单位是否相符，是否过期。夜间验证时，应提高警惕，注意保护自身安全。经查证未发现问题的，归还证件并礼貌地示意放行。对拒不交验证件、证明的人员，不准其入内。发生纠纷时，及时向客户单位报告，请有关人员前来处理。

二、重点查验

在人员、车辆出入比较集中时，保安员应站在大门一侧查验证件，并仔细观察，注意发现异常。对无证件的人员、车辆，待高峰过后经检查再决定是否放行。

三、对于上级事先通知的免检对象，应根据车号和特殊的免检标志，免检放行。

42. 门卫检查如何操作？

第一，对携物进出的人员，重点检查是否带有违禁物品。对进入车辆要检查是否装有易燃易爆等危险物品、是否载有无关人员，对无关人员应劝其下车在外等候。对携物外出人员和车辆，仔细检查携物证件或出库单据，重点查验物品的名称、规格、数量与证件是否相符。检查时要让被检查人动手打开车门、后备箱和包装物，视情况逐件清点或重点抽查。检查中要与对方保持一定的安全距离，注意观察其神态表情，防止其弃物逃跑、突然驾车逃跑或持物行凶，同时要注意自身安全。

第二，发现有携带可疑物品的人员，应先礼貌地要求其说出物品的名称、数量、来源及用途，请其自行拿出物品按单检查核对，并出示有关证件或由有关部门开具的证明，对无手续和拒绝检查的应移交客户单位有关部门处理。保安员不能对可疑人员进行搜身，应报告客户单位或交公安机关处理。

43. 门卫观察如何操作？

在验证检查过程中，要从进出人员的身份、陈述、行为、表情、携物、痕迹等方面进行观察，对有疑点者应重点查验。

44. 遇紧急情况如何处置？

当发生干扰、破坏客户单位正常的生产、生活、工作秩序的特殊情况时，保安员应按照应急工作预案，迅速将有关情况报告客户单位或公安机关。协助做好疏导工作，维护正常秩序。

45. 门卫交接班制度包括哪些内容?

第一，保安员要严格遵守交接班制度，按规定的时间交接班。因故不能执勤的，必须提前办理请假手续。

第二，上岗前的准备工作。接班人员做好上岗准备，按规定着装，携带执勤用品，准时接班。

第三，交班。接班人员到达岗位后，交接时双方先行敬礼，然后边注意观察，边做交接班事宜。交班人员应告知本班发生的情况和处理结果，并交代需要继续办理的事项。移交勤务登记簿，双方签字备查。接班者未到或未办理交接班手续，当班者不能离开。

46. 请示报告制度包括哪些内容?

保安员遇到紧急情况和重大问题时要及时、具体、准确地向客户单位、上级领导和公安机关等有关部门请示、报告。对客户单位、上级领导及公安机关等部门有关处置紧急情况的工作指示，要立即、坚决执行，执行结果要及时反馈，并做详细记录。

47. 勤务检查制度包括哪些内容?

驻勤单位保安组织负责人或指定的勤务检查人员，负责对保安员执勤情况进行检查。勤务检查的内容以保安员履行岗位职责的情况为主。对勤务检查中发现的问题和处理结果，应做好记录，重要问题应及时向上级汇报。

48. 勤务登记制度包括哪些内容?

勤务登记由当班人员负责记录。主要记载上级指示、通知、交办的事项及值班期间发生和处理的问题，记录必须清晰、准确，不得随意涂改，并妥善保管。

49. 对门卫保安员有哪些岗位要求?

第一，着装整齐，语言文明，手势规范，站姿端正，精神饱满。

第二，熟记客户单位有关门卫规章制度、出入手续，使用的各种证件、标志、车辆的牌号等。

第三，了解门卫区域内的环境状况和安全措施。

第四，熟悉和掌握单位内部机构的分布、位置、联系方式。

第五，基本熟悉和掌握客户单位内部人员情况。

第三节　门卫执勤要领与方法

50. 门卫勤务有哪些基本要领?

保安门卫是客户单位门卫制度的具体执行者，是一个单位安全保卫的基本力量之一，负有重大的安全保卫责任。作为门卫保安员在执勤实践中要不断学习总结，掌握工作的基本要领。概括一些成熟的经验，主要有以下要领可供借鉴：

第一，“两查”：一是查验进出人员的出入证、工作证或证章；二是查验出入物资的许可证及对实物的核对。

第二，“两快”：一是反映情况快；二是解决问题快。

第三，“四勤”：一是眼勤；二是手勤；三是脑勤；四是腿勤。

第四，“四要”：一是执行制度要严格；二是查验人、物要细致；三是处理问题要灵活；四是上岗执勤要文明。

第五，“五好”：一是情况记录好；二是执行制度好；三是交通指挥好；四是事情处理好；五是团结互助好。

第六，“八看与八对”：一看证件对姓名；二看相貌对年龄；三看举止对职业；四看原籍对口音；五看言行对学历；六看衣着对身份；七看物品对来由；八看同伴对关系。

51. 如何控制进出的人流?

人流的进出控制，是指执勤守卫人员对出入执勤单位人员的身份、证件要严格按规定进行检查、登记，控制外部无关人员进入责任区。保安门卫人员通过对出入者身份、证件及所携带物品的查验，把好人员“进出关”，有效地防止偷拿盗窃、物资外流等现象发生，有效地控制无关人员进入工作区，保证所在单位的工作、生产秩序不受外来干扰和影响。同时，通过对出入人员身份、证件及所携带物品的检查，还可及时发现伪造、窃取证件等违法行为，及时防止失密、窃密。此外，还能及时配合公安机关侦查、追查发生在内部的各类案件、事件。

对人流进行进出控制，关键是通过验看和查验出入人员的有效证件，确认出入人员是否符合进出条件，做出允许或不允许进出的决定。有效证件是指工作证、身份证、介绍信等。查验证件首先要查验其真伪和时效性，看有无伪造、窃用和借用之嫌。审查证件中的字迹、印章时，要注意有无涂抹、修改痕迹，印章是否私刻；然后看证件内容与持有人口述是否一致，有无矛盾；最后看证件（介绍信）的开出时间与持证（信）时间是否相符。

保安门卫人员在执勤时经常会遇到有人使用假证件。假证件通常有三类，即伪造、涂改、冒用。伪造的证件，指不由具名单位印制、颁发，而是持有人或其他人非法私自制作的证件。涂改的证件，指证件上的某些内容被证件的持有人按照个人意图进行过改动。冒用的证件，指他人的证件被持有人占为已有并加以使用。这里可以有两种情况：一是原持证人证件丢失，捡拾者加以冒用；二是冒用者有意偷窃他人证件。因此，执勤守卫人员在验看和查验居民身份证、工作证、介绍信时，要特别注意伪造、冒用的问题。

52. 如何识别第一代居民身份证的真伪?

一、外观识别法

观察对方出示的居民身份证的形状、规格、颜色、图案、字体、编号、薄厚和印刷质量、有效期限等多方面内容和特征，从中发现疑点。如果在核查中发现下列情形之一的，则有可能是假证件：

（一）外形不是规范的矩形的；

（二）规格不是长 88 毫米，宽 60 毫米的；

（三）证件的塑封套和纸芯的四个角不是圆的；

（四）一般地区和民族自治地方的身份证的正面主体颜色不是红、绿二色和背面不是浅绿色的，经济特区居民身份证正面主体颜色不是海蓝色和背面不是浅蓝色的；

（五）证件背面的颜色太浓的；

（六）证件正面的国徽以及环状、网状、团状花纹图案模糊不清或者不符合规格的。

二、特征识别法

民族自治地方和经济特区的居民身份证与内地居民身份证有所不同。民族自治地方的范围，可以从证件签发机关的印章上判断出来。经济特区包括深圳、海南、珠海、汕头、厦门。

（一）民族自治地方的居民身份证的特征

（1）除宁夏回族自治区外，其余的证件背面五个登记项目、签发机关印章都同时使用汉字和相应的少数民族文字印刷；

（2）证件上“出生年月日”的登记项目为“出生日期”，如内地和特区证件登记是出生日期1949年10月1日，而民族自治地方证件登记为出生日期1949.10.1；

（3）民族自治地区的证件分为两类：一类是只填写汉字，如广西壮族自治区、内蒙古自治区的部分地区；另一类是同时填写汉字和少数民族文字。如新疆维吾尔自治区、西藏自治区、内蒙古自治区部分地区、吉林省延边朝鲜自治州和四川、云南、青海、甘肃等省的部分民族自治地方。在文字排列上，少数民族文字在上，汉字在下，蒙文在左，汉字在右。

（二）经济特区居民身份证的特征

（1）证件背面在右上角贴有一规格为12毫米×9毫米全息制作矩形标记；

（2）海南经济特区证件背面为五指山和太阳图案。其他经济特区证件背面为“T”字的盾形图案。如果在核查中发现民族自治地方和经济特区的居民身份证与上述特征不吻合，此证可能是假的。

三、项目识别法

查看对方出示居民身份证上的各个项目是否齐全来辨别真假。居民身份证背面的项目是：姓名、性别、民族、出生（日期）年月日、住址、签发日期、有效期、编号。凡是项目多于或者少于上述标准的身份证，可能是假的。

四、印章识别法

颁发居民身份证的公安机关是县公安局和不设区的市公安局以及设区的市公安分局，以及经国家批准有户口管理权限的各类开发区公安局。第一代居民身份证上的公章是套印的，字体工整规范，排布均匀合理，印章清楚整洁。如果在核查中发现居民身份证上的印章是大中城市公安局或者是某某地区公安处的，则该证件肯定是假的。对于印章是县公安局、区公安分局以及开发区公安局的证件，也应注意印章的真伪。若是印章模糊、字体不正、排布疏密不一、格局失当，则可能是伪造的居民身份证。

五、照片识别法

看证件上的照片与被接待顾客的相貌是否一致。尽管证件的有效期均较长，人的相貌会有一定的变化，但是一般情况下，在有效期限内持证件人的相貌与证件上的照片应该大同小异，特征一致。当违法犯罪嫌疑人盗用、借用他人居民身份证的，要仔细观察识别证件上的照片是否与持证人吻合。不仅要看整个脸型像不像，更要看面部特征（痣、疤）和眼、嘴、耳等五官是否相符。观察特征细节，比笼统地看面孔更有效。

六、编号识别法

居民身份证的编号都有严格的规定，比如，第一代居民身份证不管是普通地区的、民族自治地方的，还是经济特区的居民身份证，编号均由 15 位阿拉伯数字组成。其中，第 1 位到第 6 位数字为行政区划代码，第 7 位到第 12 位数字为出生日期码，第 13 位到第 15 位数字为分配顺序代码。第二代居民身份证的号码为公民身份号码共 18 位，即在原出生日期（第 7 位）年份前加上两位数字，比如，将出生日期 581114 扩展为 19581114；并在末尾加一个计算机校验码。如果在核查中发现证件的编码规则与上述规定不符合，肯定是假的。

七、数字识别法

即运用数字比例的方式识别持证人居民身份证的真假。

（一）把年龄与证件有效期比较，看是否一致。按照规定，16

周岁至25周岁的人申领的证件有效期为10年，26周岁至45周岁的人申领的证件有效期为20年，46周岁以上的人申领的证件有效期为长期。据此，我们在核查证件时，只要先算一下持证人的实际年龄（计算方法是用发证时间减去出生年月），然后，看一下证件有效期限，就能作出判断，若二者相符，则无疑；若二者相矛盾，则可疑。

（二）将证件上的出生年月日与编号的第7位至第12位阿拉伯数字进行比对，看是否吻合。证件编号的第7位至第12位是持证人的出生日期代码，其中第7、8位两位数字代表年份（省略年份前面的二位数），第9、10两位数字代表出生月份（月份是一位数的，在前面加“0”）。如张某1949年9月20日出生，那么，他的居民身份证上编号的第7位至第12位数字应该为“490920”。如果不是这几个数字，证件就是假的。

（三）把证件上的性别与编号末尾一个数字联系起来看，辨别真假。按照国家有关规定，第一代居民身份证编号最后一位数字的奇数（1、3、5、7、9）分配给男性，偶数（2、4、6、8、0）分配给女性。如果我们在核查男性第一代居民身份证时，发现编号末尾的一个数字是偶数的话，那么，这张证件肯定是假的。反之，核查女性居民身份证时，若发现编号末尾的一个数字是奇数的话，此证件同样是假的。

53. 如何识别第二代居民身份证的真伪？

一、第二代居民身份证的防伪措施

第二代居民身份证有六项直观防伪措施：

（一）扭索花纹采用彩虹印刷。

（二）在底纹中隐含有缩微字符。缩微字符由“居民身份证”汉语拼音字头“JMSFZ”组成。

（三）正面写意“长城”图案采用荧光印刷。

（四）背面“长城”图案采用定向光变色膜。

（五）背面“中国 CHINA”字符采用光变存储膜。

（六）证件机读信息进行加密运算处理后存储在证件专用芯

片内。

二、第二代居民身份证的识别方法

针对第二代居民身份证采用直观的防伪措施，对居民身份证进行查验或核对时，可以采取以下七种方法：

（一）查看相片。判别证件照片与持证人是否一致。

（二）查看彩虹印刷。居民身份证底纹采用彩虹、精细、缩微印刷方式制作，颜色衔接处相互融合自然过渡，颜色变化部分没有接口。

（三）查看底纹中缩微文字字符串。可以使用 10 倍及以上放大镜观测。

（四）使用紫外灯光观测荧光印刷的“长城”图案。

（五）查看定向光变色“长城”图案。自然光线下，垂直观察看不到图案。与法线（垂直于图案平面的直线）成较大夹角时，在正常位置观察，图案反射光颜色为橘红色；当图案绕法线方向顺时针或逆时针旋转 30 至 50 度时，图案反射光颜色为绿色；当旋转 70 至 90 度时，图案反射光颜色为紫色。

（六）查看光变存储“中国 CHINA”字符。可观测到“中国 CHINA”字样，字符串周围有渐变花纹，外沿呈椭圆形。

（七）通过专用阅读机具读取存储在证件芯片内的机读信息，并进行解密运算处理后，自动判别其真伪。若读取的信息是合法写入的，则专用阅读机具显示（或送出）所读取的信息；若读取的信息是非法写入或被篡改的，则专用阅读机具只显示（或只送出）信息有误的提示。

54. 如何识别其他身份证件的真伪?

由于被盗、被骗、遗失、损坏等原因，未能及时补发新的居民身份证，有些人出示的身份证件是工作证、驾驶证、退休证等。有些 16 周岁以下的学生未申领居民身份证，出示的是学生证，或者户口簿等其他身份证明。而违法犯罪分子即使持有居民身份证，为了隐瞒其真实面目，逃避公安机关的打击，他们往往以种种借口，谎称没有居民身份证，而用其他“身份证件”。这些“身份证件”

是他们采用盗窃、诈骗、抢劫、购买等不法手段从他人手中获取的，有的证件还进行了变造、伪造。人们使用的除居民身份证之外的证件，既有正常的、合法的、真实的，也有反常的、非法的、虚假的。因此，必须问明没有居民身份证的原因，仔细查验，辨别真伪，做好记录，发现可疑，立即向公安机关报告。

判断顾客出示的其他身份证件真伪，比较实用的方法是“五看”：一看照片与本人是否相符；二看照片是否被更换；三看证件有无涂改的痕迹；四看公章是否被伪造；五看证件与顾客自述的身份是否吻合。

55. 如何查验介绍信?

介绍信是用来证明持有人身份以及联系专门工作的说明性、证实性文件，通常由各单位用白纸印制，上面有用红色或黑色字体印就的固有项目，使用时根据具体情况填写有关内容，加盖公章，并留存根。查验介绍信的真伪，首先判断公章的真假，主要看公章的大小、图案、文字排列等情况。公章的标准有具体规定：国务院、最高人民检察院、最高人民法院的公章外沿直径6厘米，行政公署的公章外沿直径4.5厘米，乡、镇人民政府的公章外沿直径4.2厘米，上述各部门公章的中央图案均是国徽。国务院各部、委、办，各省、自治区、直辖市机关，县、自治州、自治县、市和市辖区机关，公章的外沿直径均为5厘米，中央图案为五角星；国有企事业单位的公章外沿直径为4.2厘米，中央图案为五角星。所有上述公章中的文字均采用简写宋体字，文字自左向右沿边线匀称排列。

56. 如何控制进出的物流?

物流的进出控制，是指执勤门卫人员对出入执勤单位人员所携带的物品以及运输工具运载的货物严格按规定进行检查、登记，阻止违反规定的物资进出执勤单位，防止物资流失或被盗。

一些单位的少数职工贪占、偷拿甚至盗窃国家、集体物资的现象时有发生；一些外单位前来提货的人员，有时乘单位内部工作制度不严、看管人员责任心不强，也乘机偷拿、盗窃各种物资，并将其混在出库物资中蒙混过关；还有的单位人员与外部人员相互勾结，进行盗窃活动。因此，执勤门卫人员对进出车辆、物资进行认真查验是极为必要的。执勤门卫人员必须细心观察进出人员携带的包裹、物品，发现可疑包裹、物品一定要进行检查；对各种进出车辆装载的物品须认真核对，尤其遇到拉货车辆出库（厂）时，对其所载的物品务必与提货清单仔细核对，一旦发现裹挟、夹带应立即报告。

57. 如何控制进出的车流？

车流的进出控制，是指执勤门卫人员对进出执勤单位的车辆查验，阻止违反规定的车辆进出执勤单位；对进出口的车辆进行疏通和管理，防止进出口交通堵塞。

门卫人员在执勤时，遇有出入车辆，必须查验。当来车驶到与门卫岗位相距10～15米时，门卫人员应以立正姿势站于机动车的侧前方，面向机动车，向前伸出一支手臂呈水平状，五指并拢，手指朝上，掌心向车，另一支手臂随之向前抬起，置于平伸手臂的下方，五指并拢微微弯曲，掌心朝车辆停靠的方向连续摆动，示意停车。

凡遇外部车辆进出大门时，执勤门卫人员应示意停车并问明情况，如确实属于来单位公干者可示意放行；对运载物资的车辆，出门时必须认真对照货单检查核对实物。如遇外部车辆不按示意停车、飞驰驶入驶出的，须牢记车辆型号和牌号，及时报告带班人员或保卫部值班员，迅速查找，尽快弄清情况，以防发生意外。另外，外部车辆进入执勤单位，执勤门卫人员对车上人员要进行必要的核对，凡与业务活动无关的人员，应动员其下车在外等候。如遇单位内部发生火灾、爆炸等事故，消防车、救护车紧急进入时，应免检放行。

门卫人员在执勤时，还要做好进出车辆的疏通工作，使出入口大门畅通无阻，井然有序，避免由于车辆堵塞、抢进抢出而导致秩序混乱或发生事故。在执行勤务时，对那些在执勤场所聚集聊天、下棋娱乐的内部职工，要耐心说服，动员他们离开；对于外来办事人员，在问明来意、查验证件、进行登记之后，应迅速与生产、业务等部门联系，或告知有关人员前来接待；对大门附近的售货摊位或临时聚集的人群，要及时说服、动员他们离开大门，以保证执勤工作有效进行。

第四节　门卫执勤中紧急情况的处置方法

58. 什么是紧急情况?

所谓紧急情况是指突然发生的危及人的生命、财产安全及社会治安秩序而需要紧急处理的事件。保安门卫勤务中的紧急情况是指在保安门卫责任区内突然发生的危及客户安全及治安秩序而需要紧急处理的事件。保安门卫守护的是客户单位人员、车辆出入的重要关卡，地位特殊、位置重要、情况复杂，极易出现紧急情况和突发性事件，一旦发生要妥善、果断地予以处置，避免造成损失和产生不良影响。

59. 遇有群体性冲击事件时怎么办?

第一，立即报告客户单位保卫部门或领导，并同时报告保安公司主管领导及公安机关。

第二，迅速关闭大门，严禁不明身份的人混入，必要时封闭所有出入通道。

第三，做好劝阻、说服、疏导工作，坚持“三可三不可”的原则，采取“三宜、三忌、三防”的斗争艺术。“三可三不可”是：可疏不可聚，可顺不可激，可解不可结。“三宜、三忌、三防”是：宜说服，忌训斥，防粗暴；宜耐心，忌滥罚，防简单；宜亲近，忌疏远，防对立。

第四，密切注意群体性闹事者的动向，尤其注意首要骨干分子的行动，尽力记住他们的面貌特征及主要活动，必要时可拍照、摄像等。

第五，夜间要打开灯光，以便于观察和掌握事态发展及整体情况，防止混乱，减少损失。

60. 遇有车辆强行闯门时怎么办?

第一，要快速记住车型、颜色、车牌号、所乘司机及其他人员的外貌特征及数量，并立即报告保卫部门或领导，派人迅速查找和控制车辆。

第二，对强行闯入的，要立即通知客户单位的要害部位与目标，加强戒备，防止发生意外事件。

第三，对强行闯出的，要立即报告交通警察部门，尤其是与客户单位大门临近的几个交通道口，并设法追堵，防止发生事故。

61. 遇有出入人员拒不交验出入证件时怎么办?

第一，纠正违章一定要先礼后兵，态度和蔼，说话和气，以理服人，切忌生硬训斥。

第二，对拒不交验出入证件手续的，要讲清道理，严格按照门卫制度，无入门证的不予入内，无出门证明的物资不予放行。

第三，一旦发生纠纷要沉着冷静，谨防急躁。一方面坚决按照门卫制度办事；另一方面及时报告客户单位的有关部门，请求前来协查解决。

第四，原则问题不退让，非原则问题不计较。要做到骂不还口，打不还手。一般事情，将事由报告客户单位，由客户单位领导主持处理；确实危及自身安全的，要按照正当防卫的条件予以处理。

62. 遇有出入人员携带可疑物品时怎么办?

第一，可先礼貌地要求其说出包裹或包内的物品名称、数量，并请其自行打开包裹或提包，拿出物品，一一核查，看其有无正当合法的出门手续。

第二，经查无公物、赃物，应礼貌地说声“谢谢您的合作”，并予以放行；若有不明物品疑为公物或赃物，并无正当合法的出门手续，可先行扣下物品，并开具清单，登记下其姓名、工作单位、联系电话等，以便备查或联系。

第三，如果出入人员拒绝自行开包，可礼貌地请其稍候，并立即报告客户单位，请求有关部门和领导出面处理。其间注意监视其行动，防止其逃跑或扔掉、转移赃物。

第四，无特殊情况不能对嫌疑目标进行搜身，如确有必要可让其自行将身上的物品取出接受检查，如其不配合，可交由客户单位有关部门及领导处理。

63. 遇有疯、傻、醉汉闯入大门时怎么办?

第一，要劝阻其离开保安门卫责任区。

第二，劝阻无效时，可采取监控措施，防止其突然闯进，并及时通知其家属、工作单位将其领回，一时无法查清身份的，要与客户单位有关部门及派出所进行联系，商请解决办法。

第三，遇有此类情况发生时，防止群众围观造成交通堵塞，并警惕别有用心之人装疯卖傻，装醉闹事，或乘引起门口混乱之机趁火打劫。

64. 客户单位发生盗抢案件时怎么办?

第一，立即控制住大门，必要时关闭大门，防止犯罪嫌疑人冲出或乘机动车辆闯出大门。

第二，实行严格的门禁制度，从严掌握检验手续。对身份不明者暂时不予放行，对携带物品可疑者也要扣押待查，严防可疑人和物品出大门。

第三，高度提高警惕，严防案犯狗急跳墙，行凶或强行夺路而逃。

65. 客户单位发生火灾时怎么办?

第一，拨通“119”电话迅速报警。要沉着冷静，报警时要特别注意讲清火灾的具体地点及单位，包括街道、段、路、门牌号，并简要说明着火性质、着火部位、燃烧物品及火势、伤亡等情况，以便消防队根据火灾情况携带器材和准备车辆、人员。报警时还要注意对方询问，并告诉联系电话。报警后要派专人到路口接引消防车辆，引导消防车进入火灾现场。

第二，电话报警后，要立即将火灾情况分别报告客户单位领导及保安公司领导。

第三，积极组织在场人员用正确的方法进行火灾扑救，并迅速切断与灭火无关的电源，关掉液化气总开关，将易燃易爆品撤离火灾现场，防止火灾蔓延。

第四，注意把好大门关，防止无关人员涌入火场阻碍灭火，也防止不法之徒混入现场趁火打劫。同时，还要防止一些别有用心的人利用调虎离山之计图谋其他破坏和捣乱，利用救火的混乱之机逃离犯罪现场。

66. 夜间停电或灯光突然熄灭时怎么办？

第一，关闭大门，暂停出入，防止坏人利用这些机会混入客户单位或逃离。

第二，迅速查明停电或灯光熄灭的原因，并报告客户有关部门或领导，以防不测或有坏人趁机捣乱。

第三，停电或灯光熄灭期间，要密切注视大门口的动静，防止不法分子突然袭击或乘机行凶破坏。

67. 有人当面或电话报告紧急情况时怎么办？

第一，问明情况。详细询问紧急情况的有关内容及具体情况，并问清报告人的姓名、单位、住址、联系电话等，还要记清其相貌、衣着等情况特征，同时做好记录，以便事后备查。

第二，判明真假。问明情况后，要对有关情况进行认真的分析，确认对客户单位有影响的要迅速向客户单位的有关部门及领导报告，并相应采取必要的防控措施。但也要防止情况虚假，受骗上当。

第三，正确处理见义勇为和坚守岗位的关系。当险情属于客户单位的，保安人员责无旁贷，要及时果断处置。对于客户单位以外发生了重要险情或群众有困难时，也应当出手相助。但要防止有些人用此调虎离山，达到其不可告人的目的。因此，对类似复杂情况保安门卫要权衡利弊，视情妥善处理。

第四章　守护勤务

第一节　守护勤务的含义、特点和任务

68. 什么是守护勤务?

守护，是指借助一定力量，对特定目标实行的看护和守卫活动。作为保安服务中的守护，是指保安人员按照服务合同的规定，采取各种有效措施，对指定的人、财、物、场所进行的看护和守卫活动。

守护是保安服务的一种主要形式。其目的是防止无关人员进入，防止不法人员混入，防止私自将危险物品带入，防止财物流失、被盗，防止窃密、泄密事件的发生，防范和制止违法犯罪分子的各种破坏活动，预防治安灾害事故的发生，确保守护对象的安全。

69. 守护勤务有哪些特点?

一、目标重要，责任重大

保安守护的对象主要是大型仓库、货场、油库、金库、重点工程等要害单位；企业、事业、科研等单位的要害部位，以及商贸展销、展览，大型文体活动场所，车站、码头、名胜古迹、旅游场所等。这些场所和物资涉及国计民生，关系着公共安全、社会稳定，影响和牵动着全局。一旦出现问题，后果严重。

二、对象明确，目标专一

保安守护勤务的服务对象、目标大都是单一的，即使服务内容或目标是一定区域内的某一个范围，也是明确具体、固定不变的。

三、时间空间统一固定

保安守护勤务的服务时间、地点都是固定和确定的，一般情况下，被保护对象没有大的变动、移动或改变。服务时间大都是以轮班更替的形式轮换进行。

四、服务项目明确具体

保安守护勤务具体的服务项目和内容是明确具体的，不像巡逻勤务那样，随意性大，可知性少。守护人员该做什么，不该做什么，需要完成哪些具体任务和内容，事先都有明确的规定和具体的安排。

70. 守护勤务的任务是什么？

一、保护人身安全

随着改革开放和社会主义市场经济的发展，社会结构发生了深刻的变化。经济、文化、体育各个领域都涌现出大量的成功人士。这些人掌握着一定的资源，拥有大量的财富。同时，他们也成了违法犯罪分子关注的目标和侵害的对象，他们的人身和财产安全受到不法侵害的风险较大。他们对自身安全的需求日益增长。而我国警方无法也不可能为个人提供专门的人身安全保护，难以满足社会上不同层次的安全需要。保安服务业的兴起，则弥补了这一空白。保安服务中提供的人身安全保护有两种形式：一是守护，即通过对守护对象的住宅、办公场所的守护而保护人身安全；二是随身护卫，即负责护卫外出活动对象的人身安全。

需要强调的是，我国不提倡私人雇用“保镖”，但并不是绝对不承担保护人身安全的服务。保安公司提供的人身安全保护服务必须符合法律规定，同时又是有偿的，就是“花钱保平安”。

二、保护财产安全

重点是做好防火、防盗、防破坏等安全防范工作。

火灾有很大的破坏性，它可以在顷刻之间夺走人的生命，也可以使财产毁于一旦。因此，火灾被世界公认为一大公害。但随着社会的发展，火、电的用量越来越大，这就必然带来更多的火险因素。在这种情况下，一旦疏于管理，发生火灾，就会造成严重损失。因此，要有效地保护客户的财产安全，必须采取相应措施，做好火灾的预防工作。

盗窃案件在整个刑事、治安案件中占的比重很大。一些盗窃分子之所以屡屡得手，主要是钻了一些单位安全防范制度不健全、各项安全措施不落实、领导和职工思想麻痹、工作责任心不强、疏于管理、漏洞较多的空子。因此，提供保安守护，必须采取各种有效防盗措施，健全制度，堵塞漏洞，做好防盗工作，确保客户的财产安全。

防破坏，重点是防各种敌对势力和敌对分子的故意破坏。在保安服务公司提供保安服务的客户单位中，有些是国家或地区重点单位或要害部位。从破坏活动的规律来看，行为人总是选择那些物资集中、影响大、地位重要的单位或部分进行破坏，企图给我们的经济建设、文化建设和国防建设造成重大的损失。对重点单位要害部位加强守护，死看硬守也是必要的。

同时，还要做好对自然、治安灾害事故的预防工作，要调查研究，收集信息，制定有效的防范措施，一旦发生事故，要积极组织抢救，努力减少损失。

三、维护客户单位的正常秩序

执行守护任务的保安人员通过守护保安服务，为守护范围内的生产、工作、教学科研等活动创造一个良好的环境和条件，对发生在守护范围内的各种有碍生产、工作、教学科研活动顺利进行的情况，如在守护范围内发生的纠纷、斗殴等，均应尽快采取办法予以劝阻、制止，防止事态进一步扩大蔓延。

第二节　守护勤务操作规程

根据公安部2006年1月5日发布，2006年6月1日起实施的《保安服务操作规程与质量控制》行业标准，守护勤务操作规程如下：

71. 守护勤务内容有哪些?

第一，保安员通过对特定的目标进行看护和守卫，保卫客户安全。

第二，维护守卫区域的正常秩序。及时制止无关人员进入守卫范围。

第三，做好防火、防盗、防抢、防爆炸、防治安灾害事故等工作。

72. 如何制订门卫勤务方案?

根据守护目标的特征、范围、周边环境以及其他可能危害目标的情况等制订守护方案。

守护方案需经客户单位审定，对治安保卫重点单位及重大活动等的守护方案需经上级主管部门批准。

73. 上岗前应做好哪些准备?

担任守护任务的保安员要按规定着装，携带经公安机关批准使用的防护用具。根据需要携带对讲机，备有守护勤务登记簿。

74. 守护勤务各岗位实施规程是什么?

一、固定岗位

严格检查进出守护区域的人员及车辆，维护秩序，保卫目标的安全。

二、移动岗位

反复巡查，消除守护区域内的安全隐患，保卫目标安全。

三、瞭望岗位

观察守护区域内及周围的情况，发现可疑人员和可疑情况立即向客户单位报告，并采取相应措施保障目标安全。

75. 紧急情况的处置规程是什么?

第一，遇有无关人员违反规定欲进入守护区域时，应进行劝阻；对不听劝阻的，应坚决制止并迅速报告客户单位或有关部门处理。

第二，遇有无证车辆，欲进入守护区域时，应示意停车，对不听指挥强行闯入的，应立即报告客户单位或有关部门，并记下车型、牌号、颜色等特征。

第三，发现违法犯罪行为，应立即采取措施坚决制止，并将行为人送交客户单位或公安机关。做好现场保护工作。

第四，发生火灾、爆炸等灾害事故，应立即报警，并及时通知客户单位。采取积极措施防止事态扩大，协助抢救受伤人员，并做好现场保护工作。

76. 对守护保安员有哪些岗位要求?

第一，执行守护任务的保安员，应熟悉有关制度、规定及准许出入守护区域的手续和证件。

第二，熟悉岗位周围的地形、地物及设施，熟悉应急设备的位置、性能和使用方法。

第三，熟记与有关部门、人员的联系方式。

第四，熟练掌握处置一般问题和紧急情况的方法，自身解决不了的，能及时、准确报告。

第三节　守护勤务方法

77. 如何做好勤务准备工作?

为了确保守护勤务的有效实施，要认真做好前期的准备工作，主要有以下几个方面：

一、调查了解被守护对象的具体情况和特点

保安守护人员应对守护目标进行实地察看，掌握责任区的出入口、道路，要害目标的分布位置、地形等情况，选择便于观察情况、控制重点、利于相互配合及保障安全的部位设置保安守护岗位，依据这些情况制定有效的防范与看护措施。

二、确定切实有效的防范与守护措施

在充分调查了解保安守护目标及周围治安情况的基础上，根据保安守护力量的情况，本着全面部署、突出重点、灵活掌握的原则，制订切实可行的保安守护方案。实施方案应包括的主要内容有：保安守护的责任范围，保安人员的组成与分工，守护的形式、采取的主要方法、注意事项，遇有情况处置的原则和方法，特别要求。

三、合理设置守护哨位

在制订具体的守护方案时，针对被守护对象和目标的范围、内容和特点及周围环境关系，设置一定数量的守护哨位，具体落实看护力量，以确保守护任务顺利、有效地完成。

守护哨位主要有：固定哨、游动哨、瞭望哨。

78. 如何设置固定哨?

固定哨，是指派适当数量的保安人员在固定的位置上对被看护目标实施守护，以确保被守护目标的安全。固定哨一般设在守护部位的交通要道和出入口，如大厂矿、作业区的正门、车间、仓库、机密要害部位的必经通道，果园、林区、渔场的必经交通要道等部位，以有效地控制人员、车辆的出入，防止违法犯罪的人员混入，防止人为破坏和自然灾害事故的发生。在固定哨执勤的保安人员，必须熟悉有关地形、环境和特点，认真履行出入手续和验证制度的职责，了解防范、安全设备的性质及使用方法，并保持通信设备的完好和与上级部门的联络、联系不间断。

79. 如何设置游动哨?

游动哨，是指为弥补固定哨之不足，在看护范围内针对某些薄弱环节和易发生问题的部位、区域，派出一定数量的保安人员，进行游动巡逻监视守护，以保证被守护目标的安全。游动哨一般设置在被守护范围内的重要地段和区域，以弥补固定哨之不足或与固定哨相配合。游动哨一般都为执勤队员规定了联络口令和信号，并按指定的路线和区域进行巡视守护，以加强对重点要害部位的巡查。尤其在节假日和夜间、气候恶劣、社会治安情况复杂的时段，更应加强或加紧游动哨的巡查。在游动巡查的过程中，遇到火险或其他险情，应即予以排除；发现异常情况，及时向有关部门报告；发现可疑人认真盘查，必要时扭送公安保卫部门处理。

80. 如何设置瞭望哨?

瞭望哨，是指在守护范围较大的区域或丘陵地带的区域时，为便于巡视、观察而选择一个或几个制高点，居高瞭望，对被守护对象或范围进行观察和监视，以确保被看护目标的安全。瞭望哨由于较高、较远，故应配备望远镜、通信设备，最好能与固定哨和游动哨形成一个互相联络的通讯网，以便有效地发挥每个哨的优势和特点，相互配合，相互协作，保证守护任务的顺利完成。

81．如何通过观察发现可疑？

观察方法就是保安人员在守卫勤务中，通过感觉器官，直接观察客观对象的言行举止有无可疑。进行观察，是由观察者感知客观对象，获得的情况一般比较真实、可靠，但是，大多是人、事、物的表面或外部的现象，并且有时在一定条件下带有偶然性，因此，对观察到的现象，要进行分析判断并及时报告单位保卫组织处置。

为了提高观察的效果，应注意从以下六个方面发现问题：

第一，身份可疑。人的身份是否可疑，主要是通过其行为与他所处的时间、空间及行为之间的关系表现出来的。如所谈年龄、职业不符，装束不合身份、时令，言语与籍贯矛盾等。

第二，行为可疑。是指言行、举止有违反正常人的行为模式，符合或相似于一些违法犯罪活动的特征，如在要害部位东张西望、神色慌张、言语吞吐等。

第三，携物可疑。是指携带违禁物品或易燃易爆危险物品，又没有合法手续，以及携带单位公物，说不清正当来源用途，疑似犯罪所得的财物、作案工具等。

第四，关系可疑。是指对所找的人说不清姓名、所在单位及与被找者的关系，对要找的部门说不清名称、职责及要找该部门的原因、目的等。

第五，痕迹可疑。是指身上有可疑外伤，衣着有被撕破的痕迹，或有不明血迹污染等疑似刚刚逃离现场的违法犯罪嫌疑人员。

第六，体貌或面部表情可疑。是指与公安机关通缉或要求协查的嫌疑人体貌特征相似，或者面带惊恐、困倦之色，见到警察、保安人员有表情反常等。

守卫保安人员遇到上述情况，应当场询问，消除疑点后方可放行。否则，即应报告公安保卫部门处理。

第四节　守护勤务中紧急情况的处置方法

82. 发生暴力犯罪案件如何处置?

遇到违法犯罪分子进行纵火、行凶、抢劫等现行违法犯罪活动，要及时予以制止，将其抓获，并迅速报告保卫部门或公安机关，同时应积极采取抢救、扑救、排除险情等措施，尽量避免或减少损失，并做好现场保护工作。

83. 发生盗窃案件如何处置?

守护范围内发生盗窃案件时，应做好以下几个方面的工作：

第一，迅速向保卫部门或公安机关报案，并向保安公司报告；主动维护好现场，不准无关人员进入现场；积极向公安机关保卫部门提供情况，协助破案。

第二，注意从检查出入人员证件、携带物品中发现嫌疑目标。

第三，将抓获的现行犯罪嫌疑人，及时向保卫部门或当地公安机关汇报，请求派员处理，或将犯罪嫌疑人直接扭送当地公安机关。在押送途中，要防止犯罪嫌疑人逃跑或行凶。

84. 发现可疑人如何处置?

在守护范围内发现行动诡秘、神色慌张、形迹可疑的人员时，要留心观察，注意其行为的发展，并及时向公安保卫部门和保安服务公司报告，请示如何处理，做好控制工作。

第五章　押运勤务

第一节　押运勤务的含义、特点

85. 什么是押运勤务?

保安押运勤务，是指保安服务公司应客户的要求，为保证客户的贵重、重要物品等在运输中的安全，选派一定数量的保安人员，采取一系列的防护措施，确保运输物品安全抵达目的地的一项服务方式。保安押运勤务也是客户通过保安服务合同授权于保安服务公司对所运输的物品行使保护权的一种保安服务业务。

随着社会经济的发展以及社会需求的不断增加，各种商品、物资、物品、现金的运输运送量大大增长，运输中出现的安全问题也相对增多。目前大多数生产者、经营者从保证货物运输安全的目的出发，已经改变了由本单位派人或雇请个人押运货物的传统习惯，而转向委托保安服务公司承担押运业务，通过签订保安押运合同，授权保安服务公司对所运输的物品进行押运护送。因此，为客户提供押运服务的保安服务公司便应运而生。

保安押运勤务是对合法财产进行保护的业务，是对生产者、经营者的合法财产提供的运输押运服务，对于从事走私、非法运输违禁品、贩运毒品等各种犯罪活动，绝不能提供押运保安服务，而且要向公安机关提供线索，协助破获和打击。

86. 保安押运与守护有什么不同?

保安押运勤务对财产安全的保护与保安守护勤务对有关财产安全的保护，尽管都是对客户有关财产的保护，但是二者在形式上是完全不同的。押运勤务所保护的财产是处于运输过程中由不同运输工具装载的财产，是动态的；而守护勤务所保护的财产是处于某一处所的财产，一般来说是相对固定的，是静态的。也正是由于存在这样的区别，从而决定了这两种保安勤务在具体实施措施、方法、手段上有明显的不同。

87. 保安押运勤务有哪些特点?

一、保安押运勤务具有运动性

保安押运勤务的运动性是保安押运勤务最显著的特点，也是保安押运勤务与其他类型保安勤务的重要区别之一。这种运动性特点主要表现在以下几个方面：

(一) 押运目标的运动性。保安押运勤务的保护目标不是静态的，而是始终处于运送的动态之中，无论是装车搬运，还是在运输途中，都不可能静止不动，而是处于运动之中，尽管保护目标在途中可能会有短暂的停留，但也是运动中的停留。只有安全抵达目的地后，这种特殊的运动才可以结束。

(二) 押运人员的运动性。押运目标的动态特点，决定了执行押运勤务的保安人员随着押运目标运动，无论是利用何种运输工具，不管运输距离有多远，押运人员都必须时刻跟随护送。可以说，押运勤务是在运动中保护运输物品安全的业务。

二、保安押运勤务具有危险性

一般来说，保安勤务是以提供安全服务为目的的业务，在具体实施中，必然要经常遇到破坏安全、危及安全、影响安全的行为及现象。保安人员在对破坏、危及安全的斗争中，必然存在着一定的危险性。但是，押运勤务所具有的危险性更为突出，主要是因为：

(一) 犯罪人员的不法侵害。押运勤务的保护目标一般都是价值较高的商品、物资、货物甚至是现金，在运输途中往往成为犯罪行为人盗窃、抢劫、哄抢的对象，尤其是近年来，随着市场流通量的增加，运输物品被盗、被劫等犯罪案件不断增多。许多犯罪团伙、犯罪集团专门以运输物品为犯罪目标，抢劫财物，伤害护送人员，犯罪活动十分猖獗。执行押运勤务的保安人员要经常面对危急的情况，与犯罪行为人进行面对面的斗争，具有较大的危险性。

（二）运输物品的灾害事故。在承担易燃、易爆等危险物品的护送时，需要特殊的工具、特殊的措施和特殊的保护手段；同时，也要求运输人员、押运护送人员具有相关的专业知识，严格地按照规定制度的要求安全运输。但是，由于客观原因或押运人员的主观原因，可能会引发危险物品泄漏、燃烧、爆炸等治安灾害事故。灾害事故一旦发生，不仅使客户的财产受到损失，而且会对社会及其他人的利益造成侵害。因此，押运易燃、易爆等危险物品风险性较大，稍有疏忽就会造成灾害，危及人民生命和财产的安全。

（三）运输途中的意外事故。在押运过程中，常常会遇到许多意想不到的情况，使运输物品遭受意外事故的损害。例如，采用汽车运输时意外的交通事故，可能给运输物品造成损失；物品运输途中意外脱落，可能造成物品丢失。尤其是在运输途中休息就餐时，也极易发生盗抢等意外事故。这些情况关系到运输物品自身的安危，都存在着一定的危险性。

三、保安押运勤务具有多样性

由于押运护送的物品不同，运输距离远近有别，因此，押运勤务具有多样性的特点，具体表现在以下几个方面：

（一）保护目标多种多样。随着市场经济的繁荣发展，客户委托押运护送的物品种类也在增多。可以说，凡是客户以成批押运护送的具有一定价值的物品都属于保安押运勤务的范围，成为押运护送保护的对象。

（二）押运方式多种多样。对于不同的物品、不同的押运距离将采取不同的押运方式，如大宗物品长距离运输，可采用火车、汽车等方式进行；对于时间要求较紧的物品，可采用航空运输的方式；对于沿海城市之间的物品押运，可采用海运的方式；对于小宗物品近距离的押运，则可采用车辆运输、徒步运输等更为灵活方便的方式。

四、保安押运勤务具有时间性

保安押运业务具有较强的时间性。一般来说，从物品起运到抵达目的地，标志着一次业务活动的结束，在时间上往往有一定的限度。尽管客户可以根据物品运输量的实际情况与保安服务公司建立长期的业务联系，但是就具体的押运业务而言，每次押运护送的时间过程都较短暂。也就是说，在一定的时间内将物品安全运抵目的地，保安押运合同即履行完毕，如果需要再执行新的押运业务，则需要重新签订保安押运合同。它与门卫勤务有所不同，门卫勤务在时间上有一定的持续性，即在合同规定的有效时间内可以连续开展业务，而押运勤务是一种时间性很强的行为，一般仅限于一次性押运过程。

五、保安押运勤务具有独立性

保安押运是一项相对独立的保安服务项目。在每次押运工作中，往往是几个保安员来承担全程守卫护送工作，尤其是远离公司，遇有情况请示不便，只能随机处理问题。因此，押运尤其是长途押运必须选择有胆有识、有独立作战能力的保安人员担任。必要时，派领导随行指导。

六、保安押运勤务具有重大责任性

保安押运的物品价值一般都很大，有整车的现钞、金银珠宝、珍贵文物、有价证券、贵重物品，也有易燃、易爆、易辐射的危险物品等。押送这些物品，除了具有前述所讲到的比较大的危险性以外，如果一旦发生问题，就会造成严重的经济损失和社会危害。例如，在押送民用核材料的过程中，如果发生意外事故，造成辐射物泄漏，不仅押送标的物会遭受损失，而且可能会造成核污染，危及人身安全和周边的环境安全。因此，保安押运责任重大，必须选择政治素质高、责任心强、业务过硬的保安人员负责。

保安押运勤务除了具有上述特点以外，对执行保安押运勤务的保安人员来说，这项勤务十分单调，容易令人身心疲惫。保安押运大多是长途跋涉，吃饭、睡觉、休息等都离不开交通工具，也不能有其他娱乐活动，生活艰苦、单调，容易疲劳、倦怠。因此，保安押运人员要有吃苦耐劳、连续作战的能力和精神。

第二节 保安押运的服务范围及方式

88. 保安押运勤务的服务范围有哪些?

保安押运勤务服务的范围十分广泛，可以说，在法律允许的范围内，凡是保安服务公司有条件、有能力承担的由客户委托押运护送的各类物资、物品、现金以及有价证券等都属于保安押运勤务的范围。具体地说，包括以下几个方面：

一、各类商品

随着社会需求的不断增长，生产厂家和经营商家的商品流量不断加大，如何确保商品尤其是大宗商品或价值较高的商品在运输过程中的安全，已经成为一个非常重要的问题，因此，委托保安服务公司提供押运护送服务，保证商品运输的安全，就成为保安押运勤务的范围和任务。

二、贵重物品

贵重物品，一般是指价值较高或较为稀有的物品，主要包括黄金、白银、珠宝玉器、古玩字画等物品。贵重物品一般都有较高的价值，是盗窃、抢劫的重要目标，因此，保证贵重物品在转移运送过程中的安全尤为重要。

三、易燃、易爆等危险物品

易燃、易爆等危险物品，是指易燃性、爆炸性、放射性、毒害性、腐蚀性的物品。这类物品在押运中既要防盗窃、防抢劫，保护物品的安全，又要防止人为或自然因素引起的燃烧、爆炸、有毒物品泄漏等事故，以保护沿途有关人员生命财产的安全。

四、现金及有价证券

为客户承担现金、有价证券的押解护送是保安押运勤务的重要业务。在现实生产、生活中，涉及企事业单位与金融机构、金融机构与金融机构之间的现金往来十分普遍，被不法人员所关注，企图寻机作案。因此，保安服务公司根据客户的要求，派出保安人员为取送款人提供安全保护，这对于维护客户财产的安全、预防和打击犯罪活动、维护社会治安有着积极的作用。

五、试卷及其他机密文件

试卷，是指由专门印刷厂承印的全国各类统一考试的试卷或各省、自治区、直辖市范围内的各类统一考试试卷。试卷具有机密性质，国家级统一考试试卷被列为国家机密。试卷一般由专门的印刷厂印制后分送各地。机密文件，是指有关部门的重要文件或机要文件。由于试卷及机密文件事关国家机密，因此在运送的过程中，一方面要防盗、防丢失；另一方面要严防泄密。

89. 保安押运勤务方式有几种?

保安押运从不同的角度，按照不同的标准，可以划分为不同的种类。

一、依据押运距离可分为长途押运和短途押运

（一）长途押运。主要是指保安服务公司按照保安合同，为客户承担跨县、市甚至跨省，运输路途比较长的物资押运业务。关于押运距离长短的具体标准，目前尚无明确规定，实践中一般以超出市区内或市郊范围的距离作为划分长途与短途的界限。押运的距离决定押运的方式，由于路程距离较长，所以，运输工具和押运措施都必须适应长距离押运的需要。

（二）短途押运。主要是指保安服务公司按照保安合同，为客户承担较短路途的押运业务。所谓短途，一般是指市区内或市郊范围内的押运业务。随着市场经济的发展，市内单位与银行、个人与银行之间数额较大的取送款极为普遍。单位开支票到银行去提款；商业、服务等行业的大量营业款要回笼；相当数量的银行、储蓄所的营业款也实行晨取晚送的制度；等等。有些犯罪人员就寻找这些取、送款过程中的薄弱环节，乘机进行抢劫、盗窃等犯罪活动。短途押运具有押运距离短、押运方式灵活的特点，一般可以根据押运物品的价值灵活地选择押运方式，以确保安全。在实践中，为了防止意外事故的发生，保安服务公司根据客户的要求，派出保安人员专门为取送款人员提供安全服务。这是一种典型的短途押运服务。

二、依据押运方式可分为火车押运、汽车押运、船只押运和航空押运

（一）火车押运。是指保安服务公司按照保安合同的要求，为客户承担跟随火车对物资、物品的押运业务，以保证被押运对象在火车运输途中的安全。火车押运要注意被押运的物资在途中被盗，主要有两个方面：一是当火车进出站速度减慢时，防止有人乘机上车盗抢；二是防止途中有人上车盗抢。火车押运是较长距离的押运，一般都在数百公里以上，而且火车押运大都是大宗物资的押运，从装车起运到抵达目的地，运输时间长，押运情况较为复杂，因此，应由两名以上保安人员随车押运，同时，还要根据具体情况与铁路运输部门共同协商，以确定保安人员在列车上的值勤位置等事项，确保火车押运的安全。

（二）汽车押运。是指保安服务公司根据保安合同，指派保安人员为客户承担跟随汽车对各种财物的押运护送业务。汽车押运是押运业务中应用最为广泛的一种押运业务，适用于各种距离的押运和对各类财物的押运，因此，情况也最为复杂。在实践中，应把握以下几点：一是要根据押运物品的不同选用不同的运输车辆；二是要根据车辆、押运物品的不同，确定随车押运的保安人员的数量和保安人员在车辆上的具体位置；三是要根据押运的距离、路况和沿途的具体环境制订详细的押运方案或计划；四是在汽车减速、爬坡及停车时，严密监视押运的物品，防止有人乘机上车偷窃，尤其是中途停车就餐或住宿时，必须加强对物品的看护，以保证押运物品的绝对安全。

（三）船只押运。是指保安服务公司根据保安合同，指派保安人员为客户承担跟随船只押运物品的押运业务，以保证押运物品的安全。船只押运勤务一般都是在沿海、沿江、沿湖等能够通航的地区的押运业务，与火车押运和汽车押运相比较，业务量较少，押运情况也较为简单。需要注意的是，执行船只押运任务的保安人员，必须具有一定的游泳技能，以便在发生意外事故时能及时地进行抢救，保护押运物品的安全。

（四）航空押运。是指保安服务公司根据保安合同，指派保安人员为客户承担跟随飞机押运物品的业务。航空押运一般是对时间要求较急迫或具有保鲜要求的物品。押运时，应服从航空公司的管理，按照航空运输的统一规定办事。

第三节　押运勤务操作程序

根据公安部2006年1月5日发布，2006年6月1日起实施的《保安服务操作规程与质量控制》行业标准，押运勤务操作规程如下：

90. 押运服务的内容是什么？

第一，保安服务公司对押运目标、押运装备及押运保安员要采取保险措施，押运服务的运载、护卫工具和有关装备要符合国家和行业标准。

第二，保安员通过随行方式守护客户财物，保障安全。

第三，防止押运财物被盗、被抢或遭受其他不法侵害。

第四，通过安全检查，及时发现安全隐患，防止发生火灾、爆炸等事故。

第五，对押运财物置放、运输的条件、环境等情况，进行巡视检查，防止发生挤压、丢失等事件。

第六，对押运的财物要进行清点、核对，防止出现差错。

91. 怎样制订押运方案？

第一，在运输手续完备的基础上，要对押运任务进行分析、研究；根据押运财物的种类、数量、路途和运载工具等情况制订押运方案。

第二，押运爆炸性、易燃性、放射性、毒害性、腐蚀性等危险物品的，要事先取得运输许可证件，制订专门的押运方案，使用专门的运载工具，押运人员要熟知有关专业知识和突发事件的处置措施。

第三，押运方案需经客户单位审定。跨省、市运输以及重大押运任务需经上级主管部门批准。

92. 押运任务的实施规程是什么？

第一，承接押运任务后需要了解：发货部门名称、物资种类、性质、价值、数量、代号、运输工具，到达目的地的运行路线，出发及到达时间；收货单位名称、详细地址、代号；对押运的要求和应注意的问题。

第二，办理押运手续，领取途中所需物品。

第三，与发货部门人员共同清点财物的数量，检查财物包装密封标记等是否完好，如发现问题，应向客户单位提示并做好记录。装物时保安员要在场点验，以防发生漏装或出现差错。

第四，配备必要的防护用具和通信器材，并保持完好有效。

第五，在押运途中保安员应注意观察道路两侧的情况，通过桥梁、隧道、交叉道口、转弯地段以及车速减慢时，要注意观察，遇到危险情况，确认险情排除后通过。

第六，押运途中需暂时停留，应根据停靠的位置、周围情况，采取相应的警戒措施加强防范。途中遇财物中转、改换交通工具的，必须办妥交接、转换手续，并在现场实施监督。

第七，多辆汽车押运时，要保持行车间距，防止外部车辆加入押运队伍。要根据实际情况，妥善安排行车、停车时间。遇有人员要求搭乘押运车辆时，应坚决拒绝。

第八，对押运财物实行监控。保安员在装载时和装载后，不得离开所押运的财物；必须离开时，应在保证押运财物安全的前提下轮换进行。

第九，运输途中，应随时对押运财物进行巡视、检查，观察财物堆放有无移动；包装、密封标记是否完好。发现问题应立即查清原因，做好检查记录。

93. 押运财物的交付规程是什么？

第一，财物抵达目的地后，保安员要观察周围动态。办理交接手续时，禁止无关人员接近财物。

第二，接交财物应由发货部门和保安员与收货部门共同清点财物的数量、检查财物包装等情况。认定无误后，由收货部门在收货单据上签名盖章。

94. 紧急情况的处置规程是什么?

押运途中发生意外事件，要采取有效措施保证货物安全，并及时与当地公安机关或有关部门取得联系，妥善处理，并及时报告本单位和收、发货单位。

第一，途中发生财物丢失，应立即报告当地公安机关，请其协助追查，并及时通报发货单位和收货单位。

第二，途中发生交通事故，要严密看管所押财物，及时与公安交通管理部门联系处理，并立即通报发货单位和收货单位。

第三，押运途中遇有对押运财物的不法侵害，应采取合法措施，果断处理，并立即报警。

第四，押运途中运输的财物发生火灾、爆炸等事故，保安员应抢救财物和伤员，并立即报警。通报发货和收货单位。保护好现场，做好记录。

95. 押运的主要勤务制度是什么?

第一，请示汇报制度。押运过程中按照押运方案的要求应及时报告行走的路线、位置和途中发生的各种情况。

第二，保密制度。保安员必须对押运财物的种类、数量，运输时间、路线、押运人员数量等情况严格保密，不得向无关人员泄露。

96. 押运人员的岗位要求是什么?

第一，掌握保安押运服务的知识和技能，了解押运方案的内容和要求。

第二，了解财物收发、中转等手续的办理程序；掌握运输工具状况及财物的存放条件。

第三，清楚押运财物的物理、化学性能、特点及防护要求。

第四，熟记与有关部门、人员的联系方式。

第四节　押运方法及注意事项

97. 押运护送贵重物品的方法及注意事项是什么？

第一，贵重物品的外包装要严密、坚固。可用木箱或铁皮箱等硬质材料包装，并加“井”字铁条捆扎和密封，防止物品散落、丢失或损坏。

第二，事先要制订周密的押运计划和方案。对押运时间、路线、力量配置、使用车辆等方面作周密安排，同时，要制订切实可行的应急方案及措施，确保万无一失，并按原定计划和方案具体实施。

第三，起运前做好装箱装车的监护工作，大型尖端保密物品要采取覆盖、伪装，做好产品外形的保密、保护措施。

第四，停运、待运期间要加强力量看守保护，对物品和车辆进行必要的安全检查，以防止出现漏洞，给犯罪人员造成可乘之机。

第五，在运输途中，要有值班人员直接巡视、检查，使被押运对象始终在保安人员的视线之内，以防止出现空当。

第六，押运物品到达指定地点后，应先与接收单位（客户）共同对押运物品的铅封和外观状况进行检查，并签署交货，完成押运任务的手续后，方可离开被押运物品，不得在未办理交接手续前，停止监护。

98. 押运易燃、易爆危险物品的方法及注意事项是什么？

第一，指派熟悉危险品性能的保安人员执行押运任务，以便发生事故时能采取有效措施予以处置。

第二，运输工具要符合安全要求，有明显的标志或字样，按规定或指定的路线、时间行驶，不准随意改道，装卸易燃、易爆危险物品时应尽量避开城市繁华热闹区、人口稠密地区，并要注意保持装运车辆的车距。

第三，包装要结实、牢固、严密，同一车辆不得混装性质相抵触的危险品，以免相互影响，发生危险。

第四，注意自然环境和条件对易燃、易爆等危险物品的影响，装备必要的消防设备，必要时应采取遮光、隔热、防震及防雨、防水等措施。

第五，危险物品运输车辆在临时停留时，要选择安全地点，不要停留在机关、工厂、仓库附近及人口稠密的地方，停留时严禁在附近吸烟、用火，要由专人严加看管，以防发生危险。

第六，要选派技术熟练、责任心强的驾驶员，并应熟知危险物品的性质、特点，行车途中时速必须遵守有关规定，不宜急刹车，更不准随意抢道、超车。

第七，危险物品要防止震动，不准坐人或压放其他物品。

99. 押解现金的方法及注意事项是什么？

第一，根据数额的多少采取不同的方法和措施，配备专用车辆运送，如使用专用铁皮装甲车押运，或使用带有保险和报警设备的专用取款箱等工具进行押运。

第二，必须专车双人以上武装押运，禁止徒步和用自行车接送。应加强监护力量，保证应付突然情况。

第三，严格保守秘密。现金运送的时间、地点、路线、数量等情况，不得泄露，也不准在公共场合交谈，防止泄密。

第四，保安人员可配备必要的防护器具，如配备防暴枪、防暴犬等，遇到意外和紧急情况时，要沉着冷静，采取果断措施，以保证押运现金的安全。

第五，运送现金的车辆必须直达，中途不准无故停留或兼办其他事宜，不准搭乘无关人员或装载其他物品。

第六，在取、送款途中，应时刻注意是否有尾随跟踪车辆或人员，防止不法分子驾车拦截、持械抢劫。

第七，保安人员在执行任务时，严禁喝酒、吸烟、睡觉、闲聊和进行娱乐活动，以防发生意外。

100. 押送试卷或重要文件的方法及注意事项是什么？

第一，严守纪律，不得私自拆看试卷或文件，不准私自将试卷交给他人，故意或过失造成失密时，应负法律责任。

第二，严防丢失。试卷一旦丢失，就会造成重大的政治影响和经济损失；同时，也会给参与考试的人员造成损失。因此，保安人员必须认真负责，确保万无一失。

第五节　押运操作基本流程及要求

押运的全过程可以分为出发前准备工作、押运途中工作、到达目的地交接工作三个阶段，每个阶段的具体操作流程和要求如下：

101. 押运出发前应做好哪些准备工作?

第一，检查押运车辆的维修保养情况。

第二，检查携带的保安器械和通信工具。

第三，检查车厢内的放置物。

第四，禁止易燃、易爆物品与钞票同车运输。

第五，点清押运物品的数量，检查封包质量，发现件数不符或封品不合格，应立即报告有关部门处理。

第六，携带公安机关开具的有关证明文件。

第七，携带消防器材，加足油料，严禁载款到加油站加油。

第八，全面熟悉应急处置方案。

第九，严守秘密，不向任何人泄露起运的时间、路线、押运数量等情况。

102. 押运途中有哪些要求?

第一，要严格执行《押运员守则》，时刻注视和观察行驶方向前方的来车和人员的动静，监视车后面有无可疑的车辆和人员尾随跟踪，发现可疑情况，要按应急方案及时处置。

第二，在会车、转弯和上下坡减速、交通堵塞以及发生交通事故时，要特别加强警戒，防止犯罪分子利用制造交通事故来拦路抢劫。

第三，不准携带违禁物品。

第四，不准捎带无关人员。

第五，不准无故改变行车路线，不准中途停车办理与押运无关的事宜。

第六，遇有紧急情况，要按应急处置方案予以妥当处置。

第七，遇有犯罪分子拦路抢劫，要果断正当防卫。

103. 到达目的地交接时要注意什么？

第一，下车前要认真观察周围的情况，确无可疑迹象方可下车。

第二，设置警戒范围，加强车辆周围的警戒，禁止无关人员越过警戒线、接近车辆。

第三，在未办好交接手续前，不得停止监护。在款项全部安全入库，并确认无异常情况后，方可离开。

第六节　押钞人员操作流程

104. 押钞员应当遵守哪些操作流程？

一、出车前操作流程

（一）由分队长（车长）集合列队、整理着装，检查队员的证件、介绍信等是否齐全，提出工作要求。

（二）押运员穿好防弹衣、戴好头盔。

（三）一同进枪库领取防暴枪弹、检查枪支，确认枪号并按规定签字。

（四）在车长组织指挥和监督下，同进装（退）子弹室，验枪、关闭保险装子弹。

（五）统一登车出发。

二、按任务指令送款操作流程

（一）到达网点后，运钞车前排的押运员在车上观察网点周围无异常情况后，示意后排的押运员下车，到达营业大厅门口适当位置站位警戒，押运员应根据网点地形迅速到达合理的警戒位置，或站在运钞车旁，或站在大厅门边，视实际情况而定。

（二）押运员站好位后，提款员下车从运钞车钞舱内提取款箱，并随即关闭钞舱门，由坐在运钞车副驾驶车长位置的押运员护送至营业大厅指定交接区域进行交接并负责警戒。

（三）交接完毕后，押运员监督提款员上车，另一名押运员随即撤离警戒岗位登车。

（四）在运钞车上必须以坐姿保持握枪姿势，将枪置于两腿之间，枪口朝上，枪身靠右，手握枪柄。

三、收车后操作流程

（一）车长和押运员一同进装（退）子弹室，在车长监督下按规定退弹，清查子弹数量无误后，验枪关保险，列队到枪库移交枪弹并签字。

（二）工作讲评。

105. 驾驶员应遵守哪些操作流程?

一、出车前准备

（一）驾驶员检查“三证”（驾驶证、车辆行驶证、工作证）是否齐全，穿好防弹衣，明确驾驶任务。

（二）在值班室领取驾驶车辆钥匙，进行登记签名。

（三）对车辆进行出车前的检查。

检查内容：车辆外部有无损坏、轮胎气压是否充足，机油是否正常，汽（柴）油是否充足，水箱水管是否漏水，水量是否充足，以及后监视屏、GPS显示屏是否正常。

（四）发动车辆，听发动机声音是否正常、空调是否正常运转。

（五）发现异常情况，立即向值班大队领导汇报，采取措施，排除故障，或调用备用车辆。

（六）随押运员到枪弹室领取运钞车保险柜钥匙，并在《领用登记簿》上签字，统一出发。

二、行驶途中

（一）严格遵守道路交通安全法律、法规，服从交警指挥。根据道路状况限速行驶，严禁超速。

（二）严格按指定的押运路线行驶，遇有特殊情况需改变路线时，由车长及时向大队和服务单位报告，经同意后方可改变路线。

（三）在押运途中保持高度警惕，配合押运员做好意外情况、突发事件的处理。

三、车辆到达网点后

（一）驾驶员将车辆最大限度地停靠在网点的监控范围内。

（二）车组人员下车后，应紧闭门窗，关闭车门锁，注意观察车辆周围情况。

（三）如有异常，按紧急情况预案进行处置。

四、运钞车返回公司后

（一）按指定的区域停放运钞车，关闭电源、车门、车窗。

（二）做好工作记录。

（三）随同两名押运员到装（退）子弹室，监督押运员退子弹。

（四）核实子弹弹种、数量后，装入子弹盒内与押运员一起列队到子弹库移交运钞车保险柜钥匙、子弹盒、枪支，并签字确认。

第七节　押运执勤中紧急情况的处置方法

106. 押运车途中遇到道路上有障碍物或有人设卡、拦车等异常情况如何处置？

第一，立即报告。用电台将发现的障碍物、设卡、拦车情况及时报告公司，并建议公司与公安机关联系查询原因。

第二，能过则过。保安员要及时发现，准确判断其性质，一般不要停车，能过则过。

第三，掉头避险。当保安员判断押运车难以通过障碍物及设卡时，车长可果断指挥驾驶员，及早掉头避险，改道绕行，并将改道绕行等情况及时报告。

107. 押运途中发现有可疑车辆和人员尾随跟踪如何处置？

第一，立即报告。将发现的可疑情况立即报告公司。

第二，监视观察。保安员要对尾随跟踪的可疑车辆和人员进行严密观察，尽快分析掌握其动向和意图，准确判断其性质；全车保安员要提高警惕，在车长指挥下按防劫预案做好防劫战斗准备。

第三，避免停车。针对可疑情况，避免停车。在会车、弯道和发生事故时更要提高警惕，以防可疑人员趁机抢劫。

第四，将发现的可疑车辆和人员的情况通报给公司，建议派员查询；险情未消除前，不准停车。

108. 运钞车在金融网点发现可疑车辆和人员如何处置?

第一，立即报告。将发现的可疑情况立即报告公司。

第二，加强警戒。车上人员提高警惕，加强警戒。

第三，及时撤离。暂缓办理交接，押运车迅速驶离网点。

第四，通报情况。将发现的可疑车辆和人员的情况通报银行保卫部门和公司，建议派员查询，并增派武装押运人员，在确保安全的前提下，办理交接。

第五，险情未消除前，不得开车门办理交接。

109. 押运物资被盗如何处置?

第一，现场发现的，应迅速予以制止，将盗窃的物资追回，同时将盗窃分子抓获。

第二，对暂时尚无法确定是否属于盗窃行为的，应注意监视，密切观察其动向，做好抓获现行犯罪分子的充分准备。

第三，对抓获的现行犯罪分子，应及时扭送当地公安机关或有关部门处理。

110. 对抢劫行为如何处置?

在长途押运或市内送、取款过程中，遇有犯罪分子实施抢劫，押运人员应做到：

第一，坚决予以制止，并将其制伏，扭送公安机关处理。

第二，如果作案人行凶，押运人员可以实施正当防卫措施，以保护押运财产安全。

第三，如果犯罪分子人数众多，保安人员应迅速采取紧急措施，一方面掩护货物车辆或携款人向安全地带转移；另一方面就近报警，请求支援。

第四，如果犯罪分子已将货物、现金等物品抢去，要设法牵制住犯罪分子，待援救人员到来，制伏或抓获犯罪分子。

第五，如果犯罪分子已扣有人质，保安人员应与当地公安机关取得联系，并与之密切配合，妥善解决。

111. 发生火警或火灾如何处置?

在执行押运任务的过程中，遇到火险或火灾情况，作为保安人员应采取以下措施：

第一，发现火险应迅速采取一切有效措施扑救，以最大限度地减少火灾损失。

第二，如果火势蔓延或扩大，在尽力扑救的同时要组织报警，以求得有关方面和人员的援助。

第三，在孤立无援的情况下，应将货车或物资驶向路边，停靠在不妨碍交通的地带或路段进行扑救。

第四，如果火灾或着火车辆在建筑物密集区或市场附近及其他人员集中的地方，要迅速将其转移驶向空闲地带，以免引起其他房屋和物品的燃烧，给国家和人民的生命财产造成更大的损失。

第五，如果车辆上装运的是易燃易爆危险品，应迅速组织人员疏散或迅速将车辆开出市区，采取一切应急补救措施，尽量缩小和减少损失。

第六，如果受条件限制，扑救无效或确有困难，应迅速组织人力抢救物资，能抢救多少算多少，将损失降至最低限度。

第七，如果是带拖挂车的汽车和火车厢，应迅速采取措施将火灾车厢或拖车与其他车厢相分离，以断绝火源，防止火焰蔓延造成更大的经济损失。

112. 发生哄抢如何处置?

在押运途中遇有众多人哄抢事件，押运人员应注意做好以下几个方面的工作：

第一，要头脑冷静，对哄抢行为坚决予以制止。

第二，要向哄抢群众做好有关法律的宣传教育工作，说明哄抢行为的严重性质和应负的法律责任。

第三，重点做好那些有影响、带头闹事人的思想工作，并尽力查清他们的身份，记住他们的体貌特征，以便为事后调查提供线索和材料。

第四，要对哄抢的情势和状态有一个清醒的估计，对贵重物品和易给国家或客户造成严重损失、又一时无可挽回的，要对被哄抢的财产奋力保卫，尤其是对那些有影响、带头闹事、不听劝阻、具有严重违法犯罪行为的首要分子，要坚决予以制伏，以此震慑哄抢事端，制止哄抢事件的发展。

第五，对大的哄抢事件，应及时报告当地公安机关和有关部门，以取得援助、配合、协调和制止哄抢行为。

第六，一时难以制止的，要做好现场有关情况和人员、车辆的详细记录，有录像和照相设备的可以录照原始资料，以备事后调查。

第八节　守护押运人员枪支管理规范

根据《中华人民共和国枪支管理法》、《专职守护押运人员枪支使用管理条例》规定，保安守护押运人员应当遵守如下规定：

113. 专职守护押运人员配枪条件是怎样规定的?

第一，年满20周岁的中国公民，身心健康，品行良好。

第二，没有精神病等不能控制自己行为能力的疾病病史。

第三，没有行政拘留、收容教育、强制戒毒、收容教养、劳动教养和刑事处罚记录。

第四，经过专业培训，熟悉有关枪支使用、管理法律、法规和规章的规定。

第五，熟练掌握枪支使用、保养技能。

114. 守护押运人员在什么情况下停止配用枪支?

专职守护、押运人员有下列情形之一的，所在单位应当停止其执行武装守护、押运任务，收回其持枪证件，并及时将持枪证件上缴公安机关：

第一，拟调离专职守护、押运工作岗位的；

第二，理论和实弹射击考核不合格的；

第三，因刑事案件或者其他违法违纪案件被立案侦查、调查的；

第四，擅自改动枪支、更换枪支零部件的；

第五，违反规定携带、使用枪支或者将枪支交给他人，对枪支失去控制的；

第六，丢失枪支或者在枪支被盗、被抢事故中负有责任的。

115. 枪支的日常管理有哪些规定？

第一，配备、配置枪支的单位和个人必须妥善保管枪支，确保枪支安全。

第二，配备、配置枪支的单位，必须明确枪支管理责任，指定专人负责，应当有牢固的专用保管设施，枪支、弹药应当分开存放。

第三，对交由个人使用的枪支，必须建立严格的枪支登记、交接、检查、保养等管理制度，使用完毕，及时收回。

第四，配备、配置给个人使用的枪支，必须采取有效措施，严防被盗、被抢、丢失或者发生其他事故。

第五，使用枪支的人员，必须掌握枪支的性能，遵守使用枪支的有关规定，保证枪支的合法、安全使用。使用公务用枪的人员，必须经过专门培训。

第六，携带枪支必须同时携带持枪证件，未携带持枪证件的，由公安机关扣留枪支。

第七，不得在禁止携带枪支的区域、场所携带枪支。

第八，枪支被盗、被抢或者丢失的，立即报告公安机关。

第九，配备公务用枪的人员不再符合持枪条件时，由所在单位收回枪支和持枪证件。

116. 守护押运人员在什么情况下可以使用枪支开枪射击？

专职守护、押运人员执行守护、押运任务时，遇有下列紧急情形之一，不使用枪支不足以制止暴力犯罪行为的，可以使用枪支：

第一，守护目标、押运物品受到暴力袭击或者有受到暴力袭击的紧迫危险的；

第二，专职守护、押运人员受到暴力袭击危及生命安全或者所携带的枪支弹药受到抢夺、抢劫的。

117. 守护押运人员在什么情况下应当立即停止使用枪支？

守护押运人员依法使用枪支，遇到下列情况时，应当立即停止使用枪支：

第一，有关行为人停止实施暴力犯罪行为的。

第二，有关行为人失去继续实施暴力犯罪行为能力的。

第三，开枪有可能误伤群众或引起灾害事故时，应立即停止使用枪支。

在存放大量易燃、易爆、剧毒、放射性等危险物品的场所，不得使用枪支；但是，不使用枪支制止犯罪行为将会直接导致严重危害后果发生的除外。

118. 使用枪支人员严禁哪些行为？

第一，修理、转借、玩弄和自行调换枪支、弹药。

第二，私自携带枪支。

第三，携带枪支进入禁止携带枪支的区域、场所。

第四，随意鸣枪或用枪狩猎。

第五，其他违规违纪行为。

119. 使用枪支后如何处理？

第一，立即向所在单位和案发地公安机关报告；所在单位和案发地公安机关接到报告后，应当立即派人抵达现场。

第二，所在单位接到专职守护、押运人员使用枪支的报告后，应当立即报告所在地公安机关，并在事后向所在地公安机关报送枪支使用情况的书面报告。

120. 枪支日常安全管理有哪些具体要求？

第一，必须建立枪支保管、领用、交接制度和档案。

第二，守护押运人员在完成执勤任务后，及时将枪支入库。

第三，枪支弹药保管应当设立专门的枪支保管库（室）或者使用专用保险柜，将配备的枪支、弹药集中统一保管。

第四，枪支与弹药必须分开存放，实行双人双锁，并且 24 小时有人值班。存放枪支、弹药的库（室）门窗必须坚固并安装防盗报警设施。

第五，枪弹库（柜）钥匙要双人双钥，取用枪弹必须 2 人同时到场；更换枪、弹保管员，必须要做好清点、交接登记工作，并更换枪柜的锁和密码。

第六，枪支管理人员应经常组织守押人员擦拭、保养枪支，做到无碰撞、无锈蚀、无损坏、无丢失，时刻保持完好状态。

第七，各类枪支、弹药配备数量，按照有关规定执行，持枪证件应由公安机关年审。

第八，领用枪支必须本人办理，不得由他人代领。领用枪支、弹药和警具必须逐项登记领用人员、领用时间、枪支型号、号码、弹药数量等，并检查账物是否相符。

第九，枪支维修、弹药消耗要如实登记，发现差错要及时追查，并向当地公安机关和上级主管部门报告。

第六章　巡逻勤务基础知识

第一节　巡逻的含义、特点和任务

121. 什么是巡逻？

保安巡逻是指保安服务公司依据合同派员对雇请单位指定的特定目标或区域，进行巡逻警戒，以维护其正常的生产、工作、教学科研及经营等秩序，保证其安全的一项保安服务业务活动。

巡逻是一种运动式守卫，但又与看护中的游动哨有所不同，它具有更多的独立性和专业性。巡逻可以配备车辆等交通工具，具有一定的维护公共秩序的处置权。巡逻活动范围较广，机动性强，效果较好。保安人员在一定范围或区域内巡回观察周围各种有关治安的情况，发现、纠正和处置各种扰乱公共秩序、妨害公共安全的违法犯罪和行为。

122. 保安巡逻有哪些特点？

第一，目标范围大。保安巡逻型业务被保护的目标和范围比起其他保安服务业务来要大得多，如范围较大的厂区、作业区、施工工地等都要通过巡逻才能使其得以保护。

第二，不确定因素多。由于保安巡逻业务的目标范围大，难免在巡逻过程中遇到更加复杂的、预想不到的突发性情况。因此我们说，其不确定的因素较多。

第三，运动性大。运动性是保安巡逻业务的一个主要特点，通过较长战线的运动，全面了解被保护目标和范围的情况，从而针对这些情况加强和实施各项必要的安全措施。

123. 保安巡逻与公安机关巡逻有何不同?

公安机关的巡逻是指公安部门为维护社会治安和防范、打击各种违法犯罪活动，而组织专门力量，在城市街道、居民区、公共复杂场所等不特定区域内实施无偿性的一切巡视警戒活动。它与保安巡逻的区别是:

第一，公安机关的巡逻是公安机关主动自觉地维护社会治安秩序的一项经常性工作或业务；而保安巡逻则是应雇请单位的请求和保安合同的约束而进行的一种保安服务经营活动，在一定意义上存在着一定的被动性、为完成任务或履行合同义务的倾向性。

第二，公安机关的巡逻是公安机关组织或派员进行的；而保安巡逻是由保安服务公司派员进行的。

第三，公安机关的巡逻，其保护的目标和范围具有广泛性，其范围之广、涉及面之大是保安巡逻无可比拟的，不管哪个单位或街道，只要是有关违法犯罪的活动和社会治安的问题，都要干涉和管理；而保安巡逻的目标和范围具有特定性，具体表现在，一是由保安合同特别规定的，二是规定的目标和范围是特定的，并不是一切事情都管，只是管那些与完成合同义务有关的问题。

第四，公安机关的巡逻是无偿的，而保安巡逻是有偿的。

124. 保安巡逻任务是什么?

一、维护巡逻区域内的正常治安秩序

从保安工作的实际情况看，客户多是因为本单位或所辖的区域、地段和场所内公共治安秩序混乱，社会治安情况异常复杂，妨碍正常的工作、生产、教学科研和生活秩序而雇请保安人员进行保安巡逻的。因此，保安巡逻工作的主要任务之一就是维护巡逻区域内正常的社会治安秩序，以保证生产、生活、工作和教学科研活动的顺利进行。

二、保护巡逻区域内重点目标的安全

在保安巡逻勤务中，被保护对象包括一般目标对象，也包括重点目标和对象。这就要求保安巡逻人员，既要搞好区域范围内的一般性巡逻防护，又要加强对区域范围内的重点目标的保护，确保区域范围内重点目标的绝对安全。

三、检查、发现和堵塞防范方面的漏洞，防止各种治安灾害事故的发生

保安巡逻人员在执行任务过程中，一方面要保护巡逻区域范围内及其重点目标和对象的安全；另一方面也要根据巡逻范围和被保护目标的特点，时刻检查、及时发现、积极堵塞各个方面的防范漏洞，包括防火、防盗、防破坏及职工群众思想是否麻痹等各个方面的防范措施是否完好，措施是否落实，防护措施与制度上有无空当，从而有效地防止一切治安灾害事故的发生，真正做到保证巡逻范围内所有人、财、物的绝对安全。

四、及时发现各种可疑情况，防止各种犯罪事件和治安事件的发生

保安巡逻人员在执行任务过程中，对各种异常现象和可疑情况要做到高度敏感，及时发现，迅速报告，果断处理，以防止各种犯罪事件和治安事件的发生。

五、发现和制止各种违法犯罪活动，抓获各种现行犯罪分子

防止事件和事故的发生是上策，但有时违法犯罪活动的出现是不以人的主观意志为转移的。因此，对一切违法犯罪行为和活动，要发现得早、控制得住、制止得有效、打击得有力。巡逻执勤中，对当场发现的现行违法犯罪分子，要当场将其抓获，扭送公安保卫部门处理，以此确保被巡逻区域范围内的安全。

六、保护刑事案件、治安案件和治安灾害事故现场

在保安巡逻区域范围内，一旦发现发生刑事案件、治安案件或治安灾害事故，作为正在执勤的保安人员，一方面要立即报告有关部门，另一方面应及时采取有效措施，加强现场保护，如划定现场的保护范围、布置警戒、维护现场秩序等，防止一切无关人员进入现场而使现场遭受破坏。在保护现场的同时，要注意发现违法犯罪嫌疑人员，防止其逃跑、自杀和毁灭证据。

七、处置巡逻中发现的突发性事件和各种意外事件

在巡逻执勤中，一旦发现被保护的区域范围内有突发性事件和

意外事故发生，如哄抢物资、房屋建筑倒塌、爆炸、雷击、人伤物损等，要立即采取紧急措施，平息事件，并迅速报告有关部门予以支援。

第二节　巡逻勤务操作规程

根据公安部2006年1月5日发布，2006年6月1日起实施的《保安服务操作规程与质量控制》行业标准，巡逻勤务操作规程如下：

125. 如何制定巡逻方案?

第一，根据保安服务合同，制定巡逻方案，确定巡逻人员、巡逻路线、巡逻方式，控制重点及所需装备。

（1）根据客户单位内部的实际情况，确定巡逻区域、地段及所需装备的种类和数量。

（2）根据巡逻区域的地形、地貌和要害部位、重点目标等情况，确定巡视检查、控制的路线，巡逻方式，巡逻重点，巡逻频次等。

（3）确定各类情况的处置方法，制定紧急情况的处置预案。

第二，巡逻方案需经客户单位审定。

126. 巡逻前应做好哪些准备?

担任巡逻任务的保安员要按规定着装，携带经公安机关批准使用的防护用具。根据需要携带通信和报警设备。夜间巡逻应携带照明用具。备有巡逻勤务登记簿。

127. 巡逻的实施规程是什么?

第一，徒步巡逻是保安员实施巡逻勤务的基本形式，主要有单行巡逻、往返巡逻、交叉巡逻和循环巡逻。要根据时间、气候、地形等具体情况实施。

第二，徒步巡逻应两人以上进行；巡逻人员之间应保持能目视联系和相互支援的距离；夜间巡逻可用约定的方法做联系信号。

第三，保安员在巡逻中发现可疑情况应认真观察，严密监视。

视情况采取守候、跟随等方法，将其控制在视线之内。必要时对可疑人员进行询问，并及时送交客户单位或有关部门处理。

第四，保安员在巡逻时，不得影响客户单位员工或居民的生活、工作。

第五，在夜间巡逻时，要提高警惕，保护自身安全。

128. 紧急情况的处置规程是什么？

遇有正在实施的不法侵害行为时，应迅速报告所属单位和客户单位，并依法采取必要措施予以制止，将不法行为人扭送客户单位或公安机关。途中要防止其行凶、自杀或逃跑。遇有火灾、爆炸等事故，应立即报警，并及时通知客户单位，采取措施防止事态扩大。要积极协助抢救受伤人员，并做好保护现场工作。

129. 巡逻人员的岗位要求有哪些？

第一，执行巡逻任务的保安员，应熟悉有关制度、规定及巡逻区域的重点目标。

第二，熟悉岗位周围的地形、地物及设施，熟悉应急设备的位置、性能和使用方法。

第三，熟记与有关部门、人员的联系方式。

第四，熟练掌握处置一般问题和紧急情况的方法，自身解决不了的，能及时、准确报告。

第三节　巡逻的方式

130. 什么是步巡？

步巡就是徒步巡逻。是一种最古老、最主要的巡逻方式。其主要优点是：

第一，巡逻区域广泛，不受气候和地形限制，大街小巷、崎岖道路、偏僻地区、居民集中住宅区，巡逻人员均能走到。

第二，巡逻人员注意力容易集中，行动自由，能随时清楚地近距离观察各种人、事、地、物的状态和变化；能听到各种异常声响，容易发现异常情况；便于随时随地地处理各种民间纠纷和治安问题；便于发现涉嫌违法犯罪的人员，采取控制或打击措施，对于控制巡逻区的发案率意义重大，群众安全感较强。

第三，便于联系群众，便于观察保卫区域的社会情况，便于检查本巡区各单位及居民住户的安全防范情况；便于熟悉周围居民和地形，密切与民众的关系，更好地为群众服务。

第四，节约经费开支。

步巡的主要缺点是：

第一，占用人员较多，巡逻人员容易疲劳，影响巡逻效能。

第二，巡逻人员活动巡查范围较小，力量单薄，行动分散，不易联络，遇到突发暴力性事件，抗袭击能力较弱，容易受到伤害。

第三，遇有突发事件，调动和集中人力困难，行动较迟缓、耗费体力，且容易贻误战机。

131. 什么是自行车巡？

就是巡逻人员骑着自行车巡逻。这是被认为经济、便利、机动性和对道路适应性较好的巡逻方式。在汽车巡逻被采用之前被广泛使用，现在许多城市重新启用这种方式，用来弥补车巡的弱点。

132. 什么是摩托车巡？

这是巡逻人员骑着两轮或三轮摩托车巡逻，其优点是机动性好，适于在交通拥堵、道路狭窄的区域活动，比较有利于观察，驾驶起来也比较方便。但是，如果长时间用于在道路上巡逻，巡逻人员易于疲劳，造成伤亡的概率较高，对恶劣天气难以适应。

133. 什么是车巡？

车巡就是巡逻人员驾驶汽车巡逻，主要优点是：

第一，以车代步，节省体力，不易疲劳，巡逻小组人力集中，不易受到袭击，遇事容易控制事态。

第二，速度快，巡程长，巡查范围广，巡查密度增加，群众安全感强，且具有较强抢险救护功能。

第三，由于车辆多装有无线通信设备，联络容易，协同能力强，遇事调集力量快，赶赴现场快，追击逃犯更能发挥其特长；对驾驶机动车犯罪进行控制、追堵、拦截具有特殊优势，具有多功能的快速反应能力。

车巡的主要缺点是：

第一，走马观花，难以周详地观察各种情况，发现异常情况的能力不如步巡。

第二，易受道路、地形、气候的条件限制，许多地方不能巡到，特别是道路两侧建筑物后方难以巡到。

第三，车辆损耗较高，经费开支增加。

第四，不易于接触群众，使巡逻人员与民众之间产生距离感。

134. 什么是骑巡？

骑巡，就是巡逻人员骑马巡逻。我国目前主要是在少数地方公安机关采用。骑巡给人的感觉是威严庄重，尤其在一个繁华城市出现骑警，无疑是对警察形象和城市面貌的一个抢眼的点缀。西方国家一些主要城市仍然保留这种巡逻方式。事实上这种巡逻方式成本很高，对马匹、骑警的选择训练难度比较大，实际效果不明显，不宜推广普及。可以作为礼仪方式在特定地区使用，其文化内涵高于警务内涵。

135. 什么是舟巡？

水上保安人员为完成港区或一定水域的安保任务，识别发现水上可疑船舶，预防水上违法犯罪而采取的巡逻勤务称为舟巡。我国临海、临江及一些湖泊的水上交通发达地区派出保安人员，执行水上日常巡逻任务。

舟巡装备较好、速度快、机动能力强，控制水域面积广阔，昼夜均可巡航；通信距离远，船上力量集中，各种保障物品较为齐全，对付水上各种犯罪能力较强，集水上巡逻、设卡、盘查任务于一身，是防止水上犯罪的重要手段，同时也能有效地为在水上生活和工作的群众提供必要的帮助。

136. 什么是空巡？

空巡，是指利用直升机及其他机种或动力伞执行空中安防巡逻任务。目前主要是由警方采用，多用于重大保卫工作的空中指挥或空中搜索，发现和追捕重大案件的犯罪分子。飞机或动力伞居高临下，视野广阔、速度快、机动灵活，不受地形限制，加之多配有先进的侦查和通信设备，便于发现开阔地的地面目标，可随时与地面联系，配合作战。必要时可空运特警进行多种形式的特种作战，并能为远距离执行任务的警力提供支援和保障。我国目前除部分森林公安部门使用飞机进行护林防火巡逻，少数城市利用直升飞机、动力伞执行特殊任务外，其他绝大部分城市和警种尚未使用。

相信随着经济的发展，社会的进步，必将带动保安业的发展，空巡这种勤务方式，将来也会被保安服务采用。

第四节　巡逻的队形

137. 什么是一路队形?

一路队形就是巡逻人员按巡逻线路纵向而行；保安员间的距离白天以 8 ~ 10 米，夜间以 5 ~ 8 米为宜；人数一般三人以上。该队形适用于道路狭窄、路面崎岖不平或小巷、小桥等场合，是一种最常用的巡逻队形。

138. 什么是“一”字队形?

“一”字队形即巡逻保卫员一字排开，横队并排前进，在人数上一般两人，即两人并列巡逻，适用于开阔地带或大道，也适用于搜索藏匿的可疑人。

139. 什么是三角队形?

三角队形有二人在前、一人在后的倒三角，一人在前、二人在后的正三角和两侧三角三种。无论哪种三角队形，保安员之间的距离都应便于观察联络和相互支持接应。这种队形适用于地形开阔、复杂和有潜在危险的场所。

140. 什么是“中”字队形?

这是一种巡逻盘查站位，是指在巡逻中发现可疑人需进行查问时，采用“中”字形站位，将查问对象纳入“中”字当中，这样能有效地防止被查问对象夺路逃跑，在犯罪嫌疑人顽抗时又可以对其四面夹击。

141. 如何灵活运用巡逻队形?

上述队形可根据实际情况随时变换，如原为“一”字队形或一路队形，也可变为梯形队形；当发现可疑人员或情况时，即可变为三角队形、“三点”式队形；原为正三角队形，遇到突然袭击时即可变成倒三角队形等。

第五节 巡逻的基本方法

142. 公开巡逻有哪些方法?

公开巡逻是指保安员着制服徒步或乘车（舟船）在一定区域按一定路线公开地实施巡逻，是最基本的巡逻方法。公开巡逻常采用以下方法：

一、穿行巡逻

即按巡区内的道路情况，采取分头穿行而过的方法进行巡逻。其目的在于巡遍巡区，不发生遗漏，大路小道均都巡到，也使本巡区民众感到处处都有人在巡逻，从而增强安全感。保证该巡区内各点、线、面每天都有巡逻人员几次经过。这对于控制巡区犯罪有很大作用。

二、往返巡逻

即在同一巡逻线上多次往返地进行巡逻。这种巡逻方法多用于治安状况较复杂的繁华街区。其目的在于增加巡逻密度，控制重点巡逻区域的治安局面。对于重点警卫区、重点商业街区、重点政治敏感区、刑事案件和治安案件多发区、易燃易爆物品堆放区多采用这种巡逻方法，以保证遇事随时都有保安员在场处置。

三、循环巡逻

即对某一巡区主干道两侧进行循环巡逻，这种方法通常用于巡逻路线较长、巡逻区域较大的城市主干道的车巡。其目的主要在于控制城市主要交通要道口，必要时可在要道设卡盘查过往车辆和人员，也可针对车辆犯罪实施围追堵截，还可对主干道两侧发生的各种突发事件采取应急处置措施。

143. 秘密巡逻有哪些方法?

秘密巡逻是指保安员着便服或乘车进行的不公开身份的巡逻，秘密巡逻常用的方法是：

一、重点区域控制

即着便衣、伪装身份，在重点控制区域进行的秘密巡逻。也称“阵地控制巡逻”，如重点警卫区域，各级政府门前、群众易集聚的广场、使馆区等；案件多发区，如车站、码头、商场、城乡结合部的道路口等。在这些地点、场所进行秘密巡逻，一方面可保持这些场所的自然气氛，不使人感到紧张和奇异；另一方面可牢固控制这些场所的治安秩序，能够在不产生不良社会影响的前提下，不需大的动作就可以迅速果断地处置这些场所突发的一些事件，有利于捕获在这些场所作案的违法犯罪分子。

二、伪装机动巡查

即在治安和刑事案件多发地区，派出多个秘密巡逻小组，预先有准备地针对某类案件或某种特定的犯罪活动进行巡查，主动地寻找、发现和打击违法犯罪活动。这种秘密巡逻没有固定的场所和固定的巡逻线，可根据需要，灵活机动地进行部署。可在短期内集中力量秘密投入特定的区域，使这一区域打击犯罪活动的力度迅速得到加强，社会治安秩序得到有效维护，同时避免违法犯罪分子采取“你来我走，你走我来”的方法，乘隙作案，有利于配合公开巡逻防范各种犯罪活动。

144. 秘密与公开相结合巡逻有哪些方法?

秘密与公开相结合的巡逻方法多用于查缉重大暴力犯罪嫌疑人的场合，多在车站、码头、交通要道的出入口或者在汽车、火车、轮船内巡查时使用。这种方法将公开巡逻人员与便衣巡逻人员混合编组，通常公开巡逻人员 1 人，秘密巡逻人员 1 ~ 2 人。

巡逻时拉开一定距离相互配合行动，公开巡逻人员对可疑人拦截盘查时，便衣人员跟近，监视可疑人动静和保护公开巡逻人员实施盘问和检查；便衣人员若发现重大可疑人员需公开巡逻人员配合时，则可发出信号，由公开巡逻人员上前拦截盘查；若发现重大暴力犯罪嫌疑人，则通常由公开巡逻人员转移其注意力，由便衣人员上前贴靠，先行动手，以达成捕获的突然性，公开巡逻人员迅速上前配合便衣人员抓获。秘密与公开相结合的巡逻方法在处理治安案件或民间纠纷等方面，也有一定的作用。

第六节　巡逻时间的选择

145. 巡逻时间选择的原则是什么？

巡逻时间是指保安员在一定的区域或路线上巡逻执勤所需用的时间。合理安排巡逻时间是巡逻勤务工作中非常重要的环节。必须结合任务、地理环境和违法犯罪规律特点等多种因素来安排巡逻时间，巡逻时间选择的原则是：

第一，全天候巡查。保安员巡查执勤是在动态中进行的，必须安排保安员实行昼夜24小时执勤巡查，实现全天候控制。

第二，灵活机动。既要坚持全天候的巡逻，又要在节假日、重大活动期间及遇到突发事件时增派力量，加强巡查。所以，采取的巡查时间应因时、因地、因人、因任务而定，具有一定的机动灵活性。

第三，科学合理。由于保安员巡逻工作的特殊性和对人员体能、技能的特殊要求，建议每名保安员每天巡查时间不宜过长，时间过长容易疲劳。一般有效巡查时间每天平均5~6小时。

第四，全面考虑。巡逻时间的选择应考虑到季节、气候、地理环境、区域治安状况、巡逻速度、巡逻方式及方法、作息时间、保安员身体状况等因素。

146. 巡逻时间常规选择法的内容是什么？

为提高巡逻的效果及保安员的利用率，通常根据本区域的治安状况、季节、作息时间来安排相对固定的巡逻时间。最常用的有两种分班制的巡逻时间。

第一，两班制运转模式。将保安员平均分为两班，轮流交替巡逻执勤。执勤时间分配是：

（1）第一班（日班）。执勤时间 8 时至 12 时和 14 时至 18 时。

（2）第二班（夜班）。执勤时间 18 时至次日 8 时。

（3）第二班还可分为早夜班和深夜班。早夜班执勤时间 18 时至次日 2 时，深夜班执勤时间次日 2 时至 8 时。两班制适用于巡逻勤务简单、任务轻、保安员少的情况，例如巡逻区域小、治安环境好、较稳定地带的巡查。

第二，三班制运转模式。将保安员分为三班，轮流交替巡逻执勤。执勤时间分配是：

（1）第一班：执勤时间 8 时至 16 时。

（2）第二班：执勤时间 16 时至 24 时。

（3）第三班：执勤时间 24 时至次日 8 时。

三班制是一种较常用的运转模式，时间分割清楚，不留空白点，适用于各种情况下的巡逻勤务。

第三，四班三运转模式。将巡逻人员分为四班，即第一、第二两天上白班，第三天下午开始上一个夜班，第四天休息一天。这种模式，有利于提高勤务效率，并使巡逻人员得到充分的休息。

147. 巡逻时间的非常规选择法的内容是什么？

巡逻时间的非常规选择法，即巡逻人员的巡逻时间是根据具体实际情况的需求，巡逻时间没有相对固定性。因为治安对巡逻的需要程度在不同的区域是不同的。因此，巡逻时间的分配要根据动态的治安要求，以适应地、时等因素，采取灵活多变的做法。即每天没有固定班次及巡逻时间，巡逻时间的确定标准是根据信息统计资料及时间、空间特性或发生特殊情况下，由保卫部门统一指挥部署的。其优点在于，根据实际的治安状况使有限的力量发挥得比较充分，但这种选择方法对管理、信息、科技等要求更高，适用于机动队或处理一些突发事件、聚众殴斗、暴力犯罪等。

第七节 巡逻路线的选择

148. 确定巡逻路线依据什么?

最大限度地发挥巡逻人员与交通工具的效能，达到保卫区范围内最有效的控制和保安职责全面的履行，是确定巡逻路线的根本依据。

具体应当从以下几个方面考虑:

第一，根据地理状况划定巡逻路线。在整个保卫区内，要统筹合理选择路线，达到有效控制保卫区，做到各巡逻路线的力量既能独立作战，又能在紧急情况下相互增援，发挥整体作战的效果。

第二，根据繁华商贸集中区、交通枢纽要道、娱乐场所、人流稠密的车站、码头、影剧院等选择巡逻路线。

第三，根据事故、案件易发部位、重点区域，保持必要的巡逻密度。

第四，根据要害地段，如政府机关、军事要地、广播、电视台、银行、重要企事业单位等，选择巡逻路线。

第五，根据特殊任务确定巡逻路线，如对突发事件的处理、重要人士的出行保卫，对交通要道的封堵等。

第六，根据人口居住情况分层次选择巡逻路线，如重要人士居住地、外国人居住区、居民生活区以及暂住人口聚集地区等。

149. 如何选择步巡路线?

徒步巡逻最突出的优点是能清楚地观察人、事、地、物的变化。同时，在接近民众、服务民众方面也优于其他巡逻方式。因此，步巡是一种最普遍、最简单、最实用的巡逻方式。其巡逻路线一般选择在繁华街道或要害部门驻地的周边道路，如人流稠密的商业街和政府机关、外事机构、金融机构等。步巡一般采用单线往返或定向循环巡逻方法，使巡逻人员在街面及群众面前频繁出现，达到预防犯罪、发现犯罪、打击犯罪、维护正常的社会治安秩序的目的。

150. 如何选择自行车巡路线?

巡逻人员骑自行车巡逻，这也是一种常用的巡逻方式，巡逻路线的选择，一般布岗于居住社区、市区边缘道路、人口活动密度相对较小的僻静处。自行车巡逻是徒步巡逻的补充，交叉穿插于徒步巡逻路线之内，使保护区成为一个有机的整体。自行车巡逻具有一定的机动应变能力，能较快地补充巡逻的薄弱环节。

151. 如何选择车巡路线?

车巡路线的选择类似于自行车巡逻，同样可起到对徒步巡逻的补充和增援功能。车巡一般采用一定区域内随机选择巡逻路线，参与夜间机动巡查。车巡还可以组织指挥保卫区内其他巡逻方式的巡逻。由于快捷、反应能力强、完备的通信工具，使之有能力及时组织力量应付各种突发事件，并可使更大范围内的力量成为统一作战的整体。

152. 选择巡逻路线应注意哪些问题?

第一，最大限度地发挥现有警力与交通工具的效能，采取最佳配比形式。巡逻勤务力求快速反应，要有效地缩短“现场响应时间”，就必须充分利用巡逻特有的动态控制优势，合理地将步巡、车巡的保安人员分布在各个保卫区的巡逻路线上，以保证及时发现、到达现场。

第二，有效控制巡逻区，形成巡逻网络。巡逻作为维护社会治安的重要方式，必须在保卫区的街巷、道路、居民区投放足够的力量，加强巡逻防范工作，并与公安机关密切配合，做到点、线、面、片、段各负其责，相互配合，相互支援，形成一个防范与打击有机结合的治安巡逻网络。

第三，巡逻路线的选择、设定，还要根据各个时期的专项任务和不同的季节特点进行调整，使维护社会治安秩序和保证公共安全的目的实现。

第四，紧急情况下相邻线路、力量区能够及时提供支援。由于线路的选择、设定和力量的安排，必然是有的线路巡逻人员较多，有的线路巡逻人员较少，为了保证保卫区内及时有效地处置紧急情况，相邻的巡逻人员，必须保持经常的联系，以确保相互支援。

第五，需确保重点目标和区域的控制。巡逻路线的设立要充分体现合理、科学的勤务布局，寻求最佳的巡逻效果。根据辖区的地理、社情和治安状况对重点地区和重点单位及要害部位设定巡逻路线，加强控制，确保政府机关、军事要地、广播电视单位、金融部门和重要企业单位的安全。

第六，巡逻路线的设定要保证巡逻人员体力能够适应。巡逻路线的设定要科学化、巡逻能够身体力行，一般为：步行巡逻路线长为800米；自行车巡逻路线长为2000米；摩托车巡逻路线长为3000米；机动车巡逻路线长为5000米。这样才能有效地保证一定的巡逻效率，使巡逻人员在执勤时能够始终保持精力充沛而不疲劳。

第八节　巡逻力量的配置及信息收集工作

153. 怎样合理配置巡逻力量?

在配置巡逻力量时应当考虑以下几个方面的情况：

一、巡逻覆盖时间

在巡逻勤务覆盖时间上，要实行24小时的全天候控制，实施四班三运转。按规定的路线和巡段行进，一般每隔30分钟对巡段巡逻一次，滞留时间不超过10分钟。

二、做好人员分工

要科学地划分巡区和恰当地分配力量。要根据现有保安员数量、实际需要，在每个巡区按照具体情况安排人员，治安情况复杂的区域，适当多安排力量；非重点区域少安排力量，并根据情况的变化随时调整。

三、安排好巡逻人员的休整和就餐

每个巡逻队，在巡逻时间内应安排两次休整，每次时间约为30分钟，中餐、晚餐就餐时间一般为30～40分钟。休息和就餐实行轮换制，不能同队或同组人员同时休整和就餐。

154. 巡逻力量配置应注意什么?

一、训练和准备出勤时间的安排

实行驻宿制的巡逻人员，驻勤期间要经常进行业务学习和训练，以不断提高业务能力。每日出巡，应在出勤前有进行必要的准备时间，检查着装、器械和其他必需的装备。

二、休息和病、事假人员的补充

出巡前要对各巡逻队因休息和病、事假人员的减员，及时加以补充，防止出现空岗或漏岗现象。

三、做好上下勤巡逻的交接工作

巡逻完成勤务后，都要向上一级领导或向下一组巡组汇报交代工作，使整个巡逻勤务构成一个不间断的系统。

四、充分考虑临时勤务

巡逻人员除正常工作外，还会遇到一些临时性或紧急性勤务，为应付各种突发事件，必须留有足够的机动力量，随时准备处置各种突发事件。

155. 巡逻人员应当掌握巡逻区域哪些信息?

执行巡逻任务前，巡逻人员需要尽力掌握巡逻区域内的以下信息:

第一，巡逻区域的概况。包括巡逻区域内道路的分布情况。了解建筑物、绿化带、道路、设施，熟悉巡逻区域内主要建筑物的分布及房屋结构。熟悉巡逻区域（如住宅小区等）各出入口的分布情况。

第二，重点目标、要害部位。对重点目标如水、电、仓储、银行、金银珠宝店等有详细的了解。

第三，巡逻区域内人员集中的地点，如区域内的商店、饭店、幼儿园、医院或学校。

第四，熟悉易燃易爆物品的存放地点，如危险化学品、油库、燃气钢瓶等。

第五，巡逻区发案情况、规律特点。

第六，巡逻区域内重点危险人员。包括刑满释放、劳教解除人员，吸毒、卖淫嫖娼、惯赌人员以及帮教对象等。

第七章　巡逻盘查方法

第一节　巡逻盘查的特点和要求

156. 什么是盘问?

盘问，是保安人员在执行勤务中，为了维护社会治安秩序，预防、发现和打击违法犯罪活动，对有违法犯罪嫌疑人员进行追究式发问，以获取被盘问人的口述，从而查明事实真相的一种勤务手段。

157. 盘问的法律依据是什么?

《保安服务管理条例》第 29 条规定："在保安服务中，为履行保安服务职责，保安员可以采取下列措施：（一）查验出入服务区域的人员的证件，登记出入的车辆和物品；（二）在服务区域内进行巡逻、守护、安全检查、报警监控；（三）在机场、车站、码头等公共场所对人员及其所携带的物品进行安全检查，维护公共秩序。"

158. 怎样区分盘问与检查?

检查，是保安员在执行勤务中，对有违法犯罪嫌疑人员携带的物品当场进行检验查看，以收集有关证据，查明事实真相的一种勤务手段。检查的内容包括证件检查、携带物品检查和涉嫌可疑车辆检查等。

盘问、检查是两种不同的手段，可以分别运用，在执勤实践中，经常是同时运用，通常是对违法犯罪嫌疑人先进行盘问，必要时再进行检查，从而发现问题或者排除嫌疑。

159. 巡逻盘查有哪些特点？

一、行动突发性强

保安员执行巡逻任务时，从“接替”的渠道上看，主要有三条：

（一）巡逻中遇到群众报案。

（二）通过巡回、观察、盘问、检查发现嫌疑情况。

（三）通过内部通缉、通报了解某类突发情况及犯罪嫌疑人情况，而又在巡逻中遇到与通缉、通报十分接近的情况。

这三种情况的共同特征都是遇事突然，都需在突发事件情况下采取紧急行动。突发性情况的出现，往往情况不清，性质不明，准备不周，很容易产生判断和行动上的失误。

二、勤务复杂性突出

保安员执行巡逻任务遇到的情况十分复杂，有的是刑事案件，有的是治安案件，有的是行政管理事件，有的则属民间纠纷，有的是群众要求救助或帮助，还有的则是处置重大暴力事件。巡逻过程中许多事件性质难以断定，只能现场予以控制，且行动必须合法、适度、有理、有节、有法律依据。在没有弄清情况、无法判定事件性质之前很难使行动措施准确无误。若控制行动过激，则往往导致违法，造成不良社会影响；若行动控制不严，又往往使巡逻人员及群众遭受伤害。要弄清突发事件的情况和过程，又必须控制事态先行采取行动，这就使得勤务的复杂性显得十分突出。

三、危险性很大

巡逻中我明敌暗，对情况判断则往往敌明我暗。我方公开巡逻，身份明确，犯罪分子隐蔽作案混迹人群之中，即使我方发现嫌疑情况，也需上前拦截盘查才能逐步搞清情况。而犯罪分子自知作案，为逃避法网往往看见巡逻人员就已警觉，常先行躲避藏匿。若被发觉则多采用先下手为强的办法突然袭击；巡逻人员则往往因情况不明，准备不周而遭受侵害，此种情况十分普遍。巡逻中遇到危机情况多，遇险密度大、频率高，处置事态情况复杂，加之事发突然，情况不清，判断犹豫，干扰因素众多，导致行动难以适度把握，这都是危险性增大的重要原因。

四、情况变化快，行动转换急促

巡逻盘查中发现嫌疑情况，特别是发现重大暴力犯罪情况之时，距离往往很近，犯罪实施人常占有先机，先行采取逃窜或抗拒、袭击行动，情况变化极快。双方都力图迫使双方陷入被动，都会主动采取连续紧张的动作打击对方。犯罪实施人力求突然给以杀伤以摆脱巡逻人员而逃之夭夭；巡逻人员则力求以迅速猛烈的行动捕获制伏犯罪分子，双方的战斗动作都十分急促。犯罪嫌疑人有的突然奔逃，有的突然袭击，有的大喊大叫制造混乱局面，有的在奔逃中伤害群众或劫持路人作为人质。巡逻人员则从发现异常情况到追击堵截，对犯罪分子实施急袭、包围、捕获制伏犯罪分子，双方行动样式转换急促而迅速。谁的动作快，谁就占有优势；谁反应慢，谁就处于被动或受到打击。这种情况对巡逻人员来讲，尤其应予以充分注意。

五、先行独立控制

巡逻力量行动分散，力量相对单薄，位置流动性大，遇到突发情况要求先期赶赴现场独立控制事态。能够独立处置的要在现场独立处置；独立处置不了的应先行控制事态并迅速请求援助。这就要求巡逻人员具备很强的独立作战能力；要求掌握对各种突发情况先行独立控制的战术方法；要求熟知先行控制的法律依据。只要能达到先行控制的目的，就能为后续处理事态奠定良好的基础。所以，先行独立控制既是巡逻盘查行动的主要特点，又是巡逻盘查行动工作的重点，作为巡逻人员应在提高先行独立控制能力的战术方法上狠下工夫。

160. 巡逻盘查的要求有哪些?

巡逻中遇到的事件不同，时间、地点、环境不同，处置的方法也必然不同，但在执行巡逻任务时基本的要求是相同的，这是由巡逻盘查的特点和规律决定的。

巡逻盘查的基本要求是：

一、提高警惕，强化防卫意识

在执行巡逻盘查任务时，不管是白天、黑夜，不管人多、人少，不论步巡、车巡，每个执勤人员都应保持高度的警惕性和强烈的防卫意识，都应对随时可能发生的突发事件有充足的思想准备和战术防范措施。要彻底消除满不在乎、习以为常、过分自信的不良心理影响，不能有丝毫麻痹大意。千万不可认为自己身着制服，持有器械，犯罪嫌疑人不敢采取暴力行动。在不少情况下恰恰相反，正因为巡逻人员对犯罪嫌疑人构成直接威胁，他们只要见到巡逻人员接近就会突然实施袭击行为。特别是在巡逻盘查中，当巡逻人员发现异常情况或重大暴力犯罪嫌疑分子，准备接近或已经拦截盘查时，他们更易先行袭击而后拼命逃窜。作为巡逻人员应时时警惕，严加防范，越是感到可疑，越应警惕防范。由于巡逻中事先难以预料的因素很多，遭遇突发事件的情况甚多，只有提高警惕，强化防范意识，加强防卫手段，才能保证有效打击犯罪活动，保护自身安全。

二、熟知法律，行动有理、有利、有节、有序

巡逻勤务本身就是治安保卫行为，巡逻中遇事复杂，如何处理全凭对法律法规的熟知及技能战术的精湛。熟知法律法规是解决“该不该出手”的问题，技能战术则解决“怎样出手”效果更好的问题；前者制约后者，后者则是前者的保证。巡逻中遇到的各种突发性和常发性事件，其性质如何？法律上的界限如何区分？应依据什么法律、法规进行怎样的处置？不熟知法律法规是无法采取正确的行动的。特别是对可疑情况、可疑人进行盘问和检查时，遇有误解、反诘或指责，要求巡逻人员拿出依据时，正确地表述法律条文，正确无误地拿出行动依据的法规规定；做到有理有据地说服教育，有利地站位与控制；有节制、有程序地采取措施，能够起到极好的作用。巡逻人员熟知法律法规，根据所遇事件，需要采取何种措施也就可以做到心中有数，在处置战术、技术方法上也就可以预先有所准备，能够有理、有利、有节、有序地处置当前情况。即使遇到突发性的暴力案件，在是否实施防卫、动用器械方面均可依法

毫不犹豫地采取行动而不至失去战机或遭受伤亡。

三、注重战术的合理使用

巡逻人员遇到群众报警或接到指令，应及时弄清情况，迅速赶赴现场，对现场事态实施控制。此时应特别注意战术、技术的合理使用。如是团伙性暴力案件应快速围追堵截，力争抓捕现行，防止事态扩大；是公开劫持人质案件，应控制现场、疏散群众、适时警戒，防止犯罪人加害人质，同时请求上级派员增援；是治安案件，应及时制止或控制事态或易地处置，防止转化为刑事案件；是民间纠纷应及时劝导或训诫，防止升级；是纠合闹事，非法聚众示威或集体上访，应立即请求增援，适当保持距离，设法引导其保持冷静，减少不良社会影响；是群众性宗族械斗，应调集足够力量进行隔离，适度处置，控制事态；是发现重大嫌疑，应及时拦截盘查，注意站位并防止对方袭击逃窜；是因失意而要跳河、跳楼或自焚自杀者，要适时安慰劝解，借机接近，突然控制，排除险情。

总之，不同的事件，不同的处置方法，都要求运用不同的战术和技术。因此，应注重学习战术知识，注重提高业务技能水平，根据不同情况合理使用战术。

四、严格纪律，服务群众，注重形象

保安人员是安全卫士，其形象受到公众的瞩目，一举一动都反映队伍的素质和水平，其勤务活动都受到群众的监督和社会媒体的关注。严守法纪，保持良好的风貌，注重自身形象，是保持队伍战斗力的重要条件。保安人员要热情地服务客户，帮助群众排忧解难，对遇灾、遇困群众实施援助，取得社会的认可，群众的信任和支持。

第二节　观察识别

161. 观察识别可分哪些种类？

从不同的角度，可以将观察分为不同的类型。巡逻人员在盘查过程中的观察主要有浏览观察、定向观察、定位观察和巡视观察等。

一、浏览观察

所谓浏览，就是将观察范围内的人、事、物普遍地、粗略地环视一遍，通过浏览使自己对环视范围的人、事、物有个初步的认识和大致的了解，为下一步定向观察打下基础。浏览要有明确的目的，即大致了解范围内的人、事、物，将注意力集中在搜索寻找反常现象上。浏览观察要在广泛浏览的基础上，根据盘查任务的需要及时准确地发现目标。否则，在瞬间就有可能因为观察者的经验、注意力的影响，造成嫌疑人员的伪装、逃脱或隐藏。因此，在实施观察时必须环顾四周、兼顾远近、了解概况、抓住要点，及时发现不同方位的潜在的嫌疑人员。

二、定向观察

一般是在获得比较确切的治安信息或熟悉通缉、协查通报的基础上所进行的目标明确的观察。特别是犯罪嫌疑人或通缉、协查的犯罪嫌疑人已进入工作区域，就应将注意力重点放在搜寻该犯罪嫌疑人身上，寻找与犯罪嫌疑人体貌特征相似的人员。同时，还要加强对着装特点、语言情况、携带物品以及犯罪嫌疑人身上的各种特征标志的观察，以减少观察的局限性，提高工作的准确性。

正确实施定向观察，有助于认定犯罪嫌疑人员，有助于提供侦查线索和缩小工作范围。

三、定位观察

在执行任务时，应有明确的分工，有每个人员的责任区域或者责任目标，这就是所谓的定位观察。通过定位观察落实岗位责任制，强化定岗、定人、定责，以避免出现顾此失彼的现象。

四、巡视观察

在执行任务时，要加强对非盘查对象及危险情况的观察。特别是在复杂公共场所，夜间光线暗淡等视野窄小及嫌疑人员多且又不完全确定的情况下，就应当更大范围地监视外部环境，防止犯罪嫌疑人从背后或侧翼偷袭，造成我方的人员伤亡或犯罪嫌疑人的逃脱。

162. 观察识别的途径有哪些?

一、心理观察

由于心理活动的作用，人们的身体动作、面部表情或语言语调都能表示出一种无法用技巧来掩饰的定式。犯罪人进行犯罪，通常有从预谋到实施的过程。在预备犯罪时，犯罪人内心发生心理上的冲突。当冒险、侥幸心理占主导地位时，犯罪的目的、动机开始确立。

当作案人确立犯罪行为目的、形成犯罪行为动机以后，为了使自己顺利达到目的而又不被惩罚，就需要决定行动的手段或途径，包括作案方式的选择、对象的物色、工具的准备、理想的作案时间、路线的选择以及作案后如何销赃灭迹、逃避打击等。在准备的过程中，通过对现场的观察和凭借经验进行假设、推理、预测，来选择那种既不易被发现，又能达到目的的最好的实施方法。

尽管作案人对犯罪行动进行了准备，但犯罪行为实施的危险性和应受的惩罚性，使得其在实施犯罪时，具有强烈的恐惧心理。在这种情况下，作案人的情绪紧张、慌乱、恐惧，容易出现破绽。这是一种神经动力过程，从心理和行为上讲，它是一种自动化的行为活动方式，即习惯、技能、技巧等活动的神经机制，也是难以抗拒的心理现象。由此可知，无论犯罪分子多么老练，他们也会因危险的到来而心情紧张、激动，露出蛛丝马迹。具体表现在面部表情和眼神上，他们在活动中也总是要避开公安保卫人员，当巡逻人员注意他们时，就会表现出胆怯、躲避，显得十分紧张、局促、无所适从。

由此可见，心理观察的要领是：主要注意嫌疑人的眼睛，通过眼睛，窥测出他们的心理状态，并视情况作出相应的判断。此外，也可以通过眼神或嫌疑人自窥身体携带物品、藏匿的物品等，作出相应的判断。

二、行为观察

行为观察是指对嫌疑人的行为动作进行观察活动。人体的各种机能，通过条件反射在大脑皮层有关中枢之间形成暂时的联系，再经过一定次数的反复巩固和强化，就能达到自动化的程度。当神经活动定型中的某一环节起作用时，相关的环节立即刻板地自动重复出现。虽然人可以在意识的支配下进行伪装，但这种控制和支配是有限的，只能在意识所及的范围内推动着伪装的实施，反常的表现仍会不由自主地流露，特别反映在姿态、手势及其面部表情和目光的交流上。要掌握各种犯罪活动的特点和手法，并注意从嫌疑人的正常行为中找出异常的动作。一旦准确地把握了这一判断标准，结合成功的经验，就不难识别出嫌疑人的那些有意义的动作变化了。

163. 常见的可疑现象有哪些？

一、身份可疑者

是指身份证与本人不相符或持假身份证的人；与身份证相貌、年龄、籍贯、口音等有明显差别的或不相符的人；一个人持几个身份证或几种工作证的；其行为与其所处的时间、空间不符及装束不合时令，且神色慌张的人，一经发现，便应进行盘查。

二、行为可疑者

是指有从事违法犯罪活动的嫌疑，行为举止有违科学规律，有违正常人的行为模式，且又符合或相似于一些违法犯罪活动特征的行为人。如人的神态慌张、行为异常，在人群中挤来挤去；在居民区、商场、仓库、银行等地方张望窥视，鬼鬼祟祟，久久不愿离去；或不断地接近妇女、儿童，并与之同行，看到保安人员后，躲躲闪闪，表情惊慌，疾步走开的。

三、体貌与面部表情可疑者

这类人包括已知的犯罪嫌疑人或具有与通缉、通报对象相似的体貌特征，且年龄相一致，口音相符合，衣着和随身所携带的物品相似；或面带惊恐之状，疲劳困倦之意；戴黑色眼镜，戴大口罩或整容、化妆奇特、有意改变原面貌，企图蒙混过关的人。

四、携带可疑物品者

如携带看似作案工具的人；携带现金数额巨大的人；携带可能是毒品、枪支、管制器具等违禁物品的人；或在夜间携带数量较多、体积较大、包装无规则的包裹，或身背，肩扛，用自行车、手推车、三轮车装运，且遮遮掩掩，怕碰撞、怕触摸、躲躲闪闪、神情紧张的人。

五、带有明显犯罪迹象者

如身负可疑外伤，浑身血迹或污渍的人；衣服被撕扯或破损严重的人；所携带的自行车、推着行走的摩托车，车锁有明显撬痕的人；驾驶的汽车挡风玻璃被砸破，车锁有明显撬痕的人。

六、其他异常的可疑者

如关系可疑者，即与之相处在同一空间人的关系和行踪反常。男女同行时年龄不相符，表情异常；或女人精神异常，或男的主动、女的害怕，纠缠不清的。还有的上身西装笔挺，下身却肥裤、球鞋，打扮不伦不类的；或衣着破旧、龌龊却携带高档手提箱，明显不协调的，或衣着整洁，却在树丛、杂草等黑暗角落藏身，或在尚未竣工的楼房、涵洞、工棚等处落脚，躲藏或睡觉的。

还有许多违反常规的异常现象，这些无声的信息，是暴露违法犯罪嫌疑人心理状态的镜子。总之，各种违法犯罪嫌疑人的个性特征及表现具有一定的规律性，通过察言观色、分析判断，就可以较准确地确定犯罪嫌疑人潜在的心理活动。要在实践中认真总结正反两方面的经验教训，反复摸索和积累、观察、分析、判断违法犯罪嫌疑人员的活动规律，为完成各种任务打下基础。

164. 观察识别中应注意什么?

一、选择观察对象和环境

发现和判定违法犯罪嫌疑人具有多层次、多方面的特点而且都与之形成的周围环境有着密切的联系。因此，进行实地观察，要慎重选择观察对象及所处的环境，尽可能收到良好的观察效果。

二、灵活安排观察程序

主要是指对观察过程的安排不能僵死，一成不变，要根据实地发生的变化情况，及时作出调整。特别是对实地观察中产生的、由观察者与观察对象双方因素造成的不自然的失去常态的情况，要及时修正计划，以减少观察过程中的误差。

三、把观察与思考紧密结合起来

观察不是人的感觉器官对观察对象纯客观的描述，而是以一定的理论、目的为指导，以一定的经验知识为基础的认识活动。只有在观察活动中明确目的，有理论作指导，在广博知识和丰富经验的基础上，善于思考，才能发现和判定各种违法犯罪嫌疑人员。实践证明，只有把观察现象与思考相结合，才能捕捉到可疑、嫌疑之点。

第三节　盘问的准备工作

165. 怎样选择盘问的时机?

恰当地选择盘查时机，正确地选择盘查地点，采取灵活、有效的接近方式和方法，是保证盘查任务顺利、有效、安全进行的重要因素和条件，也是必须学会和掌握的工作技巧。因此，在执勤过程中，遇有违法犯罪嫌疑，需要进行盘查的人时，首先应该根据犯罪嫌疑人当时的具体情况和环境等因素，确定接近盘查对象的时机，选择有利的盘查地点，研究确定接近盘查对象的方式方法，力争主动，力避被动，做到有理、有利、恰到好处，使盘查能够按照预定的程序、方法和步骤顺利进行，以避免造成不必要的被动和损失。

盘查时机的选择，没有固定的模式，我们只能根据可疑情况的自身特点及个体情况，如人数、性质、周围环境、地形特点等相关因素，加以分析比较，找到最有利的时机出击盘查，做到不迟不早，恰到好处。早了容易打草惊蛇，犯罪活动没有充分暴露，使我们不能获得足够的犯罪证据；迟了可能使犯罪嫌疑人跑掉，或形成严重犯罪事实，给群众的生命和财产造成重大损失。因此，选择盘查时机，必须因事而异，相机出击。当然，这种分析判断应建立在较丰富的工作经验之上，它是恰当选择时机的重要保障。一般情况下，选择盘查时机应把握以下四条原则：

第一，当犯罪嫌疑人的违法犯罪活动已经充分暴露，再拖下去已无必要时。

第二，犯罪嫌疑人如惊弓之鸟，东张西望，有迹象表明是在焦急等待同伙人来接应，或准备逃跑时。

第三，赶在犯罪嫌疑人重大犯罪活动形成事实之前，避免使公共利益和人民的生命、权益受到实际重大损害，如行凶杀人、投毒、放火、爆炸、破坏等，同时，还应注意违法犯罪活动是否已充分暴露，是否获得犯罪嫌疑人的犯罪证据。

第四，在没有获得犯罪证据时，可以根据违法犯罪动向，根据现场环境，巧妙运用欲擒故纵等策略和手段，纵其继续活动，等其露出马脚，再立即出击。

166. 怎样选择盘查的地点？

当执勤中发现可疑情况，需要对嫌疑人实行盘查时，一定要提高警惕，防止犯罪嫌疑人反抗、突袭或逃跑，因此，选择好适宜的盘查地点，就显得尤为重要。

当然，执勤中发现可疑情况是随机性的，但是选择盘查地点，是需要巡逻人员自己来决定的。选择盘查地点时，应根据可疑情况的特点、嫌疑人数、性质、关系、时间等相关因素来确定，预想盘查中可能会发生的各种情况以及处置方法，权衡利弊，选择最有利的地点再行盘查。总的来说，选择盘查地点应遵循以下原则：

一、视野开阔，便于查控

盘查地点应选择在视野比较开阔，便于观察周围情况及变化，防止其同伙袭击或接应，同时，还便于盘查和控制嫌疑人的地方，一旦其逃跑，便于观察、跟踪追击和缉捕。

二、远离丛林、高苗地和居民村庄

选择盘查地点时，要尽量避开丛林地、高苗地和居民村庄，这些地方便于嫌疑人逃跑和藏匿，不便搜捕。

三、尽量避开人群、缩小影响，防止事态扩大

盘查地点，应尽量选在比较偏僻、安静、隐蔽处，防止群众围观、起哄，尽量缩小影响，防止发生意外情况，造成不良影响和后果。

四、宜明不宜暗，便于工作

应尽量选择在光线条件较好的地点，这样便于盘问和检查，便

于工作，同时还能够看清嫌疑人的形态、面部表情变化及各种反常情况，防止其行凶或逃跑，以便灵活地处置各种情况。

五、有所依托，确保自身安全

盘查地点应选择在地形、地物对自身安全有利、有所依托、便于进退、能够确保自身安全的地点。如在城区和居民地内，环境、道路、地形宜宽不宜窄、宜直不宜弯，这样便于观察、便于应付和处置各种意外情况。

总之，根据上述原则，巡逻人员应主动选择好盘查地点。当发现可疑情况后，如果周围环境、条件不宜进行盘查时，只要条件允许，可尾随一段，待到较为适宜的地点时，再行出击盘查。当出现时机比较恰当，而地点不太理想的矛盾时，应以把握时机为主，选择地点为辅的原则，先行出击，再将嫌疑人带到适当地点盘查。如果非在原地盘查不可时，对可能影响盘查的不利因素，采取有效的弥补措施；如果可疑情况严重，发现嫌疑人有重大犯罪可能时，可将其带到治安岗亭或附近公安派出所再行盘查。

167. 接近嫌疑人的方法有哪些?

选择接近嫌疑人的方式方法，是关系到能否制敌取胜的大问题。接近嫌疑人的方法多种多样，究竟采用何种方法更恰当、更适宜，必须根据可疑情况的性质，嫌疑人的特点，周围环境、地形以及时间等相关因素来确定，采取有针对性的、灵活机动的有效接近方法，防止打草惊蛇，使犯罪嫌疑人逃跑、藏匿，毁灭罪证或行凶、自杀等。在日常工作中，我们必须认真总结经验和教训，学会和掌握根据可疑情况的具体特点来确定适宜而巧妙的接近方法。通常采取的接近方式与方法有：

一、正面接近，迅速出击

当犯罪嫌疑人人数较少、年龄较大、携物较多、行动不便或尚未发现我方，毫无逃跑等迹象时，可以采取正面接近，迅速及时地接近犯罪嫌疑人，使其受到震撼、害怕、措手不及而束手就擒。

二、迂回包围，隐蔽接近

当犯罪嫌疑人人数较多，年轻力壮，手中可能持有武器、凶器，东张西望，有逃跑企图时，可采取正面牵制，侧后迂回，左右两侧迂回包围的方法，秘密、隐蔽地接近，而后突然袭击，四面包围，不使其漏网。

三、化装尾随，秘密跟近

当犯罪嫌疑人处在人群聚集的场所，如在闹市区、夹杂在人流中，或乘坐汽车、轮船等交通工具时，或在电影院、会场内等场合，不便采取公开行动时，为防止嫌疑人混杂在人流中潜逃、挟持人质、杀害无辜等情况发生，可采取穿便衣化装成普通群众，秘密接近，待时机成熟时，将其擒获。

四、秘密与公开相结合，协同制敌

当犯罪嫌疑人人数较多，高度分散，周围环境复杂，且分布在群众聚集场所内，不便辨认、掌握和控制时，可由部分人员提前着便衣深入现场，掌握和摸清犯罪嫌疑人的基本情况，并秘密对其加以控制，以时间或口令为号，秘密力量在内，公开力量在外，以其形成包围之势，突然出击，一举制伏。这种公开和秘密与内外相结合的行动方法，对取缔和打击各种犯罪团伙、有组织犯罪行为，效果更好。

总之，接近犯罪嫌疑人的方式方法多种多样，但绝不能随心所欲，脱离实际，根据自己的爱好，主观臆断地决定选用某种方法，必须学会和掌握接近对手的谋略和战术，正确地选用接近的方法。必须对当时的可疑情况，嫌疑人的情况，周围环境、地形地物等相关因素综合分析、研究、反复对照比较，因时制宜、因地制宜，选择正确的接近方法，做到主观愿望与客观实际相符，接近方法与可疑情况的相关因素相适应，这样才能达到预期目的。

第四节　盘问的实施

168. 盘问的程序方法有哪些?

一、告知

发现可疑人后，执勤人员应在距对方2~5米的地方举手示意其停止行走或者活动，然后向其表明身份，告知："我们是（××单位的保安），请予以配合。"

二、人、物分离

如果盘查对象携带行李箱包，必须把盘查对象与其携带的行李箱包分离开再进行盘问和检查，防止其趁机使用行李箱包中的武器、凶器行凶反抗。

三、盘问

盘问要由浅入深，循序渐进，先从一般性问题开始，问清盘查对象的姓名、住址、籍贯、工作单位等，再查验身份证件，核实盘查对象身份，仔细询问其从什么地方来，到什么地方去，去干什么；问清携带的可疑物品的来源、有无证明及其他相关问题，盘问时要注意对方表情、语言、动作，善于发现疑点。

在盘问过程中，可以运用"十看十对"的方法，即看证件问姓名、看面貌对年龄、看举止对职业、看原籍对口音、看衣着对身份、看言行对学历、看物品对来由、看同伴对关系、看去向对方位、看神情对心态。

169. 盘问后怎样处理?

对盘问对象盘问后，应区别情况进行处理：

第一，对没有问题的，应立即放行，并向对方敬礼，感谢其配合。

第二，对有问题的，即应检查其携带物品。

第三，如需进一步查清疑点，应将其送交公安机关处理。

第四，对精神病患者、酗酒者，应通知其家属、单位领回或做醒酒等处理，防止发生意外。

第五，对拒绝盘问，纠缠不休者，要设法带离现场，到办公室处理，避免引起群众围观和双方冲突。

170. 盘问中应注意什么？

第一，盘问过程中，要始终保持高度警惕，随时做好对方反抗、袭击的心理设备。尤其要严密注意对方双手。

第二，在盘问有一定危险的嫌疑人时，要先将对方控制住，确认无危险后才能盘问。

第三，实施盘问时，执勤人员不得少于2人，与盘问对象保持1.5～2米的距离，尽量让盘问对象背对开阔街面或群众。

第四，问话时，一人主问，另一人负责监控警戒，要留意周围的人群，防止混杂在人群中的同伙袭击。

第五节 盘查对象拒绝盘问的处置方法

171. 拒绝盘问有哪些表现？

拒绝盘问的盘查对象中有普通群众，也有被查缉的犯罪嫌疑人，他们出于各种不同的原因，对盘查持抵制心态，表现在行为上就是拒绝盘问和检查。拒绝盘查的形式因人而异，主要有以下几种：

一、对抗型

这其中有群众自恃无过错，认为遭到盘问有辱人格“清白”，对盘查报以愤慨，力求从对抗中找回清白，挽回面子。被盘问的违法犯罪人员寄希望于公开对抗中寻找机会逃脱，使盘问无法进行。其常用的方法有：

（一）反责。盘问对象对巡逻人员的解释置之不理，高声恶语辱骂，指责盘问动机不纯，或指责盘问人水平低下，分不清好坏，“就会欺负老百姓”。违法犯罪人员更是以此来压住发问，打乱盘查。

（二）抗议。声称自己是正人君子，无辜遭到怀疑盘问，是对其人格的极大侮辱，要求讨回公道，甚至引经据典指责巡逻人员侵犯人权，拒绝盘问以维护自己的合法权益。

（三）反诬。采用倒打一耙的方式来先发制人。故意捏造事实、散布谣言、欺骗围观群众。或者将自己装扮成无辜受害者，以取得不明真相的群众的同情，使其拒绝盘问的行为得到支持。有些夹杂在人群中的同伙煽动不明真相的群众围观起哄，甚至借机围攻，让盘问无法进行。

（四）威胁。被盘问人常常搬出自己的“头儿”或介绍自己的关系网及活动能力，居高临下，编造出对盘问人不利的种种后果，威胁其放弃盘问工作。

二、蒙混型

用种种谎言或借口欺骗盘问人，避开盘问。

（一）主动热情地与盘问人套近乎，先道冷暖，再讲理由，企图回避盘问。

（二）主动检举他人，借此转移盘问视线。

（三）用假话欺骗，边走边说，企图很自然地离开而逃避盘问。

三、抵赖型

自恃赃物罪证已被抛弃，或没有什么破绽，对盘问的内容拒不回答，甚至对搜出的可疑物也全盘否认。

四、沉默型

对提问充耳不闻，一概不予回答。

（一）故意不听盘问人员的问话，期望其因问话得不到任何回应而放弃盘问。

（二）摆出一副受害者的姿态，用沉默来抗议巡逻人员的“错误行为”，制造假象蒙混过关。

（三）惯犯有时会用沉默确保其“防线”不出现缺口。

172. 处置拒绝盘问有哪些方法？

一、表明盘问的决心

负责盘问的巡逻人员对盘查行动要有坚定的信念，不为外界所干扰，不为盘查对象花招所动摇，明确告知被盘问人一查到底的决心，或者通过表情、身体动作及盘问人员的态势，让对方明白其逃避盘问的企图是不切实际的。

二、进行法制教育

无辜群众在言语上、行动上的反应，往往比犯罪嫌疑人更激烈。应通过告知有关法律条文，讲解保安人员有依法盘问的权力，消除其误解。特别是在群众起哄的场合，巡逻人员言语要简洁而有说服力，在教育盘查对象的同时扭转群众的态度，变被动为主动。

三、更换盘问场所

有些被盘查的无辜者原来想通过种种过激行为为自己挽回面子，但脱离人群后能很快冷静下来，面对现实迅速作出抉择，把事情搞清楚。对于抗拒盘问的违法犯罪分子利用不明真相的群众干扰盘问，更换场所后脱离其可资利用的人群，使其无计可施。如果是有同伙混迹于群众当中煽动群众起哄的，更换场所后还使其与同伙失去联络，产生恐慌，就更容易使盘查工作得以顺利进行。

173. 处置拒绝盘问时应注意什么？

一、以礼相待

不论盘问对象采取哪种方式来抗拒盘问，都应保持冷静，语言上要文明得当。盘问时要有理有据有分寸，不轻易指责对方，不讲过头的话，既让对方感受到无形的压力，又不让对方有隙可乘，有把柄可抓，防止进一步对抗，避免使工作陷于更大的被动，以良好的言谈举止赢得群众的信任和支持。

二、迅速决策

盘查多在公共场合进行，优柔寡断很可能造成多人围观而导致现场混乱，局面失控。特别是针对危险性较大的犯罪嫌疑人，只有决策迅速才可能及时把握战机，人赃俱获，同时避免不必要的流血牺牲和殃及无辜。

三、以法服人

即使巡逻人员有据，也不能盛气凌人，不能用不文明的语言辱骂对方，更不能采用威胁的方法逼迫供述，否则不仅容易使盘问陷入僵局，而且还会变主动为被动。

四、适时运用证据

对检查中发现疑点的物证，盘问时加以应用，可以打消对方的抗拒心理和侥幸心理。运用证据时要讲究策略：一是引而不发，适当显示，动摇其心理防线；二是点到为止，让其感到自己确有疑点，不解释清楚无法过关。

第八章　巡逻检查

第一节　证件检查

174. 什么是证件检查?

在盘查的过程中检查盘查对象的证件，目的是要通过对证件真伪的判断和证件持有人身份的核对，查明盘查对象的真实身份，从身份方面确认或排除盘查对象的违法犯罪嫌疑。通常盘查中可以证明盘查对象身份的证件包括居民身份证、护照或签证、机动车驾驶证、工作证、学生证、证明信、介绍信、特殊的通行证等。为了实现证件检查的目的，证件检查的主要内容包括：确认人证相符、核对证件内容、判定证件真伪和收缴非法证件。

175. 证件检查的方法有哪些?

一、眼手并用，判定证件的真伪

大多数情况下，盘查现场没有检查仪器，判定证件的真伪主要靠现场直观识别，有时由于盘查工作量大、时间短，即使现场有检查仪器，证件真伪的初步判断仍然要依靠人来进行。这就要求负责盘查的保安人员具有从外观上判定证件真伪的能力。

（一）眼看。主要是看证件的式样、文字图案等外观特征。法定证件都有固定统一的设计、制造标准，而且制作精细，有的还有暗记。伪造的证件即使仿造、变造技术高超，只要细心观看，还是可以发现疑点的。

（二）手摸。即通过手感辨别证件真伪。居民身份证是公安机关按照统一的标准制作颁发的，一般的涂改变造会留下损伤，用手触摸即能感觉到。第二代身份证的制作工艺有很大改进，防伪程度较高，但也不能排除伪造的可能性，应掌握新的识别方法，提高证件检查能力。

二、认真对照，查验证件的内容

将证件内容与盘查对象相对照，是弄清持证人身份的重要一环。

（一）将证件上的照片和持证人相对照，要看着持证人，要求其出示证件，同时认真识别其面部特征，接过证件先看照片，以便将其特征与照片核对，必要时可反复核对。

（二）将证件上登记的项目与持证人相对照。主要是看年龄，对体貌；看职业，对衣着、举止；看住址，对携带物品；看民族、籍贯、住址，对语言、口音；看发证时间、有效期限，对实际年龄。

（三）注意持证人的自述与证件内容之间的逻辑关系。各种证件内容之间有一定的逻辑关系，特别是居民身份证，各个项目之间有固定的逻辑关系。被盘查人持假证件，有时自述明显违背这种逻辑关系。

（四）迅速将证件内容与被通缉、通报协查的犯罪嫌疑人资料相核对。

176. 证件检查中应注意什么？

一、始终注意持证人的反应

索要、核查、退还证件，都要密切注意盘查对象，不要忙于其他事而只伸手不抬头索要证件；不要只低头研究证件而不抬头核对；不要不正眼看对方而随手退还证件。

二、边查边问

查验证件时，视具体情形让持证人自述证件内容，边问边查。这样，持假证的盘问对象自述内容可能与证件登记项目相矛盾，同时由于假证件作为证据握在巡逻人员手中，对方在自述中更容易有慌乱、结巴等反常表现。

三、注意安全防范

索要证件时，要让盘查对象站在对面明亮处，密切注意对方拿证件的动作，发现异常立即阻止其动作。查验核对证件时，要密切注意持证人的情绪、动作变化，出现异常立即控制。防止在低头看证件时盘查对象逃跑或袭击。如果两人以上执行盘查任务，就要有专人负责控制盘查对象。

四、防止发生差错

查验证件无误后，应将证件发还。发还时应严防错发和有人重领、冒领。如果需要作技术鉴定，应向持证人说明事由。

第二节　物品检查

177. 什么是物品检查?

物品检查主要是指对可疑对象携带的箱包的检查。对盘查对象所携带的物品以及其身边发现的物品进行检查，其目的在于认定受检物品的性质，发现违法犯罪证据，确认或排除违法犯罪嫌疑，及时发现、收缴和处置凶器、作案工具、危险物品和违禁物品，防止嫌疑人行凶、自杀，继续违法犯罪或制造事端。

178. 物品检查的方法有哪些?

一、人物分离，控制物品

在向被盘查人表明身份后，首先命令对方将箱包放在适当的位置，然后令其离开一段距离，由一人负责控制。一般来讲，盘问中尽量让对方背向携带物品。

二、查验物品的步骤

检查物品应按一看、二听、三闻、四摸、五拆的顺序进行。看，就是要观察物品的形状、结构、包装、质地；听，就是要听物品是否有声响，有什么声响；闻，就是要闻一下物品有无异味；摸，就是检查物品的形状、材料质地，同时掂一下物品的重量；拆，是指小心地打开物品的外包装。

三、轻开慢拉，谨慎开启

开启箱包之前，仔细观察一下开启方式，先轻轻挪动一下拉链、纽扣，看方法是否正确，以防将其损坏；同时，要注意拉链、纽扣上是否有“机关”，防止箱包内有爆炸装置。

四、轻拿轻放，按顺序检查

对箱包内物品要轻拿轻放，以防损坏；对有连线、有声响、有气味的物品，更要谨慎拿取；拿取物品时要从上往下按顺序进行，不要掏底取物，更不能将物品反复上下翻动；对赃物、凶器，一定不要满把抓，尽可能用干净布垫手或戴手套轻取，或拿一般人不常动的地方，防止破坏证据。

179. 物品检查中应注意什么?

一、明确物品检查的重点

重点包括帮助他人携带或者来历不明的；通报协查的；有可能是犯罪赃物或证据的；物品与携带者职业、事由和季节等不相适应或与用途、目的不符的；携带国家明令禁止的物品；认为有必要进行检查的物品。

二、做到人包分离、人物分离

三、注意安全防范

单人执行盘查任务，在物品检查时要与盘查对象拉开一定距离，并时刻注意控制盘查对象。多人盘查，要明确分工，由专人检查物品，专人负责控制盘查对象。翻动物品时要注意观察，不要硬拉硬开，防止危险品发生意外。

四、检查要细致彻底

一方面，凡是盘查对象携带的物品都要检查，不论大小；另一方面，检查中，在不损坏原物的情况下，能开则开、能拆则拆，各种夹层、内芯都要仔细检查。

五、文明检查

检查中轻拿轻放，防止损坏，检查后按原顺序装好放好；一般情况下不要拆破物品；对涉及宗教信仰、风俗习惯的物品，检查时要尊重人们的宗教信仰和当地风俗习惯；检查女性的箱包时，尽量不要将所有物品统统取出、亮开。

第三节 车辆检查

180. 什么是车辆检查?

车辆，在这里是专指用来进行违法犯罪活动和被盗、抢的各种汽车、摩托车等嫌疑机动车辆。车辆检查是指保安人员为了发现案件线索、获取犯罪证据、查明情况而对嫌疑车辆及驾驶或乘坐该车辆的嫌疑人进行盘问检查的技术和方法。

181. 嫌疑车辆有哪些特征?

车辆的种类不胜枚举，其特征也表现在方方面面，而用于识别嫌疑车辆的特征，主要是车辆的牌照号码和外形特征。

机动车的车身上由于碰撞、擦蹭留下的痕迹，破碎的车灯、反光镜和车窗，车身或车厢内的血迹，车身上粘贴的标语和广告，反映车辆所属单位的文字、标志，挡风玻璃粘贴的合格证、通行证，以及车辆的新旧程度等都有可能作为寻找犯罪嫌疑车辆特征的线索或依据。

机动车的发动机和车架的编号以及车辆的一些手续、证件，通常都是发现和识别嫌疑车辆时可利用的极有价值的特征。

另外，机动车在行驶过程中，由于驾驶者的情况和状态的不同会有各种不同的特点。如非驾驶员驾车，驾驶技术不熟练，驾车者对车的状况不熟悉，或醉酒者驾车，或驾车者处于被劫持状态，或者出于某种犯罪目的和动机而心理恐慌驾车等都可能使车辆在行驶过程中表现出一些反常现象。

182. 车上可疑人员有哪些特征?

查控犯罪嫌疑车辆，在许多情况下是通过发现和确认乘坐或驾驶车辆的犯罪嫌疑人作为途径的。这里所指的犯罪嫌疑人，是那些已经被掌握一些情况的犯罪嫌疑人。在这些信息中，主要是犯罪嫌疑人的以下基本情况和体貌特征。

一、犯罪嫌疑人的基本情况

是指嫌疑人的姓名、绰号、性别、年龄、民族、身份、职业、籍贯、家庭住址、工作单位等。

二、犯罪嫌疑人的体貌特征

包括静态特征、动态特征和特殊特征。静态特征是指嫌疑人的身高、体态、脸型、五官、发型等；动态特征是指嫌疑人的某些行为习惯、姿势形态等；特殊特征是指人由于先天或后天原因造成的畸形、残疾、疤痕和面部的斑痣以及作案过程中所形成的伤痕特征等。

三、犯罪嫌疑人的行为习惯特征

犯罪嫌疑人的衣帽特征和穿着习惯、口音和语言特点或缺陷、突出的性格特点、犯罪记录以及有关所犯罪行的一些情况等，都对发现和识别犯罪嫌疑人有所帮助。

另外，嫌疑人由于犯罪心理的支配所表现出的一些行为上的反常和疑点，也是特别要注意捕捉的特征。

四、车载货物和携带的物品的特征

有的时候，车上所载的货物或携带的物品本身就是查控的对象。如走私的货物、贩运的毒品、枪支和其他违禁物品，转移的赃物和犯罪嫌疑人所携带的作案工具及枪支、弹药、爆炸物品等。

这些物品的特征一般是由其本身的外部形态表现出来的。如物品的种类、数量、自然形态（型号、大小、形状、新旧程度）、外包装、标记、标签等。有时需要通过其藏匿的方式、方法本身所表现出的特征来发现疑点。

在以上种种特征中，有些特征是具有唯一性的，如车牌号、发动机和车架的号码、肇事所留下的痕迹等；有些特征是不具有唯一性的，如车型、车的颜色等；而有的特征具有稳定性，有的特征只具有相对稳定性，有的特征则不具有稳定性。对于这些特征不应孤立地对待，要因地因事制宜才能有效地利用。

183. 发现识别嫌疑车辆的方法有哪些？

观察，是发现和识别犯罪嫌疑车辆的最基本的方法，通过眼睛对被观察对象进行搜寻和审视，以找出与犯罪有关的特征和疑点，进而识别出犯罪嫌疑人和嫌疑车辆。总体来说，发现和识别嫌疑车辆的观察方法有如下三种：

一、静态观察

即在不触动被观察对象的情况下，对其对象的外部形态和行为特征进行观察的方法。这种观察方法的优点是不易惊动被观察对象，缺点是观察到的仅仅是被观察对象的外部形态和行为表现。

二、动态观察

即通过拦阻、盘问和检查等方法对嫌疑对象做进一步观察的方法。这种方法的优点是能够更全面、更细致地观察目标，以便更多地了解情况，缺点是容易惊动嫌疑人。

三、跟踪观察

是指对可疑目标，在一定时间内对其进行尾随、跟踪观察的方法。这种方法运用的前提条件是已经发现了可疑目标，通过跟踪观察可以对嫌疑车辆作更进一步了解和准确判断。

184. 可以从哪些方面发现车辆疑点？

一、从车辆的外部形态看

车的号牌装挂的方式或状态及位置是否合适；号牌安装得是否牢固；车的号牌类型与车的类型是否相符（如轻便摩托车的车牌装在了大型摩托车上）；车牌是否被人有意搞得模糊不清；车身或车内是否有血迹；车内是否有搏斗过的迹象；车门和车锁是否有被撬过的迹象等。

二、从车辆的行驶状态看

不论是不法者正在驾车实施犯罪，还是犯罪后驾车逃跑，如果在他的视线里突然出现了警察、警车或是拦截的关卡以及保安人员，这辆车往往会出现一些反常现象。如突然调头或突然转弯或犹豫不定、突然加速或减速，拦截时有闯卡的动向等；或在驾车的过程中可能会出现驾驶动作慌乱、车辆行驶摇摆不定、对交通标志和信号不作反应、偶然发生撞击其他车辆或物体的危险；转向幅度大，开错车灯、不开转向灯或不关转向灯、刹车生硬、停车和起步不稳、换挡时找不到挡位或挂错挡、起步时熄火、停车时车的位置摆得不正等反常现象；有时是不法者挟持驾车司机或车内发生搏斗，其车辆的行驶状态也会出现某些反常现象。

三、从车辆中所乘坐的人员看

面对检查人员是否表现出不自在、神情慌乱或激动；同伙之间是否在用眼神、暗语或某种手势传递信息；是否对于某项检查表现出异常紧张或故意表现出不在意；是否在刻意掩饰着某种东西；穿着是否合体，是否与身份、季节相符；身上是否有伤，是否有血迹和其他斑迹；是否有挟持司机或其他乘客的迹象；是否有人想要悄悄接近某一位置或某种东西等。

四、从车载或携带的物品看

车上的货物是否有走私的可能，货物的外包装是否有做过伪装的迹象，是否有在货物中夹带其他违禁物品的迹象；是否携带有与所述的出行目的不相符的物品，所携带大量现金的存放和包装方式可疑，携带的物品看上去是赃物或作案工具，工具上附着有血迹等；非法携带枪支、弹药和其他违禁物品；对某些物品有刻意隐藏的迹象等。

五、通过盘问、检查来发现、确认嫌疑车辆

有些嫌疑车辆是在盘问、检查的过程中被发现的。在这一过程中往往会发现：被盘问的对象相互间对某一问题的表述不一致，或对某些本应了解的问题却一无所知；所载货物及所携带的某些物品或车辆及人员本身缺少必要的文件、手续和证件，或与之不相符；文件和证件有涂改和伪造的迹象；车辆的发动机和车架号码等有被涂改的迹象；在车辆的油箱里、保险杠内、坐垫下和工具箱里及备用轮胎等地方可能会检查出毒品或其他违禁物品等。

185. 发现识别嫌疑车辆应注意什么？

第一，发现嫌疑车辆或嫌疑人时，应保持镇定，切忌慌张、兴奋，以免惊动犯罪嫌疑人。在许多情况下，可以采取欲擒故纵的办法，先稳住对象以便伺机采取行动。

第二，应事先规定好联络方法，最好采用不为犯罪嫌疑人所注意的方法联络，以便发现犯罪嫌疑人后能从容、隐蔽地通知同伴。

第三，在使用跟踪观察法时，要注意隐蔽和行车安全。

第四，在发现嫌疑车辆后，应及时向领导和有关方面报告情况。

第五，对于暴力犯罪的嫌疑车辆，发现后不要轻举妄动，要尽量避免一旦惊动了案犯后可能形成的对峙状态。在必要时，也可以根据具体情况，在检查发现目标的同时采取积极控制措施，就地抓捕犯罪嫌疑人。

186. 如何对嫌疑车辆进行检查?

车辆检查包括对车辆本身的检查和车辆装载货物的检查。对车辆本身的检查主要是检查车辆的证件、牌照、外观，确认车辆的合法性，发现车辆被盗、被抢和驾车作案的痕迹物证。对车辆装载货物的检查包括对货运车辆装载货物的检查和对客车内各种物品的检查，以确认货物的性质，发现、收缴隐藏其中的赃物和物品、危险物品和违禁物品，以及凶器、作案工具等。具体程序是：

一、查验证件和牌、照

车辆的行驶执照和牌照是车辆的合法证明。违法犯罪嫌疑人盗、抢机动车，或利用机动车作案，往往在行车执照和牌照方面有种种问题。有的有牌无照，有照无牌；有的牌、照不符，牌、车不符，照、车不符；有的无牌、无照；有的挪用牌、照，伪造牌、照或污损、涂改牌、照。所以，检查时必须认真查验、核对牌、照，特别是要将牌、照与车辆的种类、产权性质、使用情况等认真核对，发现或排除以上疑点。

二、认真、仔细观察车辆外观和锁具

对车辆外观和锁具进行认真仔细的观察，可以发现违法犯罪的痕迹物证。观察应从前往后按顺序进行，不要有遗漏。要特别注意观察汽车的前保险杠、车灯是否有被撞的痕迹；车门、车身两侧以及摩托车车把是否有擦痕；车轮附着物、车辆四角、车身上是否有血迹和其他斑痕；摩托车锁具、汽车门锁具和点火装置是否有被撬、破坏的痕迹。

三、检查车载货物和车内物品

对车辆装载货物的检查，一般是采用翻动、抽查的方法，必要时可卸车倒包检查。观察货物要注意货物夹层是否夹藏赃物、走私物品、危险物品、违禁物品和凶器、作案工具。对可疑货包要作重点检查。检查车内物品，首先要认真观察、搜寻，对座椅、后备箱等易藏东西的部位，要仔细搜寻，可用手反复触摸。对通报协查的可疑物品，要求重点检查。在检查完毕前，未经允许，不得上下人员、装卸物品，并对停车现场进行巡视警戒。

四、扣留违章车辆和违禁物品

驾驶人员违章驾驶车辆或携带、运载法律规定的危害公共安全的违禁物品，应予以暂扣。对于易燃、易爆、剧毒物品、放射性物品等要妥善保管或移交有关部门处置。

五、协查逃逸车辆

在实施盘查过程中，发生车辆逃逸案件，应立即组织人员布置堵截和追缉，并根据犯罪嫌疑人的体貌特征、车辆类型、车辆颜色、车牌号码、逃逸方向，向协助堵截和追缉的有关单位提供线索。同时，向公安机关报告情况。

第九章　各类场所的巡逻方法

第一节　娱乐场所巡查

187. 娱乐场所包括哪些范围?

娱乐场所是指以营利为目的，并向公众开放、消费者自娱自乐的歌舞、游艺等场所。包括夜总会、歌舞厅、热舞吧、提供卡拉OK及迪斯科舞蹈的酒吧、卡拉OK厅、音乐吧、迪斯科舞厅、电子游戏机室，等等。

188. 娱乐场所的巡查任务有哪些?

一、预防治安灾害事故

公共娱乐场所一般装饰比较豪华，易燃材料使用较多，照明、音响等电器设备较多，电路复杂；人员集中，精神松弛，一旦发生意外，人们转而精神紧张，惊慌失措。因此，娱乐场所容易发生事故，具体表现是：

（一）电线老化超负荷，引起火警。

（二）乱扔烟蒂，乱用明火，引起火警。

（三）一旦发生火警、断电、暴力等意外事件，引起恐慌，争相躲避逃离，又易引起拥挤、践踏，造成多人伤亡。

二、预防流氓滋事

公共娱乐场所人员复杂，灯光若明若暗，有的文艺演出格调不高。一些人把娱乐场所当做宣泄情绪、寻求精神刺激的地方，常常混迹其间，寻衅滋事。其具体表现是：

（一）故意碰撞、践踏他人，找茬儿打架。

（二）强拉他人的女性伙伴来陪其娱乐，污言秽语辱骂他人或大打出手。

三、预防色情活动

一些娱乐场所为招揽生意，违反国家法律法规，搞庸俗、颓废、色情格调的活动内容和服务方式，迎合趣味低下者。其具体表现是：

(一) 播放色情、淫秽的影视片等。

(二) 提供有色情、淫秽内容的游戏软件。

(三) 为"三陪女"、"卖淫女"活动提供场所，招揽嫖客。

(四) 组织脱衣舞等色情表演。

四、预防吸食、贩卖毒品行为

歌厅、迪斯科舞厅藏污纳垢，容留吸毒人员吸食毒品的现象已屡见不鲜，有些地方甚至愈演愈烈。一些毒贩子混迹其间贩卖毒品，受害的主要是青少年。加强对娱乐场所的治安管理，严格查控涉毒违法犯罪行为是保安巡查的任务之一。

189. 娱乐场所的巡查内容、方法有哪些?

一、防火安全工作

防火是公共娱乐场所最重要的防范内容，也是保安巡逻的最重要任务。巡逻人员应在空间上做到全方位，在时间上做到高密度地检查火灾隐患，落实防火措施。具体方法有：

(一) 检查防火器材配置是否到位，性能是否良好。

(二) 配电房间和输电线是否运行安全。

(三) 现场演出的烟火道具应有专人管理。

(四) 及时扑灭坠落在场地上包括烟蒂在内的明火。

二、保持安全通道畅通无阻

公共娱乐场所必须按照规定设置足够数量的安全门、平坦的通道和通道的嵌壁式照明、指示标志等安全通道设施。一旦发生险情，迅速疏散所有人员。巡逻人员应经常检查安全通道是否处于畅通的良好状态。具体检查：

(一) 安全门是否开启自如。

(二) 场内纵横通道是否保持足够宽度。

（三）安全通道是否堆放杂物。

（四）安全通道的照明和指示标志是否良好。

三、娱乐场所容纳人数符合规定

娱乐场所按照规定应由有关部门核定场内人员容量。有的场所活动有场次之分，如影剧院；有的场所活动无场次之分，如夜总会，但都有具体容量核定，不过执行的方法、难度有所差异。在娱乐场所不景气的情况下，容量额度常被人遗忘。但是，娱乐业时常出现冷中有热的现象，如电影院上映热门影片，新设新奇的娱乐项目等，就会引起轰动效应，票房可能会出现火暴场面。因此，娱乐场所控制容量，是防范安全事故的重要措施。巡逻检查的具体方法是：

（一）遇到顾客踊跃时，应督促场所掌握容量额度，不得超量发售门票。

（二）娱乐活动有场次之分的，每场之间的间隔必须在20分钟以上，并在其间严格清场。

（三）娱乐场所无场次之分的，出现火暴场面时，出口和入口的巡逻人员应及时沟通，量出为入，出场多少，入场多少，严格控制流量。

四、经常巡查现场，化解不安全因素

巡逻人员要加强场所内的动态控制，对顾客的不当行为及时纠正：

（一）劝阻乱扔烟蒂者和用打火机等明火寻找失物者。

（二）规劝行为不端者和蓄意滋事者。

（三）发现纠纷和斗殴，立即将当事人带离现场。

五、抵制色情活动

保安服务不仅要履行保安服务的合同，更应遵守国家法律法规。对在娱乐场所活动的“三陪女”、“卖淫女”、“皮条客”等可疑者，应予驱赶或扭送公安机关，对娱乐场所经营者传播色情文化和色情活动，应予以制止，对劝阻无效的或情节严重的应立即报告公安机关。

第二节　公共体育场所巡查

190. 公共体育场所包括哪些范围？

公共体育场所包括体育场（馆）、游泳馆（场、池）、保龄球馆、溜冰场、健身房等。目前，为公共体育场所提供保卫多限于竞赛时段，如国际性比赛、全国性综合运动会和热门项目的单项赛。随着我国体育对外交流的进一步扩大和体育运动队管理体制逐步实行商业化和俱乐部制改革，为公共体育场所提供保安服务的需求会越来越多。

191. 公共体育场所巡查的任务有哪些？

一、预防滋事

足球等俱乐部运动队之间的比赛紧张激烈，观众情绪常常失控，一些闹事球迷观众则借兴发难，以不文明甚至违法的行为，宣泄对运动员、教练员乃至裁判员的不满；双方球迷也会不服气而相互干扰、挑衅，直至冲突。其具体表现是：

（一）在比赛中向场内投掷器物和火种，干扰比赛。

（二）跨越看台护栏，冲入比赛场内，参与场内纠纷和斗殴。

（三）比赛结束时，涌向运动员和裁判员的通道，谩骂、投掷器物。

（四）双方球迷观众相互谩骂，甚至拳脚相加。

二、预防事故

公共体育场所举办足球等热门体育比赛，往往观众如潮，情绪如火，行为放任，这就容易酿成灾害事故。具体表现是：

（一）观众集中到观赏角度较佳的看台，造成看台超负荷而坍塌。

（二）观众为自己喜爱的运动员（队）取得好成绩或谢场告别时，情不自禁地涌向看台前排，造成看台前沿护栏断裂而致观众倒伏或坠落。

（三）当明星运动员出场时，观众争相目睹其风采，蜂拥而上，造成相互挤压而致伤。

（四）观众相互抛投火种而致烫伤。

（五）观众为庆祝胜利，在看台燃放烟花爆竹使人受伤。

192. 公共体育场所的巡查方法有哪些？

一、限制观众携带的物品

观众入场时，保安员应在入口处检查观众携带的物品。允许观众带入场内的物品宜限制为食品、软体包装饮料、雨具、小型吹鼓器具等。禁止带入大、硬、尖状物品和烟花爆竹等物品。

二、看台设立固定观察岗哨

体育场馆内的看台都呈块状分布。保安员应在每块看台的四个端角处设立固定岗哨，这样，既不妨碍观众视线，又能观察异常动态，及时化解险情。其具体要求是：

（一）制止观众集中涌向某一看台。

（二）制止观众倚靠护栏。

（三）制止观众投掷器物。

（四）制止观众发生冲突。

（五）制止观众点燃火种和燃放烟花爆竹。

三、加强散场时的人流控制

体育比赛结束后的散场是最容易出问题的时候。巡逻人员应在散场前回到各自岗位，防止事故和滋事。具体方法是：

（一）体育场所的看台出口处的通道和平台面积不大，出口前即为阶梯，回旋余地小，如果退场秩序混乱，容易发生人员倒伏踩踏事故。因此，保安员在此应设岗哨，人数以手挽手一字排开能封堵通道为宜。一方面宣传、引导观众依次退场；另一方面一旦发生拥挤、混乱或观众摔倒等险情，立即以最快速度排险，险情排除后即刻恢复通行。

（二）运动员谢场时，保安员应在看台的护栏处一字排开。防止观众倚靠护栏，使防护栏不堪重负而断裂；防止观众跨越护栏，冲入运动场内。

（三）运动员退场时，应在其预定通道边沿的看台护栏前布置保安员排成人墙，防止观众倚靠、跨越护栏。制止观众投掷器物。

第三节 商贸场所巡查

193. 商贸场所包括哪些范围？

商贸场所包括商店、商场、集贸市场、超级（自选）市场、批发交易市场等。这些场所具备一定的规模，物资集中、人员聚集、财物流动量大，是违法犯罪人员经常涉足作案的场所，同时，也易于发生火灾、人员挤压踏踩事故。

194. 商贸场所巡查任务是什么？

一、防盗窃

盗窃是商贸场所中零售商业场所的多发治安问题。现代零售商业场所，大多数商品是开架销售，顾客能够随手拿商品，而现代营销策略又忌讳售货员对顾客“紧逼式”服务，这既方便了顾客随意轻松地挑选合适商品，也给商品安全造成了隐患，这在超级市场表现尤为突出。违法犯罪嫌疑人在零售商业场所盗窃的主要手段是：

（一）佯装挑选商品，并与售货员周旋，吸引售货员注意力，同伙借机行窃。

（二）穿着宽大衣服游荡商场，乘售货员不在或接待其他顾客之机，迅速将商品藏入衣服。

（三）用廉价物品调换外形相似的贵重商品。

（四）将商品直接穿戴在身上。

（五）有些顾客挑选商品时，将携带的包袋随手搁在柜台上，窃贼乘隙拎包或调包行窃。

（六）内外联手盗窃。

（七）到监视盲区去拆换商品。

（八）用专门工具对商品消磁。

（九）把商品藏在小孩身上。

（十）用低价条码冒充高价条码，甚至仿制假条码。

二、制止强买强卖，欺行霸市

强买强卖，欺行霸市是扰乱市场自愿交易、公平交易秩序的违法行为。其多见于集贸市场和批发交易市场。集贸市场大多数是个体商贩设摊经营，竞争激烈；批发交易市场商品吞吐量大，相对利润率不高，但绝对利润数量大。一些违法犯罪嫌疑人常常混迹于此，以暴力手段或以暴力相威胁，强买强卖，欺行霸市，其具体表现是：

（一）市场附近的地痞流氓常年在市场游荡逞威，购买商品时少付或不付钱款。

（二）市场的摊主，以顾客摸弄过商品或以讨还过价钱，甚至以探问过商品为由，强迫顾客买下商品。

（三）摊主雇请同伙装扮顾客，在顾客面前，极力美化商品，哄抬物价，引诱顾客买下商品，顾客若有反悔，摊主或同伙凶相毕露。

（四）摊主或摊主勾结地痞流氓，不准其他摊主经营同类商品或不准以低于其价格经营同类商品。

（五）市场附近地痞流氓以充当“保护伞”为名，向摊主收取“保护费”。

三、制止兜售违禁品和假发票，强行提供服务

兜售违禁品和假发票多发于集贸市场及其周边地区和人流量较多的地区，强行提供服务多见于交通集散地和大件商品经销点。具体表现有：

（一）兜售管制刀具。

（二）兜售淫秽碟片、书刊。

（三）兜售假发票、假文凭。

（四）强行为车辆驾驶员带路而索取钱财。

（五）强行为他人搬运物品而索取钱财。

四、化解民间纠纷

商贸交易活动中，由于对商品品牌、商品质量、售后服务等看法不一，商家和顾客往往因此发生矛盾争执。如果是在商场现场发

生纠纷，容易引起人们围观，如不及时化解，则容易引发安全问题，其具体表现是：

（一）人员相对集中，通道堵塞，秩序混乱。

（二）窃贼乘机对顾客扒窃、割包或盗窃商品。

（三）流氓乘机侮辱妇女。

（四）商品柜架倒塌，商品损坏、散失。

195. 商贸场所的巡查方法有哪些？

一、设立固定岗哨，把守出入口

出入口是入场人员必经之道，既是第一道防线，也是最后一道关卡，巡逻人员在此处应设立固定岗哨，严密观察出入口的人员和商品，一旦发现可疑，应立即询问或通知同事继续重点观察。把守出入口的具体方法有：

（一）对入场的可疑人员，应牢记其体貌特征和衣着特点，并迅速通知场内保卫员跟踪观察。

（二）对大宗、大件商品出场，核对发票放行。

（三）对穿着不合身或不合季节的新衣服出场的顾客应进行询问。

（四）对穿着挂有商品标牌衣服的顾客进行询问。

（五）对手提没有包装袋商品的顾客进行询问。

二、设立流动岗，维护场内经营安全秩序

维护场内经营的安全秩序，是保安员的重要职责。室内商贸场所，特别是大型百货商店，空间较大，商品种类多，柜台、货架布局多考虑促销和美观，往往主干通道少，分支通道窄；室外商贸场所，特别是大型批发市场，摊位布局一般沿着通道两侧呈直线排开，顾客双向对流，迎面相互摩擦、碰撞不可避免。有些摊主在靠门处营业，更增加顾客之间身体接触机会，这些都是安全隐患。因此，保安员应在场内设流动岗哨，加强巡逻，必要时还可便衣巡查。具体方法是：

（一）重点观察贵重商品柜台的顾客有否异常举动。

（二）密切注意东张西望者或不看货架商品，只看顾客衣袋、箱包者。

（三）密切观察三五成群，长时间与售货员纠缠而又不购物者。

（四）随时清理现场违章堆物，保持通道畅通。

（五）发现现场纠纷，应立即规劝制止，或将当事人领到办公室调解。

（六）发现暴力行为，应立即制止，并将行为人扭送公安机关处理。

三、严格执行夜间值班巡逻制度

商贸场所的夜间安全尤为重要，保卫员应在经营者按照规定盘点商品、贵重商品入库、解送现金的基础上，提供夜间值班巡逻的保卫服务。具体方法是：

（一）检查门窗是否关好，电话等通信设施是否畅通，报警装置是否良好。

（二）巡视清查全场，看有否无关人员留在现场或隐匿场内。

（三）定时或不定时地巡查各柜台、摊位，以及贵重商品库房和门窗情况。

（四）听见异常动静，必须立即循声搜索察看。

（五）装有报警监控装置的应有专人值守控制室。

第四节 商场发生意外情况的处置方法

196. 发生抢劫收银台现金的如何处置？

第一，沉着、冷静、机智，立即拨打“110”报警。

第二，尽量记住犯罪嫌疑人的容貌、年龄、衣着、口音、身高等特征，以及车辆的牌号、颜色、车型等。

第三，尽量拖延给钱的时间，以等待其他人员的救助。

第四，对持有武器、枪支的犯罪嫌疑人，不要与其发生正面冲突，保持冷静，在确认可以制胜时，可以相机将犯罪嫌疑人擒获。

第五，犯罪嫌疑人离开后，立即保护现场，犯罪嫌疑人遗留的物品，不能触摸。

第六，犯罪嫌疑人离开后，将无关的人员、顾客疏散离场，将受伤人员立即送医院就医。

第七，为了保证发生紧急事项能及时汇报和处理，各门市店面必须设立所有管理人员紧急通信簿，以备在紧急状况下可以及时联络。内容包括：

（1）负责人的办公电话（直拨、分机）、家庭电话、手机号码。

（2）保卫处长的办公电话、家庭电话、手机号码。

（3）总值班报警电话、商场内部报警电话。

（4）最近医院的急救电话及地址。

（5）所辖区域派出所的联系电话、联系人、地址等。

（6）各部门所有主管级以上人员的姓名、家庭电话、手机号码。

此紧急通信簿，由商场人事部负责编印，存放于各单位负责人办公室、保卫处控制中心、广播室、现金室、人事部，同时分发至业务主管级以上人员。

197. 营业期间防盗报警器报警的处置原则是什么？

一、证据原则

营业期间当系统报警时，不能认定就是有商品被盗窃，而应相信每一位顾客都是清白的，除非已经掌握确凿的证据。

二、为顾客服务的原则

当系统报警时，保卫员要迅速赶到报警现场，必须用热情、得体的态度为顾客服务，不能因为自己的态度、表情、语言、行为不当得罪顾客，引起纠纷。

三、缓和原则

坚持缓和解决问题的原则，坚决避免与顾客在门口发生争执，不能影响其他顾客的正常通过，不能引起堵塞和围观。

198. 防盗报警的处理程序是什么？

第一，当顾客携带商品通过安全门时引起报警的，要将商品与人进行分离，确认是否是商品引起报警；确认是属于商品引起报警后，进一步查找商品报警的原因。通过目测查看有无带感应标签的商品，将其取出核实是否属于未经消磁的商品；查看收银小票，查看有无未结账的商品；礼貌地请客人到收银台结账。这个处理程序的操作要点是针对商品，不针对顾客，只要顾客结账，认为顾客是疏忽而不是故意不结账。处理时不伤害顾客的自尊心。

第二，顾客经过安全门时引起报警的，即引起报警的是顾客本身，不是购物车、购物筐和购物袋中的商品。可让顾客再2~3次经过安全门，以确认是否是顾客引起的报警。文明礼貌地请顾客自行检查是否有忘记结账的商品放在身上。若该顾客承认，则叫该顾客结账。顾客若不承认，则请顾客到保卫处办公室协助处理，而不要在出口处发生争执。

第三，保安人员要从善意、客观、可能、留有余地和为顾客考虑的角度出发，希望顾客能自觉将未结账的商品进行结账。如果属于已经掌握，并确属是从商场盗窃商品的顾客，在经过安全门时报警，那就直接将顾客请到保卫处办公室处理。

199. 盗窃商品的手段有哪些？

第一，撕毁商品的标签或更换标签，达到少付款的目的。

第二，更换商品包装，用低价购买高价的商品。

第三，在大包装商品中，藏匿其他小包装的商品。

第四，不付账白吃商场中的商品。

第五，利用衣服、提包等藏匿商品，未付账带出商场。

第六，与店员相互勾结，进行盗窃活动。

第七，组成盗窃团伙，协同进行集体盗窃活动。

200. 如何识别盗窃行为？

通常情况下，保安人员可通过如下异常现象来发现有盗窃行为的顾客：

第一，购买的商品明显不符合顾客的身份或经济实力。

第二，购买商品时，不进行挑选，大量盲目地选购商品。

第三，在商店开场或闭场时，频繁光顾贵重商品的区域。

第四，在商场中走动，东张西望或躲到比较隐蔽的角落。

第五，拆商品的标签，撕掉防盗标签或破坏商品标签。

第六，往身上、衣兜、提包中放商品，往大包装的商品中放商品。

第七，几个人同时聚集在贵重商品柜台前，向同一售货员要求购买商品。

第八，顾客表情紧张、慌张等。

201. 如何预防顾客盗窃?

一、设置便衣巡逻人员

设置便衣巡逻人员是防止和发现顾客盗窃的有效手段，隐蔽性好、机动性强。

二、多种手段并用

（一）使用防盗安全门、窗系统等。

（二）使用各种监视系统。

（三）张贴各种防盗警示标语。

（四）商品采取安全标签。

（五）应用商场的通信广播等。

（六）加强教育，强化员工防盗意识。防盗不仅仅是保安员和保卫部门的事情，也是所有员工的责任。人人都要有防盗意识，可以大大降低盗窃的发案率。

202. 顾客盗窃的处理程序是什么?

保安员现场发现可疑顾客和可疑动作，或员工举报或监视系统发现可疑顾客后应当按以下程序操作：

第一，隐蔽跟踪。

第二，观察顾客是否将所有商品都结账付款。

第三，确认顾客有盗窃行为，当顾客通过安全门要离开商场时，不管是否引起报警，都要阻止顾客，请顾客到办公室处理。

第四，抓住现行盗窃行为人。将其带到办公室，切忌使用激烈的手段，必要时可多名保安员协同控制。

第五，谈话对证。与盗窃者当面对证，进行谈话记录，不能对盗窃者进行罚款、人身伤害、拘留、扣押证件等。

第六，盗窃处理。可供参考的标准：一般情况下盗窃商品数额不大，本人认错的，可由商场保卫部门处理；数额较大（通常在500元以上的），应当送公安机关处理，送交的商场需开具商品零售价证明，并盖财务专用章，连同当事人、赃物、证人、谈话记录等一并移交公安机关。

抓住14岁以下（含14岁）人员时，应进行批评教育，责令其写书面检查，通知监护人或学校将其带回。对于盗窃情节严重、金额大；多次惯偷；团伙盗窃的；认错态度不好的送交公安机关处理。

203. 发现顾客有可疑情况的如何处理？

当发现可疑的顾客时，保安员应微笑着向顾客走过去，进行整理商品、清洁或补货等活动，或主动同他打招呼，引起注意，从而制止犯罪。

当发现顾客已经有盗窃的种种迹象时，保安员要不动声色地跟踪，并立即通过电话、对讲机或其他同事，报告给保卫处，增援力量等待处理，绝不能当面质疑顾客。

204. 保安员处置盗窃行为时严禁哪些行为？

第一，搜身。在公共场合或办公室对顾客进行搜身。

第二，殴打。对盗窃或怀疑实施盗窃的顾客进行殴打。

第三，扣押。对盗窃或怀疑实施盗窃的顾客进行长时间的关押、扣留审查、限制顾客的人身自由，不准与家人、朋友联络等。

第四，逼供。对怀疑实施盗窃的顾客威胁利诱，迫使其认错。

第五，恐吓。对怀疑实施盗窃的顾客进行威逼恐吓。

第六，人身侵犯。男性保安员对女顾客的性骚扰或其他侵犯人身的行为，如脱光顾客的衣服进行搜身等。

第七，游行示众。将有盗窃行为的顾客，拉到公共场合进行游行、示众，让其他人员围观等。

第八，公开身份。将有盗窃行为的顾客的照片、私人资料及盗窃的事情公开，广为传播等。

205. 商场发生火灾如何进行紧急处置?

一、报警

报警程序:

(一) 火警级别的判定

商场内发生火灾，有一般火灾和重大火灾之分。根据商场内的实际情况，可以分为三种火警级别:

(1) 一级火警。有烟无火。

(2) 二级火警。有明火初起。

(3) 三级火警。火势从时间和空间上难以控制。

(二) 火警的报告

(1) 拨打商场保卫部门的内部紧急电话或报警电话，如附近无电话、对讲机等通信设备，应迅速到就近的消火栓，按动消火栓里的红色手动报警器向控制中心报警。

(2) 报告发生火灾的准确区域和时间，燃烧的物质、火势大小，报警人的姓名、身份以及是否有人员受伤等。

(三) 控制中心接到消防报警信号后应采取的措施

(1) 立即确认报警区域。由保安员迅速跑步赶到现场查看，迅速对火警的级别进行确认。

(2) 现场指挥救火。组织人员使用现场消防器材进行扑救，如能将火扑灭，保护好现场，等候有关部门或负责人的到来。

(3) 立即通知商场的管理层、工程部等相关部门。

二、重大火灾的处置程序

(一) 在通知店经理的同时，立即拨打“119”报警电话。

(二) 紧急事件处理小组成员听到消防警报后，应迅速赶到保卫处，确定行动方案，快速行动，各司其职。

(三) 商场的各个部门服从紧急事件处理小组的统一指挥和调配，进行灭火、疏散、救助工作。

(四) 迅速启动自动喷淋灭火系统，关闭非紧急照明和空调，开启排烟风机，疏通所有安全门和消防通道，启动火警广播，组织人员有秩序地进行疏散、灭火、财产抢救、伤员救助等工作。

（五）保安员守住门口，无关人员一律不准进入火灾现场。维持商场周围广场的秩序和道路通畅，到指定地点引导消防车辆进入。

第五节　交通场所巡查

206. 公共交通场所包括的范围有哪些？

公共交通场所的范围包括客货运输的汽车站、火车站、轮船码头（渡口）、飞机场、城市轻轨（地铁）站及公共客货运载工具，如汽车、列车、轮船、飞机等。

207. 公共交通场所巡查的任务有哪些？

一、防盗窃

车站、码头、机场是客货运输的集散地，历来是违法犯罪嫌疑人的行窃之地。在客运方面，由于现代化支付手段尚未普及，一些旅客贪图方便，随身携带巨额现金旅行；由于社会时尚的变化，旅客佩戴贵重首饰日趋增多。在货运方面，随着市场经济发展，地方保护主义壁垒日益削弱，商品流通地域日趋扩大，商品流通速度日趋频繁，货物运输空前繁忙。作为客货运输集散地的车站、码头、机场，发生盗窃案件相应增多，具体表现是：

（一）客运方面。在客运场所，违法犯罪嫌疑人惯用的盗窃手段主要有扒窃、割包、拎包、调包。具体表现是：

（1）秋冬季节，旅客衣着相对较多，感觉迟钝，容易发生扒窃案件。

（2）售票处刚开窗售票及候车室刚开始检票的瞬间，久候的旅客在慌乱中排队前行，容易失去警觉，或忽略了钱包的存放位置，或遗漏包裹，犯罪嫌疑人往往乘机行窃。

（3）下车、船时，因为车门、船门较狭窄，旅客往往争先恐后，相互拥挤，窃贼往往在此时下手。

（4）窃贼故意争吵打架，吸引旅客注意，转移旅客视线，同伙则乘隙行窃。

（5）旅客打盹瞌睡时，容易被窃。

（二）货运方面。在货运场所，犯罪嫌疑人惯用的盗窃手段主要有：

（1）装货人与发货人或装卸工内外勾结，多发多装货物。

（2）装卸工故意摔打货物箱包，造成破坏或散落，乘机盗窃。

（3）在夜深时或货场僻静处，里应外合，由场内窃贼（多为内部职工）往场（围墙）外抛投货物，场（围墙）外同伙接应。

（4）职工夹藏体积小的货物出场。

二、防拥挤

拥挤一般发生在公共客运交通场所，客运车站、码头、机场人员流量大，流速快，容易发生通道堵塞，造成旅客拥挤的现象。一旦拥挤，不仅便于窃贼盗窃，流氓侮辱妇女，而且会导致人员伤亡的严重后果。具体表现是：

（一）刚开始售票、验票和车、船开门的瞬间，容易发生拥挤现象。

（二）每年一度的春运高峰，特别是交通枢纽地区的客运场所的售票处、候车室、广场都可能发生拥挤。

（三）由于自然灾害造成部分客运线路中断，使大量旅客滞留客运场所，从而容易发生拥挤。

（四）流氓滋事，旅客纠纷，引起群众围观而发生拥挤。

三、防危险品

防危险品，主要是针对客运场所和交通工具而言。有些旅客图方便，随身携带危险品乘坐公共交通工具；有些违法犯罪人员企图作案，蓄意携带危险品乘坐公共交通工具。旅客带着危险品乘车、船、飞机，不论是否故意，客观上都严重威胁了公共交通工具运行和旅客生命安全。而客运车站、码头、机场则是查堵危险品的关卡。公共客运交通场所查堵到的危险品常有：自制土枪、土弹，管制刀具，雷管、炸药、烟花爆竹、汽油、柴油、酒精、油漆等化学品。

208. 公共交通场所的巡查方法有哪些？

一、把守出入口，维护旅客通行秩序

公共客运场所的售票处、候车室的入口、检票口，在特定时间里旅客流量较为集中，为了售票、验票方便，往往设有护栏，通道相对狭窄。保安员应在此固定把守，目的是使旅客形成一路缓缓前行的队形。为此，可采用下列方法：

（一）用手提电喇叭做宣传，劝告旅客依次排队。

（二）登高观察旅客队伍中是否有异常举动人员，防止扒窃割包和侮辱妇女。

（三）一旦发现拥挤、混乱，立即阻断后面旅客前移，并迅速化解、疏导。

二、巡查候车室，观察可疑人员和安全隐患

候车室是旅客候乘休息的场所，一般空间较大，旅客往往处于松懈、倦怠状态，违法犯罪嫌疑人常常混迹其间。保安员要勤于巡查，善于观察，以发现可疑人员和安全隐患。具体方法是：

（一）观察旅客有否异常。要特别注意衣衫褴褛但带有高档行李的旅客，行为亲昵而年龄悬殊的异性旅客，东游西荡、漫无目的的旅客等。

（二）询问可疑异常旅客。如无票而又讲不出明确旅行目的地的，衣着打扮与身份不相符的，旅行目的与身份不相符的，旅行目的与携带物品不相符的，结伴同行又不知对方身份的，所持证件有假冒、伪造嫌疑的。

（三）提醒粗心大意的旅客，如单身旅客打盹瞌睡的，行李远离旅客身边的，委托陌生人照看行李的。

三、货运场所严格控制火种，严格查验出入货物的票据

货运场所的保卫重点在货物的室内仓储区、露天堆货区和载货车辆的出口处。保安员应以防盗、防火为中心安排勤务，具体方法是：

（一）在装卸作业区巡逻时，如发现装卸作业中有货物包装损坏，出现货物散落、裸露，应随时处置。

（二）在货物仓储区、堆货区巡逻，要特别严防明火和盗窃，且要加强夜间巡逻。

（三）有条件的，应建立装卸人员更衣区域，规定装卸人员进入装卸作业区必须穿着工作服。更衣室设固定岗哨，以注意装卸人员有否随身夹带货物。

（四）在出入口设固定岗哨把守。对入场车辆严格检验；对出场车辆检验货票与货物是否相符。

第六节　旅馆业巡查

209. 旅馆业包括哪些范围？

旅馆业包括宾馆、饭店、酒店、旅馆、旅社、客栈、对外营业的招待所、夜间提供定时住宿的浴场、候车室、候船室等。

210. 旅馆巡查内容有哪些？

一、防盗窃、诈骗、抢劫

旅馆住宿的客人主要是长途旅行的外地人、外国人。客人一般都随身带有一定的钱款和笔记本电脑、摄像机、照相机等贵重物品，且为方便旅行，喜交朋友。因此，公共住宿场所也是违法犯罪嫌疑人经常“光顾”的场所。其具体表现是：

（一）物色目标，迅速混熟，结成“同伴”，入住同一家宾馆，甚至同一客房，趁对方熟睡，伺机作案。

（二）选准目标后，尾随入住同一宾馆，其中大多为同一层楼，甚至隔壁或对房，观察客人活动规律，乘机作案。

（三）直接潜入宾馆开房间。先估量附近客人携带财物状况，再观察活动规律，以便作案。

（四）佯装访客，闯入客房。如发现是单身客人，便寻找借口进入客房，施暴行凶，劫取财物。

（五）冒充国家机关和企业管理人员，串客房拉关系，以骗取信任，设圈套行骗。

（六）年轻女性以色相作诱饵，亲近男客，伺机盗窃、行骗；

也有与男性搭档，乘与男客亲近之机进行敲诈、抢劫。

二、防聚众赌博、卖淫嫖娼、吸毒贩毒

旅馆住宿客人相互陌生，彼此关切度低。“探访者”来来往往，难辨身份，业主追求客房入住率，睁一眼闭一眼。违法犯罪嫌疑人往往把公共住宿场所作为活动地或媒介地。其中较为突出的是违法犯罪嫌疑人寄宿于此聚众赌博、卖淫嫖娼、吸毒贩毒。具体表现是：

（一）客人日夜住宿客房，很少外出，常有多个探访者入内长时间不出，疑为聚赌。

（二）年轻女性浓妆艳抹，衣着花哨，举止轻浮，或滞留于大堂左顾右盼，或尾随客人入客房，或直接敲房门搭讪，疑为卖淫嫖娼者。

（三）客人（特别是外宾和貌似“大款”的内宾）由外带入浓妆艳抹年轻女性的，疑为卖淫嫖娼者。

（四）客人面黄肌瘦，哈欠频频，精神委靡，疑为吸毒者。

（五）客人进出频繁，行动诡秘，其探访者多为鬼鬼祟祟，手拎皮箱进出的，疑为贩毒者。

三、防流窜作案人员和被通缉人员落脚藏身

流窜作案人员的特点是常年在户口所在地以外的省市作案，狡兔三窟，居无定所。有的是越狱逃跑人员、负案在逃人员，有的是被公安、检察机关通缉的人员。这些人的具体表现是：

（一）所持身份证与相貌、口音不符。

（二）谈吐、举止与职业、旅行目的不符。

（三）昼伏夜出。

（四）故意避开保卫人员和警察。

四、应对突发事件

旅馆住宿的客人，大多数是临时居住，应急防险知识比较淡薄，对周围环境比较陌生，一旦发生紧急事件，容易惊慌失措，争相逃生。如遇有火警、停电、电梯运行途中发生故障等紧急事件就会表现出来。因此，保卫员应检查应急通道、安全出口等是否可用、安全，同时还应向住宿客人宣传应急防险知识。

211. 旅馆巡查方法有哪些？

一、严格执行各项防范规章制度

旅馆业是公安机关依法实行治安管理的特种行业，在公安机关治安管理部门指导和监督下，都建有符合治安防范要求的规章制度，严格执行治安防范规章制度是对经营者的最基本要求，保安员应严格执行治安防范规章制度。治安防范规章制度的基本内容有：

（一）旅客登记制度。要求严格核查旅客身份证件，并初步观察证件显示的身份与其装束打扮、言谈举止是否相符。对可疑对象应仔细查验身份证，防止用假证登记。所有旅客一律登记，防止漏登、错登和一人登记数人住宿的情况发生。所有登记人员的信息一律进入治安管理信息系统。

（二）旅客贵重物品保管制度。要求设立旅客贵重物品集中保管的专门库房。旅客的贵重物品是否存放，由旅客决定，但应向旅客积极宣传推荐。

（三）发现可疑情况报告制度。要求发现可疑情况及时向公安机关报告。可疑情况分为：可疑人，如与被通缉对象相像的旅客，身份证件与人不相符的旅客，行为可疑的旅客；可疑事，客房内旅客的赌博、嫖娼、吸毒的行为；可疑物，枪支弹药、管制刀具、易燃易爆易腐蚀和淫秽物品等违禁物品。

二、严密守护重要部位

旅馆特别是综合性大型宾馆的重要部位安全与否，关系到整个场所是否能够顺利营业及其企业的安全形象，从而对经营者的利益和市场声誉造成影响。因此，确保重要部位安全，是住宿场所保卫的关键环节。应在重要部位设立固定岗哨，坚持日夜严密守护。公共住宿场所的重要部位有：关键机电设备、重要宾客的客房、旅客贵重物品的存放处、内部商场的贵重商品柜台。

三、勤于巡逻观察，善于发现可疑人员

旅馆是客人休息场所，客人要求既有安全感，又要有轻松感。这就要求保安员既能及时发现、严密控制治安隐患，又不能打扰客人休息。因此，保安员岗位设置要精干合理，疏密相宜，少设定点岗哨，多设流动岗。保安员应在责任区域内勤巡逻、多观察，善于发现可疑人员，具体方法有：

（一）大堂设立流动岗。主要任务是观察在大堂歇息人员有否异常，如盯住客人较长时间而又尾随客人去客房的人员。

（二）楼层设立流动岗。主要任务是观察楼层有否异常，如房门由生人用钥匙打开，注意漫无目标而四处推门的来访者。

（三）保持与服务人员联系。对服务人员提供的可疑客人，如证件可疑的和行为可疑的，应设固定岗哨密切观察，严加控制。

（四）巡查安装技术防范设备状况。宾馆等公共住宿场所除应按照建筑消防标准安装温度感应器、烟火感应器和自动喷淋装置等消防技术设备外。还可根据自身条件，在专供客人出入的大门口、大堂口、电梯口、电梯内、总服务台等处安装摄像探头，为日后查破案件和追缉犯罪嫌疑人提供线索资料。

第七节　游览场所巡查

212. 游览场所包括哪些范围？

游览场所包括名胜古迹、风景游览区、公园、游乐场、城镇大型绿地等。随着城乡建设的发展，传统的名胜古迹得到进一步的保护，同时又开发了很多新的旅游景点和供大众休闲娱乐的公园等室外场所，都需要得到良好的安保服务。

213. 游览场所的巡查内容有哪些？

一、预防各种安全事故

游览场所的名胜古迹多为假山回廊、亭台楼阁、曲径通幽，其中有的建筑年代久远，牢固性差；自然风景游览区多山峦突兀，河川曲折，地形险要；游乐场大型载人索道、游艺机多在高空运行，安全风险较大；城镇绿地也有山有水，人造景观很多。这些场所，保安员必须严格履行职责，防止重大事故。具体表现如下：

（一）游客擅自闯入禁止游览区域发生人身危险。

（二）游客因观赏或拍摄美景，攀登险要地域而致失足坠落。

（三）游客不顾禁入或限制人数的警告，强行进入濒危建筑而致坍塌。

（四）游客在禁火区域使用明火观赏或探路而致火灾。

（五）游览区内因船、桥年久失修而致渡船翻沉、桥梁坍塌，游人落水。

（六）载人游艺机质量不合格或年久失修造成运行中途故障、断裂倒塌而致游客受惊、受伤乃至死亡。

二、预防敲诈勒索行为

由于游览场所中的外地游客身上带有大量现金，往往成为违法犯罪嫌疑人结伙敲诈的对象，因此，游览场所应成为治安保卫的重点地区。加之游览场所的游客人生地疏，胆小怕事，花钱很少计较。游客的这一特定环境下的心理特征使其成为游览场所附近一些违法犯罪嫌疑人结成团伙施行敲诈的对象。其具体表现有：

（一）在游客较少停留的山谷、半山腰、密林深处，以及和若干相距较远的景点之间的单独游览场所等偏僻地域，抓住游客随地吐痰、在附近找不到厕所而随地大小便的“把柄”，以破坏环境卫生为由敲诈。

（二）利用为游客提供餐饮、摄影等服务之机，漫天要价。

（三）设赌摊（如象棋残局、抛投圈物、猜硬币正反面等），先诱惑他人押注，视情况再行欺诈。

（四）寻觅、窥视异性游客间的越轨行为，冒充执法人员进行敲诈。

三、预防伤风败俗行为

游览场所一般地域广阔，风光秀美，环境幽雅。一些青年男女视其为谈情说爱的好去处；一些道德败坏者和违法分子视之为流氓鬼混的避风港。因此，伤风败俗行为在游览场所时有发生，破坏社会公德，有碍游人观瞻，其具体表现是：

（一）恋爱的青年男女，行为过度亲热。

（二）衣衫不整，赤身裸体，过度暴露。

（三）卖淫嫖娼者实施性交易。

214. 游览场所的巡查方法有哪些？

一、设置警示性标牌

游客一般精神松弛，行为放任，有的猎奇探险的欲望还特别强烈；而有些游览场所的景点多而分散、保安力量有限。因此，保安部门应在必要的地域设立警示性标牌，给予游客善意的劝告、提醒。标牌设立的具体地点可选择在：

（一）野生动物经常出没之地等禁止游览的区域。

（二）地形险要、水势湍急的区域。

（三）年久失修的建筑物等禁止入内的区域。

（四）危险性较高的游览项目。

二、进行安全检查

游览场所各处景点的建筑物和各项游艺设施的安全是保安服务的一项重要内容。保安员应协助场所有关方面开展经常性的检查和维修，必要时可建议技术监督部门作出鉴定，以确保安全。具体方法是：

（一）检查险要地段的护栏、通道、阶梯的安全状况。

（二）检查禁止游览区域隔离屏障的安全状况。

（三）检查人造景观建筑物的安全状况。

（四）检查儿童乐园和大型游艺设施的安全状况。

三、险要地段和高危游艺设施处设固定守护岗哨

游览场所的险要地段和高危游艺设施是事故易发区，应设立固定岗哨重点守护。守护的主要任务是：

（一）宣传安全知识和注意事项。

（二）维护游览秩序，避免争先恐后，以缓解或减轻险情。

（三）对不遵守安全规则者，立即予以劝阻、制止。

（四）扶助、保护游客。

（五）一旦发生危险或事故，立即实施救助并报告上级保卫部门。

四、偏僻区域加强巡逻

游览场所既有中心区域和周边区域之分，又有热门项目和冷门项目之别。中心区域和热门项目一般游客较多，容易发生拥挤和纠纷，当然需要设立巡逻岗哨，而周边区域和冷门项目则是违法犯罪嫌疑人活动相对较多的区域，更应加强巡逻岗哨。巡逻岗哨的具体任务是：

（一）注意发现经常在游览场所游荡的游手好闲之徒，密切观察其动态，一旦发现敲诈及其他不法嫌疑，立即扭送公安机关，并嘱被害游客一同前往。

（二）劝阻游客进入禁止游览区域。

（三）劝阻行为越轨的恋爱男女。

（四）对行为越轨，且年龄悬殊、口音不同，且互不熟悉的男女交送公安机关审查。

第八节　社区巡查

215. 对社区巡逻人员有哪些基本要求?

第一，系统掌握住宅区整体情况，熟悉住宅区楼宇的房屋结构、单元户数、楼座排列、门窗通道，各种公共设施、设备的分布位置，以及各类公共场所的使用性质和服务对象。

第二，熟悉楼层消防设施的布局、设置，经常检查设施是否完好、有效，并与消防中心严密配合，预防火灾事故的发生。

第三，值班人员要经常上下楼巡视，大厦入口处保证 24 小时有人执勤，观察有无可疑情况、可疑人员及不安全因素，发现问题，应严密监视，及时汇报。

第四，详细掌握本巡逻区域业主、车辆、人员的流动情况。保卫员可以查验出入巡逻区域的车辆、物品的出入手续。对现行可疑行为应当及时制止，对现行违法犯罪嫌疑人应当扭送公安机关处理。

第五，执勤中要讲文明、讲礼貌，处理问题要讲原则、讲方法，态度和蔼，不急不躁，以理服人。

第六，把敬礼及“请问”、“您好”、“对不起”、“谢谢”等文明用语贯彻到整个巡逻工作中，做到文明执勤、礼貌执勤。

第七，熟悉勤务区各业主的情况，了解各业主的基本情况和经常交往的社会关系。

第八，巡视住宅区，经常定时、不定时检查各责任区域巡逻队员、固定岗哨履行岗位职责的情况，协助处理有关情况。加强复杂地段和事故多发地段的巡逻。

第九，要热爱本职工作，能吃苦耐劳。要求有处理事故的应变能力。敢说敢管，有高度的工作责任感。巡逻过程中做到机警、灵活、隐蔽，遇事认真分析，正确判断，及时处理。

第十，严格按着装要求着装，做到着装整齐，佩戴齐全，准时上岗。必须沿巡逻路线认真地检查巡视，到指定地点“巡更”计时。

第十一，执勤中按照“加强重点，兼顾一般，点面结合”的原则，保证住宅小区内的安全，维护治安秩序，保护业主的利益。

第十二，认真填写巡逻记录表。

216. 发现业主门窗未关时如何处理？

发现业主未关门窗时，应考虑两种情况：一是业主疏忽大意忘记关；二是有人非法侵入。对于前种情况的，应立即提醒业主将门关好，防止可疑人员进入。原因不明的，要注意室内是否有响动，是否有人在内，是否有呼叫、呼喊、犬吠等声音，如果有紧急情况，迅速用对讲机呼叫或派人报告，请求支援。发现重要部门的门窗、箱柜未关、未锁，应立即代为关、锁，做好记录，事后向有关部门提出整改要求。

217. 发现异常声音光亮的如何处理？

发现异常响动或光亮时，应先停下，“静观三分钟”，仔细观察、倾听，判明发出响声、光亮的具体位置（如来自哪幢房子、几楼、几号房间），再堵住出口，然后向发出异常响动或光亮的位置查验搜索。如在广阔场地发现人影闪动又忽然不见，可留下一人隐蔽继续观察，其他人佯装没有发现继续前进，并绕到出现人影处的两侧或后面观察，待对方重新活动时尾随察看，如有违法活动再将其擒获。发现有人爬墙、越窗，不要喊叫，而应静心观察，并暗中尾随，待其作案时将其擒获。

218. 如何处理捡拾的物品？

接到他人交来拾物的处理。贵重的要当面清点，做好登记，并出具单据，然后转交派出所或上级部门。如巡逻人员自己拾到贵重物品，应由带班人当众清点、登记后上交。

219. 如何处理紧急呼救？

听到救命喊叫声、搏斗声或发生火灾、爆炸等治安灾害事故应迅即报告领导。同时，迅速赶到现场解救或抢救。如属精神病患者、智障人员或醉汉肇事肇祸的，先约束其行为，同时报告公安保卫部门，通知其家属前来处理。

220. 发现赌博行为如何处理？

发现赌博活动时，对聚众赌博的应立即报告，对小规模的应立即制止。要登记聚赌、参赌者的姓名、工作部门或住址，暂扣赌具、赌资交派出所或保卫部门处理。

221. 遇到业主之间发生纠纷如何处理？

遇到业主之间发生纠纷，扰乱生活、办公秩序的行为，可通过说服教育、耐心调解、分清是非、耐心劝导，避免纠纷扩大。如有扩大的趋势，应采取“可散不可聚、可解不可结、可缓不可急、可顺不可逆”的处理原则，把矛盾逐步化解，达到双方和解的目的。

222. 发现聚众斗殴的如何处理？

发现聚众斗殴的，首先要将双方分开，发出警告，防止事态扩大，并立即报告公安机关或保卫部门处理，对受伤者要组织抢救。

223. 对逐户敲门找人的如何处理？

发现有人在小区内游荡或借口找人却说不出被访者姓名和详细住址，或挨家挨户敲业主家门，或一个个楼道按业主的门铃的，要密切观察其举动，必要时可上前盘问，对嫌疑不大的可以规劝其离开。

对有作案重大嫌疑的可以先稳住他，在不惊动本人的情况下，立即报告公安保卫部门对其进行审查。

224. 对携带疑似作案工具的人员如何处理？

发现身上带有管制刀具，以及钳子、螺丝刀、铁棒等工具的可疑人，要核查其携带工具的用途，如用途不明的，应当先将其控制起来，再送辖区派出所处理。

225. 对携带物品疑似赃物的人员如何处理？

对出入小区携带物品较多，如电视、音响、电脑等贵重物品又无任何证明（搬家有门卫放行条者除外）者，要暂时将人、物扣留，待其出具可靠证明后放行。如无任何证明，立即送交辖区派出所审查。

226. 对在隐蔽处清理钱物的可疑人如何处理？

对在偏僻、隐蔽处清理皮包或钱包的人，要立即对其拦截，询问、检查，如涉嫌盗窃、抢劫、诈骗财物的，立即送交辖区派出所处理。

227. 对可疑车辆如何处理？

对摩托车无牌照、无行驶证、无钢印，自行车、摩托车有撬损痕迹的，或将未开锁的自行车肩扛或提走的人，要当即扣留人、车，待查明后放行。如涉嫌违法应立即送交辖区派出所处理。

对驾车人拿不出机动车行驶证，说不出车牌号，没有停车证的，保安员要暂扣车钥匙，约束车上人员，待查明后放行。如有违法行为应立即送交辖区派出所处理。

228. 对经济行为可疑的人员如何处理？

一是以过低价格出售物品的。比如自称急等钱用而低价出卖金银珠宝、家用电器、交通工具的等，对形迹可疑的要控制人、物，并查明情况。

二是挥霍无度者。在本小区内三五成群，没有正当收入来源，大肆挥霍的，要密切监视，将可疑情况向派出所和单位反映。

229. 在隐蔽处发现违禁品如何处理？

如果在水箱、隔热层、消防栓箱内或自行车棚内等隐蔽处发现有枪支弹药、雷管炸药、管制刀具、毒品以及钳子、铁棒等工具时，不要移动这些物品，一方面采取隐蔽措施，严密控制现场，同时报告公安机关，协助公安机关采取伏击监控等方法进行处理。

230. 发生火情的处理程序是什么？

第一，迅速向"119"或"110"报警，说明地点、单位、电话、着火性质。及时派人员引导消防车进入。同时，向上级主管领导汇报，启动应急处置方案。

第二，现场的人或先到现场的人应该做到：立即断电、断气，转移易爆、易燃物品，及时组织人员利用现场的消防器材灭火。

第三，疏散围观群众。

第四，防止犯罪嫌疑人趁火打劫和破坏。

第五，现场如有意外人身伤、病的，应马上送往医院抢救，并通知有关领导。

231. 发生盗窃、抢劫案件的处置程序是什么？

在管辖区域内如发现盗窃案件，应保护好现场，协助失主及时到公安机关报案，并协助公安人员对案件进行侦破。以盗窃性质分类，盗窃案件可分为内盗、外盗和监守自盗，在巡逻时要针对不同情况进行不同处理。

第一，保安员在巡逻中遇有（或接报）盗窃案件和公开使用暴力或其他手段强行索取或毁坏国家、集体及住户个人财物、威胁住户人身安全的违法犯罪行为时，要在自己的能力范围之内制止犯罪，并寻求协助。

第二，面对突发案件时，要保持镇静，立即通过通信设备呼叫求援并设法制服违法犯罪嫌疑人。

第三，所有持对讲机的保安员在听到求援信号后，除关键岗位（规定不能离开的岗位）之外，要立即赶到现场，同时报告保卫部门封住出事地点出口并录像，然后视情况向有关领导汇报。

第四，若犯罪嫌疑人逃跑，一时又追捕不上，要看清犯罪嫌疑人的人数、衣着、相貌、身体特征、所用交通工具等，并立即拨打"110"报警。

第五，保护案发现场，任何人不得擅自移动任何东西，包括罪犯留下的一切指纹、脚印、烟头等，不得让无关人员进入现场。在公安人员未勘察现场或现场勘察完毕之前，不得离开。

第六，记录住户提供的所有情况。记录被抢（盗）物品及价值，询问住户是否有线索或怀疑对象等情况。

第七，事主或现场人员受伤，要立即送医院抢救并报告公安机关。

第八，对正在作案的人员，应当场扭获，连同证物送公安机关处理。失主在现场的也要一起到公安机关作证。

第九，对涉案可疑人员，可采取暗中监视或设法将其抓获，交公安机关处理。

232. 发现易燃气体泄漏如何处理？

城市居民生活所用燃气，主要有人工煤气、液化石油气等，这些气体都具有易燃、易爆的特点，一旦泄漏容易引发闪爆事故。而且人工煤气含有一氧化碳，人吸入一定量后会中毒死亡。燃气燃烧要消耗氧气，如长时间在使用燃气的密闭空间中逗留，会造成人员窒息，甚至死亡。要防止易燃气体引发的事故，主要应当做好以下几方面：

一、正确使用燃气器具

（一）使用燃气灶具应先点火，后打开灶具开关。

（二）使用燃气时，必须保持通风并有人照看。

（三）使用燃气热水器时，需严格按照产品说明书上的操作程序进行，发现异常情况应及时报告修理。燃气热水器必须定期保养，超过使用年限的燃气器具应及时更换（燃气器具的使用年限：人工煤气为6年，天然气、液化石油气为8年）。

（四）使用后、临睡前、外出时，要关闭燃气阀门。

（五）装有燃气器具的场所不能当卧室。

（六）不准私自安装、改装燃气设备。应定期检查燃气软管、接头，发现软管老化松动，应立即更换。

（七）燃气管道上不要悬挂重物，也不能用燃气管道作为电气设备的接地线。

（八）不要在安装燃气器具的周围堆放易燃易爆物品。

二、接到易燃气体泄漏报告的处理

（一）当保安员收到怀疑泄漏易燃气体的报告时，应立即通知上级领导，并尽快赶到现场查看情况。

（二）抵达现场后，要谨慎行事，先听后看敲门进入，不准开灯、开电风扇及开关任何电器设备。不准在室内打电话，以防止发出电火花引起燃气爆炸。立即打开所有门窗，关闭燃气阀门。现场严禁使用明火或吸烟。

（三）通知所有人离开现场，疏散现场围观人员。

（四）如发现有受伤者，应妥善处置，等待救护人员及派出所人员抵达现场。

（五）将现场详细情况记录下来，报送上级领导。

三、临场发现燃气泄漏的处理

当嗅到煤气、天然气、液化石油气异味时，应做以下处理：

（一）迅速关闭燃气总阀门。

（二）迅速打开门窗，加强通风。

（三）杜绝一切火种，禁止开、关电器设备。

（四）到室外打电话给燃气公司服务部报修，切勿自行修理。

（五）劝说所有人员离开现场，待修理妥当、气味散尽后才可返回屋内。

（六）切勿用火柴或打火机点火的方法寻找燃气管的漏气处。

（七）切勿进入燃气异味特别浓烈的房间，因为毒气积聚过多会使人失去知觉。

四、临场发现有人燃气中毒的处理

（一）一旦发现有人燃气中毒，不能惊慌失措。进入燃气浓度较高的事故现场时，抢救人员应采取个人防护措施，可用湿布、湿毛巾等捂住口鼻，减少吸入有毒气体；禁止穿鞋底有铁钉的鞋到现场，以防走动时产生火花而引起爆炸。

（二）立即打开房间门窗，使新鲜空气进入室内。

（三）迅速把中毒人员从有燃气的房间里移到空气新鲜或空气流通的地方。

（四）迅速解开中毒人员的衣裤、胸衣、腰带等，保持中毒人员呼吸畅通。

（五）如果中毒人员已处于无知觉状态，应将其身体平放，进行人工呼吸。

（六）应立即将中毒人员送往附近有高压氧舱的医院或向医疗急救中心求救。

233. 巡逻时发现业主受伤或生病的如何处置？

一、及时打电话求助

当发现有业主或其他任何人在公共场所突然晕倒或意外受损伤时，必须通知当班管理处主任及打急救电话求助。

二、将病者或伤者安置在适当地方休息，设法通知其家人或派出所

要由受过急救训练的人员，实施现场急救。尽量将病者或伤者与围观者隔离。妥善保管好病者或伤者的财物，当派出所人员到达时，交派出所人员处理。将详细情况记录后，尽快提交上级主管。

234. 巡逻时发现电梯困人的如何处理？

第一，发现有人员被困在电梯内，如有监控设备及对讲机，则须把监控屏幕切换至困人的电梯，以便观察电梯内的情况，与被困者取得联系。

第二，立即通知电梯公司紧急维修站派人抢修，在打电话时必须询问对方姓名并明确告知有人被困。

第三，必要时请求消防人员协助。

第四，被困者救出后，须询问是否有受伤或不适，是否需要帮助等。让其提供姓名、地址、联系电话及到本楼宇的原因。如被困者不予合作及自行离去，则记录备案。

第五，记录事件从开始到结束的时间、详细情形及维修人员、消防员、警员、救护人员到达和离去的时间，消防车、警车及救护车车号等；记录被困者救出的时间或伤员离开时间以及伤员送往何

处医院。

235. 如何处理停电、停水事故？

一、停电的处理

（一）对计划停电的处理。要预先在物业公共区公告栏等处张贴通知，并提醒住户提前关闭用电设备开关，防止恢复供电时用电设备启动或带电。当供电恢复时，保安人员必须与电工技术员检查辖区内所有供电开关是否正常，如有损坏，须立即报告上级主管，安排修理。

（二）晚间突然发生停电事故的处理。保安人员应立即通知上级主管及电力部门，安排工程部人员维修，并通知业主有关停电情况，防范盗窃和抢劫。

二、停水的处理

对于计划停水，要预先在公告栏等处张贴通知，并提醒住户提前储存生活用水，关闭各处水龙头及阀门，防止恢复供水后跑水。如辖区内自来水管线故障造成严重漏水、跑水，应及时通知上级主管及供水部门，安排维修。

236. 发现有非法集会、游行情况的如何处理？

第一，保安员在辖区内巡逻时，应加强对巡逻管段内不安定因素及闹事对象的监视，注意收集有关非法集会、游行的信息，发现闹事苗头，即果断采取措施，把事态消灭在萌芽之中。

第二，一旦发现有非法集会、游行的情况，立即将非法集会、游行的目的、方式、标语、口号、时间、路线、地点、人数等尽快报告“110”。

第三，对在现场的群众宣传非法集会、游行示威的违法性及危害性，规劝他们离开现场；对在集会、游行过程中，以暴力手段冲击国家机关和政府部门，进行打、砸、抢、烧等破坏活动的违法犯罪嫌疑人，应就地抓获，带离现场，扭送公安机关。

237. 大型庆祝、商品展销等活动中发生异常情况的如何处理？

遇有大型庆祝和商品展销等活动，保安员的主要任务是巡逻，维护好秩序，防止坏人破坏和发生骚乱，防止拥挤、踩踏等人员伤亡事故的发生。发生异常情况的一般处置方法是：

第一，发现有少数不服从管理、扰乱公共秩序者，应对他们进行遵纪守法教育，使其自觉遵守公共秩序。对不听劝告或教育的，应协助民警将其带离现场，防止事态扩大。

第二，发现有哄抢闹事迹象时，要积极进行劝导、教育，防止哄闹事件发生。当群众性的哄抢闹事已经形成，应及时向上级报告，并配合有关部门，迅速疏散群众，平息事态。对煽动闹事、毁物、流氓滋事者，应扭送派出所处理。

第三，发现打架斗殴、调戏、侮辱妇女、扒窃等违法犯罪活动时，应当场制止并抓获违法犯罪嫌疑人，及时带离现场，移送公安机关依法处理。

第四，对突然发生的火灾、爆炸、拥挤等危害事故，应迅速报告“110”，并加强现场警戒，疏散群众，组织抢救受伤人员，保护好现场，并注意收集证据，为现场勘查提供材料。

238. 对“造谣惑众、煽动闹事”和“谎报险情、制造混乱”的如何处理?

“造谣惑众”是指在公共场所公开制造和散布谣言，欺骗、迷惑不明真相的群众，扰乱公共秩序的行为；“煽动闹事”是指利用某些事件、纠纷等，为达到某种目的，煽动群众制造事端，扰乱公共秩序的行为。处理这类事件往往比较复杂，首先应查明情况，揭露真相，对上当受骗的人进行说服教育，对有造谣惑众、煽动闹事行为的人送交公安机关处理。

“谎报险情、制造混乱”的行为是指故意编造火险、水险、地震或其他险情，并向有关部门报告以制造混乱的行为。在处理谎报案件时，要注意把故意谎报同由于过失错报险情的情况区别开来；也要把某些人出于急切之情，故意夸大险情的情况区别开来。谎报险情仅仅是那种明知自己报告的情况根本不存在，而故意“报告”的一种行为。对此，要及时戳穿谎言，说明真相，并将谎报险情者交由公安机关处理。

239. 对案件事故现场群众围观的如何处置？

案件事故发生于露天或公共场所时，过往群众往往会出于好奇心理，聚集围观现场，致使案（事）件现场遭到不同程度的破坏。因此，保安员对于群众围观的现场要加以有效的处置和保护。

第一，对现场围观的群众做好疏导工作，将现场及时加以控制。

第二，迅速根据现场实际情况划定现场保护的警戒区域。首先，警戒线要设置在可能遗留有现场痕迹物证地点的外围；其次，要在警戒线范围内，保证本案现场勘查工作的进行不受相似的外界环境的干扰，又便于保密。

第三，保安员在疏导群众时，首先要向围观群众进行法律方面的宣传。在对群众进行宣传、疏导时要注意方法，依靠群众协助将现场保护好。同时在疏导群众过程中也要防止人群中的不法分子从中捣乱。

第四，要注意发现隐藏在围观群众中的本案犯罪嫌疑人。有些犯罪嫌疑人作案后出于做贼心虚和逃避打击的复杂心理，往往作案后还会再到现场附近对现场情况和现场勘查工作进行探视。还有的犯罪嫌疑人由于作案时遗留在现场一些痕迹、物证，想返回现场销毁。

第五，在疏导群众的同时，要时刻保持高度的警惕性以及对现场势态变化的敏感性，善于察言观色，利用已掌握的有关现场和与案件相关的情况，注意在围观人群中发现案件相关人员。

240. 对未经批准占路堆放物品，乱倒垃圾、污水，乱扔废弃物的如何处理？

一、未经批准占路堆放物品的处理

未经批准占路堆放物品是指业主或辖区内单位，未经有关部门批准，擅自占用道路、广场堆放物品。常见的占路堆物有沙、石、木材等各种建筑材料，建筑垃圾、酒瓶箱，以及各种废旧物品等。保安员在巡逻中，发现有占路堆放物品时，应当查找对象，并确认行为人有没有申请或有没有得到有关主管部门的批准。对行为人堆放物品数量不多，保安员指出行为人的错误，要求停止作业，移离物品。根据堆放物品的具体情况，给予适当的时间，做到合情合理处理。

二、乱倒垃圾、污水的处理

乱倒垃圾、污水是指业主或辖区内单位，乱倒垃圾、污水，损害城市市容环境卫生。保安员发现乱倒垃圾、污水的，应当批评教育，责令行为人立即清除，并通知其在规定的时间内，到有关部门接受处理。由于建筑垃圾、工业污水排入下水道后，污染环境，堵塞下水道，影响排水，给生产、生活和社会造成不利影响，因此要将此类案件的信息及时反馈给政府有关主管部门处理。

三、对乱扔废弃物的处理

乱扔废弃物是指业主在辖区内的道路、广场随地抛、掷、丢、扔各类废弃物，影响市容环境卫生。常见废弃物有烟蒂、纸屑、瓜皮果壳、核籽，各类饮料、食品包装盒（纸、罐）等。保安员对乱扔废弃物的行为应坚决制止。在设有废弃物箱的道路上，对乱扔废弃物的行为，必须制止；在未设废弃物箱的道路上要以教育为主，注意方式方法，以取得群众的支持，取得最佳效果。通过教育提高其守法的自觉性。

四、对乱吊挂、乱晾晒的处理

乱吊挂、乱晾晒是指业主将物品吊挂、晾晒在辖区的道路、广场上，影响市容环境卫生的行为。保安员在处理此类事件时，要原则性和灵活性相结合，加强宣传教育的力度，教育行为人增强遵守法律的意识。在方法上积极稳妥，主动与街道、居委会联系，为居民创造条件，缓解吊挂、晾晒的矛盾。在处理乱吊挂、乱晾晒时，还要注意区分具体道路状况，对交通主干道、景观路线、商业网点集中的道路，要严加管理。

241. 对折损花卉、树木，践踏绿地，损毁绿化设施的如何处理？

种植在道路、广场上的花卉、树木、绿地等绿化植物，是城市文明程度的表现。折损花卉、树木，践踏绿地花坛，以及损毁绿化设施的，是一种损害公共利益的行为。其主要的表现为：

第一，行为人随意折摘花卉、攀吊树枝，以及在绿地上进行各类活动，致使花卉、树木、绿地损坏。

第二，驾车操作不当，致使车辆碾压、碰撞、挂钩而折损花卉、树木，以及车辆驶入绿地造成绿地损坏。

第三，擅自占用绿地、花坛，搭建房屋。

保安员发现上述行为的，应予以制止。由于花卉、树木的品种不同、价值也不等，保安员对行为人造成较严重后果的，应扭送绿化管理部门按规定进行处理。

242. 对埋压、圈占或者损毁消火栓及其他消防设施的如何处理?

消防栓及其他消防设施是确保单位和业主生命财产安全的重要设施。一旦失去其功能，后果不堪设想。保安员在巡逻过程中，发现埋压、圈占或者损毁消火栓及其他消防设施的违法行为，应立即制止，若行为人的行为及其后果严重的，应将其扭送到消防管理部门处理。

第十章　防火工作

第一节　消防安全检查

243. 什么是消防安全检查?

消防安全检查，是为了督促查看机关、团体、企事业单位内部的消防工作情况，发现消防工作中存在的问题而进行的一项安全管理活动，是机关、团体、企事业单位实施消防安全管理的一条重要措施，也是控制重大火灾、减少火灾损失、维护社会秩序安定、构建和谐社会的一个重要手段。

244. 消防安全检查有什么作用?

第一，督促各种消防法规、规章制度和措施的贯彻落实。这是机关、团体、企事业单位自我管理自我约束的一种重要手段。同时，使执行情况可及时反馈给制定消防法规规章制度的领导机关，使领导机关可以根据执行情况提出改进、推广或总结提高的措施。

第二，及时发现单位和职工在生产、经营和生活中存在的火灾隐患，督促各有关单位和职工按法规与规章制度的要求进行整改或采取补救措施，从而消除火灾隐患，防止火灾事故的发生。

第三，了解有关领导和群众对消防工作的重视程度。同时在检查过程中发现隐患、举证隐患，可以起到宣传消防知识的作用，从而提高干部和群众的防火警惕性，督促他们自觉做好防火工作。

第四，使有关消防管理人员在开展消防安全检查的活动中，通过填写消防安全检查记录表和火灾隐患整改报告，明确存在的问题及有关部门、单位的责任，从而促进防火安全责任制的落实。

第五，对检查中所提出的整改意见和拟订的整改计划进行反复论证，选择出科学、简便、经济的最佳方案，可以使单位或公民个人以尽可能少的资金达到消除隐患的目的。同时，通过检查及时发现并整改隐患，可以杜绝和减少火灾的发生，把火灾消灭在萌芽状态。

245. 消防安全检查的内容有哪些?

一、防火巡查

防火巡查是消防安全检查的重要组成部分，是及时发现和消除火灾隐患，预防火灾发生的重要措施，也是检查相关安全制度、措施是否落实的有效手段。消防安全重点单位应当进行每日防火巡查，并确定巡查的人员、内容、部位和频次，其他单位可以根据需要组织防火巡查。巡查的内容应当包括：用火、用电有无违章情况；安全出口、疏散通道是否畅通，安全疏散指示标志、应急照明是否完好；消防设施器材和消防安全标志是否在位、完整；常闭式防火门是否处于关闭状态，防火卷帘下是否堆放物品影响使用；消防安全重点部位的人员在岗情况；其他消防安全情况。

公众聚集场所在营业期间的防火巡查应当至少每 2 小时一次；营业结束时应当对营业现场进行检查，消除遗留火种。医院、养老院、寄宿制的学校、托儿所、幼儿园应当加强夜间防火巡查，其他消防安全重点单位可以结合实际组织夜间防火巡查。

防火巡查人员应当及时纠正违章行为，妥善处置火灾危险，无法当场处置的应当立即报告。发现初起火灾应当立即报警并及时扑救。

防火巡查应当填写巡查记录，巡查人员及其主管人员应当在巡查记录上签名。

二、防火检查

机关、团体、事业单位应当至少每季度进行一次防火检查，其他单位应当至少每月进行一次防火检查。检查的内容，主要有以下方面：

（一）易燃易爆危险物品和场所防火防爆措施的落实情况，以及其他重要物资的防火安全情况。如易燃易爆物品的生产、储存设备及其包装和运输工具是否符合防火技术条件，设备或容器的安全阀、阻火器、爆破片、紧急切断阀、过流阀、水封、单向阀等防火安全附件或装置是否齐全、合格、适用，包装的材质、容积、重量、构造、型号、标志等是否符合所装物品的要求等。

（二）用火、用电及其他火源管理。如烘烤、熬炼、气焊、电焊、热处理等用火管理情况，是否都有动火审批手续和相应的安全措施，电气设备、线路等安装、敷设、选型是否符合场所的防火防爆要求，设备、储藏及建筑物的防静电、防雷措施是否符合要求等。

（三）建筑物的平面布局、耐火等级、消防车通道和消防水源。如建筑物的平面布局、防火间距以及与四周建（构）筑物和设备装置的安全距离是否符合城市规划的消防安全要求，建筑物的耐火等级是否符合生产和储存物品的火灾危险类别要求，建筑物的装饰装修、防火分隔、防火分区是否符合消防技术规范的要求，消防水源是否充足，消防道路是否畅通等。

（四）火灾隐患的整改及防范措施。对历次检查发现的火灾隐患的整改情况如何，是消防安全检查的一个重点，在检查时应注意三点：一是上次检查的认定火灾隐患是否准确无误；二是没有整改的原因是什么；三是对不能及时整改的隐患是否采取了补救措施或其他临时安全措施。

（五）消防组织和防火规章制度的建立和执行。如单位的专职和群众性义务消防队是否建立健全，是否定期组织学习和训练，专职消防队的执勤备战情况如何，义务消防队员的分布是否有空白点，本单位及重要部位有无必要的防火规章制度及执行情况如何等。

（六）消防设施、设备、器材。如应设的消防设施是否设置，应配的器材是否配备，配备了的看其是否齐全、合理，是否完整好用等。

（七）职工的安全思想及消防知识。通过调查访问，了解职工的防火警惕性及消防知识熟悉性等防火安全意识状况，了解职工是否受到了消防安全教育，效果如何。

（八）安全疏散通道及疏散指示标志。如疏散通道、安全出口是否畅通，是否按照国家规定设置了消防安全疏散标志等。

（九）消防（控制室）值班情况和设施运行、记录情况。如值班人员在位情况、对建（构）筑物消防设施的了解掌握情况，各种记录是否齐全、规范，各种消防设施存在哪些问题等。

（十）防火巡查。如巡查记录填写是否规范，发现过哪些火灾隐患，如何整改的，消防安全标志的设置完好、有效情况等。

（十一）其他需要检查的内容。

防火检查应当填写检查记录，检查人员和被检查部门负责人应当在检查记录上签名。

246. 消防安全检查应采取哪些形式？

消防安全检查不是一项临时性措施，而是一项长期的、经常性的工作，所以在组织形式上应采取经常性检查和季节性检查相结合、重点检查和普遍检查相结合的方法。具体的消防安全检查形式有以下几种：

一、一般检查

这种检查是按照岗位防火责任制的要求，以班组长、安全员、消防员为主，对所在的车间、工段库房和货场等处的防火安全情况进行的检查。这种检查通常以班前、班后和交接班时为检查的重点。

二、定期检查

根据《机关、团体、企业、事业单位消防安全管理规定》的要求，企业单位的定期防火检查每月不少于一次；机关、团体、事业单位的定期防火检查每季度不少于一次。

三、抽查

利用不定期的形式抽查。

四、使用或开业前检查

公众聚集场所人员多，功能复杂，面积大，层数多，室内装修采用可燃物品多，火灾荷载大，火灾扑救难度大，尤其是人员安全疏散困难。这类场所在使用或开业前应当向当地公安消防机构申报消防安全检查。为此，应重视抓好在申报前的自查。

五、专门检查

对举报、投诉违反消防法规的情况，要专门检查。

六、突击检查

遇重大节日、重要活动，开展突击检查。

七、季节性检查

火灾多发季节，如冬季、夏季等加强检查。

八、专项检查

针对火灾多发行业或薄弱环节，如易燃易爆化学物品等，进行专项整治或检查。

247. 消防安全检查的程序有哪些？

第一，拟订检查工作计划，确定检查目标和主要目的，根据检查目标和检查目的选调各类人员组成检查组。

第二，确定被检查的对象和检查的主要内容，进行时间安排，并提出检查过程中的要求。

第三，深入现场，按照听、看、访、议、决几个基本程序，采取不同的方法实施检查。首先听取被检查单位的汇报和介绍，接着深入现场查看，再深入到群众中访问了解，然后把听、看、访得到的情况进行综合分析，最后作出结论，进行决断，提出整改意见和对策。也可以直接到现场检查后，再听取汇报，交流情况。

第四，总结汇报，提出书面报告。

248. 消防安全检查的方法有哪些？

消防安全检查时，应采用询问、检查、督促、帮助、指导、教育等方法盯牢、盯紧、勤查。

第一，询问单位防火工作和员工掌握消防知识等情况。

第二，查阅有关防火资料、安全制度、操作规程、应急预案，检查是否符合法律法规和实际需要，是否具有合理性和可操作性。

第三，查看消防设施运行情况，确认是否处于完好状态。

第四，测试消防设施功能，如消火栓出水，喷淋泵启动，探测器动作测试等。

第五，检查灭火、疏散预案操作情况。

249. 消防安全检查有哪些要求?

一、要认真观察、系统分析、实事求是

对消防安全检查中发现的问题要认真观察，全面分析，抓住问题的实质和主要方面，提出切合实际的解决办法。

二、要有政策观念、法制观念、群众观念和经济观念

要有政策和法制观念，就是具体问题的解决要以政策和法规为尺度，绝不可随心所欲；要有群众观念，充分地相信和依靠群众，深入群众和生产第一线，倾听职工群众的意见，以得到更多的真实情况，掌握工作主动权，达到检查目的；要有经济观念，把火灾隐患的整改建立在保卫生产和促进生产这个消防安全的指导思想基础之上，并当成一项提高经济效益的措施下气力抓好。

三、要科学安排时间

科学安排时间是一个时间优化问题，由于检查时间安排不同，收到的效果也不尽相同。如生产工艺流程中的问题，只有在开机生产过程中才会暴露得充分一些，检查时间就应该选择在易暴露问题的时间进行。再如，值班问题在夜间最能暴露薄弱环节，那么就应该选择夜间检查值班制度的落实情况和值班人员在岗情况。防火干部管理范围广、部门数量多，科学地安排好防火检查时间，将会大大地提高工作效率，收到事半功倍的效果。

四、要坚持原则，注意原则性和灵活性相结合、检查与指导相结合

在检查过程中，对于重大问题要敢于坚持原则，但在具体方法上要有一定的灵活性，做到严得合理，宽得得当；检查要与指导相结合，检查不仅要能发现问题，更重要的是解决问题，应提出解决问题的办法和防止问题再发生的措施。

五、要注重效果，不走过场

消防安全检查是一项综合性的管理活动，是实施消防安全管理的最具体、最生动、最直接、最有效的形式之一，所以必须严肃认

真、尊重科学、脚踏实地、注重效果，切不可图形式、走过场，只图检查的次数，不图问题解决的多少。检查一次就应有一次的效果，就应解决一定的问题，就应对某一方面的工作有一个大的推动。但也不应有靠一两次大检查就可以一劳永逸的思想。要根据本单位的发展情况和季节天气的变化情况，有重点地定期组织检查。但平时也要随时进行检查，不要使问题久拖不决，以致酿成火灾。

六、要注意检查通常易被人们忽略的火灾隐患

如寻找易燃物品储存不当之处和易燃废物的处置；检查需要设“严禁吸烟”标志的地方是否有这种醒目的标志，在“严禁吸烟”的区域内是否有烟蒂；爆炸危险场所的电气设备、线路、开关等是否符合防爆等级要求，以及防静电和防雷的接地问题等；寻找锁着或被阻塞的出口，查看疏散通道是否阻塞或标志是否合适；灭火器的质量、数量以及与被保护的场所和物品是否相适应等。

第二节　火灾隐患的整改

250. 什么是火灾隐患?

火灾隐患是指违反消防法律法规，有可能造成火灾危害的隐藏的祸患，其含义包括以下三个方面：

第一，增加了发生火灾的危险性。如违反规定储存、使用、运输易燃易爆危险品；违反规定用火、用电、用气、明火作业等。

第二，一旦发生火灾，会增加对人身、财产的危害。如建筑防火分隔、建筑结构防火、防烟排烟设施等随意改变，失去应有的作用；建筑物内部装修、装饰违反规定，使用易燃材料等；建筑物的安全出口、疏散通道堵塞，不能畅通无阻；消防设施、器材损坏无效。

第三，一旦发生火灾，会严重影响灭火救援行动。如缺少消防水源，消防车通道堵塞，消火栓、水泵接合器、消防电梯等不能使用或者不能正常运行等。

火灾隐患绝大多数是因为违反消防法规和消防技术标准造成

的。所以，确定一个不安全因素是否是火灾隐患，不仅要在消防行政法律上有依据，而且还应在消防技术上有标准，应当根据实际情况，全面细致地检查，实事求是地分析确定，并注意区分一般工作问题和火灾隐患的界限。消防工作中存在的问题包括的范围很广，一般是指思想上、组织上、制度上、措施上和包括火灾隐患在内的所有影响消防工作的问题，火灾隐患只是直接造成火灾和火灾危害的那部分问题。因此要正确区别火灾隐患与一般工作问题。

251. 如何认定火灾隐患?

能够准确地认定火灾隐患，是保安消防检查员必须具备的素质。如果不能准确地认定火灾隐患，而道听途说，人云亦云，就会误人误事，更不能正确帮助单位整改隐患。认定火灾隐患在消防检查业务中占有非常重要的地位，是消防检查工作的根本所在。

但是能正确区分一般火灾隐患和重大火灾隐患也是不容易的，目前国家还没有易于直接衡量、区别“一般”和“重大”的界限规定，尤其是临近这两类之间的就更难以区分。目前认定火灾隐患有定性法和定量法两种方法。定量法是近年有些科研、消防专业技术人员综合分析使用的分类方法。

定性法认定火灾隐患，就是按照火灾隐患的含义，并依据有关消防法律、法规、规章和技术规范的有关规定，对检查对象进行对照检查，看是否有构成火灾隐患的各种不安全因素，是否有违反规定的现象，然后对检查出的不安全因素进行分析，看其引发火灾的可能性大小或影响火灾扑救、人员疏散的程度大小，确定是一般隐患还是重大隐患。虽然构成火灾隐患的不安全因素在表现形式上是多种多样的，不同单位、不同行业也存在很大差异，但概括起来不外乎以下六个方面。

一、物质的性质和数量

物质是燃烧三要素中第一个要素，一般地讲如果物质是非可燃物，那么它存在的场所就不会有着火的危险，也就不会存在火灾隐患。因此要认定火灾隐患，首先要知道该场所储存、加工生产或使用的物质的火灾危险性。如检查一家工厂，首先必须弄清该厂使用的原材料及生产成品的危险性（如闪点、燃点、自燃点、爆炸极限、蒸汽相对密度等）。例如，在易产生易燃、可燃气体的车间里必须加强通风，但通风口开在什么位置与气体的相对密度有关，比空气轻的气体开口应在厂房顶部，比空气重的气体开口应在地面外墙上。如果不知道车间内易燃、可燃气体的相对密度，也就无法判断开口位置是否正确。在爆炸危险场所应采用防爆电气设备，但如果不了解气体的自燃点和安全火花间隙，也就无法判断防爆电气设备的选型是否正确。又如，对于危险化学品的储存、运输，按有关危险化学品管理规定，性质不同或相互抵触（接触时能反应，甚至着火或爆炸）或灭火方法不同的物质，不能混存、混运，如果有混存、混运现象，就是火灾隐患。至于哪些物质接触时能发生反应或能着火爆炸，哪些物质的灭火方法不同，就要求消防检查人员了解、掌握各类危险化学物品的基本性质和危险化学品安全管理的有关知识。

分析火灾危险性，认定火灾隐患时，除考虑物质的性质外，还要考虑物质的量。同种物质由于量的多少不同，其危险性或火灾危害后果也不同。量多可能构成火灾隐患，而量少的就构不成火灾隐患。例如，储存危险化学品，如果性质相抵触的物品有同库混存现象，就是火灾隐患。但对化学实验室所用的少量危险化学品，要求分库存放是不现实的。这种场合同库存放时，只要能做到各品种分别存放在密闭小容器内分格、分堆，就不能算作火灾隐患。又如，一个仓库或堆场按规定只能储存20吨物资（可燃性的），而实际上却存有30吨，为严重超存。因为消防设施、水源是按20吨设计的，即使消防设施、水源完全符合要求，也是一种火灾隐患。再如，一个化工厂生产设备发生可燃气体（或液体）泄漏，要检修必须停产，但厂方考虑到效益问题不想停产，而打算维持现状，拖到大修时再解决。如果泄漏量很小，通风也很好，厂房内可燃气体的浓度一般达不到爆炸下限。厂房内的电气安装完全符合要求，火源管理又很严格，那么作为一般火灾隐患对待，待大修时解决是可以的。然而如果泄漏量较大，或泄漏量虽不很大但通风不良，厂房内可燃气体的浓度达到爆炸下限的可能性很大，就应认定为重大火灾隐患，应限期停产整改。

二、人的因素

在许多情况下，人的因素往往是造成火灾事故的主要因素。人的因素包括人的行为和人的素质。人的行为往往又是由人的素质决定的。人的素质包括人的文化素质、身体素质、反应灵敏度和工作责任心。一个文化素质高又经过专门训练的人与一个文化素质不高或没受过专门训练的人相比，在同样的岗位上，前者比后者出现误操作的几率要少得多，处理紧急事故的能力要强得多。对于具有同样文化素质，受过专业训练的人，如果身体素质不好或反应迟缓，虽然知道如何处理紧急事故，但由于身体不好，力不从心，或反应迟缓，也会因贻误战机，使事故扩大。纪律松懈、工作责任心不强的人，由于其不愿接受纪律和规章制度的约束，在行为上违反规章制度或操作规程的现象就会增多，从而导致火灾事故的可能性也会增大。人的行为和素质因素除了当场询问、检验外，还可以从以下几方面反映：

（一）单位执行国家和地方消防法律、法规和规章，以及内部的消防安全制度情况。根据国家有关法律、法规和规章，企事业单位必须建立有领导负责的逐级防火责任制。单位的行政主管要全面负责本单位的消防安全工作，并在各级行政领导中确立一名防火负责人，做到消防工作层层有人抓。如果逐级防火责任制不落实，单位的消防工作就会没人管，全员消防安全意识和消防法制观念就会淡薄，就会影响到人的行为，致使违反消防安全规定、制度的人增多。所以，也属于一种火灾隐患。

（二）消防安全知识教育和宣传情况。如果一个单位不进行经常性的消防知识的宣传和教育工作，特别是危险岗位上的职工上岗前不进行专门培训，职工的防火意识就差，灭火、逃生的技能也差，紧急情况下就会束手无策。也就是说，消防安全知识教育、宣传，特别是结合本单位实际需要的消防安全知识内容的教育、宣传，直接影响人员的素质。

（三）消防组织的建立和职责落实情况。企业专职消防队或义务消防队是扑救初起火灾的主要力量，如果没有相应的组织，或虽然有组织但平时不训练，分工不明确，责任不落实，遇到火灾就冲不上去，小火可能酿成大火，所以这也是火灾隐患。

三、生产工艺条件和设备因素

决定工业生产火灾危险性大小的两大因素，一是物质（原料、产品）本身的性质，二是生产工艺条件。与常温常压相比，高温高压生产过程的火灾危险性更大。因而，防火安全要求就高得多，就应当有相应的技术和措施作保障。例如，超压超温报警、可燃物料泄漏报警、远距离操作阀、自动联锁保护、安全阀、防爆膜、阻火器、安全水封等。没有这些保护措施和相应的安全附件，或虽有但起不到应有的作用或不全，都是火灾隐患。

四、火源、热源、电源因素

火源、热源、电源都有可能成为着火源。着火源是燃烧的三要素之一。由于日常生产生活中可燃物和空气常常是不能也无须消除的，所以加强对着火源的管理和控制，对于防止火灾发生特别重要。例如，棉花加工、纺织生产中，棉花（或棉纱）是必须用的原料或产品，在生产或储存中又不可能隔绝空气，所以要避免火灾发生，只有控制好着火源，才是既需做到又易做到的防火措施。因此，在消防检查、认定火灾隐患时，应认真、细致地检查、分析这三源的情况。不论哪方面存在问题，都可认定为火灾隐患。

（一）火源管理不严。包括禁火区内无禁火标志；在禁火区内动火检修无动火审批手续和防范措施；进入禁火区的机动车辆不戴防火帽；时常有违章吸烟现象；明火和散发火花地点距易燃易爆生产装置、设备的防火间距不足，又没有防范措施等。

（二）电源管理不严、电气安装不规范。电源管理不严，包括电源管理制度执行不严，有违章用电或乱拉乱接电线现象；线路有超载、老化或接触不良现象。电气安装不规范，包括爆炸危险场所的电气设备、照明的选型布线达不到防爆规定要求；不按规定设置静电接地或避雷装置，或虽已设置但已失效，或达不到标准要求等。

（三）热源管理不善。包括高温高压蒸汽管线（或设备）在穿过或靠近可燃物处无隔热保护措施；烘干（烤）设备、取暖设备周围堆放有可燃物；受热受潮易发生分解、自燃或爆炸的物质通风散热不良；易燃液体露天存放，夏季无冷却措施等。

五、建筑结构、平面布局方面的因素

建筑耐火等级、结构形式、平面布局如果不合理，会严重影响火灾的扑救和人员的疏散。例如，在耐火等级为三级的库房内储存大量的甲、乙类化学物品；一个建筑面积七八千平方米的大型商场没有防火分区，左右、上下连通；宾馆、饭店或影剧院的安全疏散门被堵死，通道被占用；易燃易爆生产或储存单位内部三区（生产、储存、生活办公）不分，或紧靠公共建筑和居民区；大型商场、高层建筑与周围建筑毗连，没有防火间距和消防通道等。以上几种情况一旦发生火灾，若扑救不及时，火势会迅速蔓延，造成巨大的经济损失或人员伤亡，所以都是火灾隐患。

六、消防设施、器材、水源因素

消防设施、器材、水源对于扑救火灾是必不可少的。如果一个单位、一个场所不按要求设置相应的消防设施、器材和水源或尽管设置了但维护不良，一旦发生火灾，就不能及时地扑救，从而使火灾扩大。近几年来，我国发生的一些特大火灾之所以损失巨大、伤亡惨重、扑救困难，有相当一部分就是由于消防设施不配套或消防设施维护不良，急用时不能马上使用，或消防水源不足造成。因此，消防检查时，必须把消防设施、器材、水源作为一项重要内容进行全面、细致的检查：一看是否按有关规定设置；二看维护情况如何。不按规定设置或维护不良，都属于火灾隐患。

在消防检查时，通过以上六个方面的检查分析，就可以初步确定某个单位是否存在火灾隐患，至于是一般火灾隐患还是重大火灾隐患，应该综合检查发现的各种不安全因素，分析引发火灾的可能性及其危害程度，如果经分析判断存在的不安全因素引发火灾的可能性很大，而且一旦发生火灾将可能造成经济损失大或人员伤亡多或社会影响大的后果，就可以定为重大火灾隐患。相反，就是一般火灾隐患。

252. 火灾隐患的整改原则是什么？

整改火灾隐患是一项较为复杂的系统工程，既要考虑到安全，又要考虑到生产；既要考虑到可靠，又要考虑到经济；既要考虑到人的因素，又要考虑到物的因素；既要考虑到眼前工作，又要考虑到长远规划；既要考虑到迅速彻底，又要考虑到企业的实力等。因此，正确的方案应该是安全与经济的统一、安全与生产的统一、时间与实力的统一、形式与效果的统一，并坚持隐患查不清不放过、整改措施不落实不放过、不彻底整改不放过的原则。

253. 火灾隐患的整改方法有哪些？

火灾隐患整改按整改的难易程度，可以分为当场整改和限期整改两种方法。

一、当场整改

对整改起来比较简单，不需要花费较多的时间、人力、物力或财力，对生产经营活动不产生较大影响的隐患，存在隐患的单位、部位应当当场进行整改。对下列违反消防安全规定的行为，应当责成有关人员当场改正并督促落实：

（一）违章进入生产、储存易燃易爆危险物品场所的；

（二）违章使用明火作业或者在具有火灾、爆炸危险的场所吸烟、使用明火的；

（三）将安全出口上锁、遮挡，或者占用、堆放物品影响疏散通道畅通的；

（四）消火栓、灭火器材被遮挡影响使用或者被挪作他用的；

（五）常闭式防火门处于开启状态，防火卷帘下堆放物品，影响使用的；

（六）消防设施管理、值班人员和防火巡查人员脱岗的；

（七）违章关闭消防设施、切断消防电源的；

（八）其他可以当场改正的行为。

违反上述规定的情况以及当场改正的情况，应当有记录并存档备查。

二、限期整改

对过程比较复杂，涉及面广，影响生产比较大，又要花费较多时间、人力、物力或财力才能整改的隐患，应当采取限制在一定期限内进行整改的方法进行整改。对下列违反消防安全规定的行为，应当责令限期整改并督促落实：

（一）新建、改建、扩建、建筑内部装修和用途变更的工程项目，未经消防设计审核或经审核不合格，擅自开工的。

（二）新建、改建、扩建、建筑内部装修和用途变更的工程项目，未经消防验收或经验收不合格，擅自使用的。

（三）现行国家消防技术实施以前的建筑物，发现其缺少消防设计或消防设计不符合现行标准的。

（四）歌舞厅、影剧院等公共娱乐场所，宾馆、饭店、商场、集贸市场等投入使用或开业，以及举办大型集会、焰火晚会、灯会等群众性活动未经消防安全检查或经检查不合格，擅自使用或开业的。

（五）违反规定在设有车间或仓库的建筑物内设置员工集体宿舍的。

（六）违章搭建临时建筑，影响安全布局，占用防火间距，阻塞消防通道的。

（七）违章改变防火分区，防火门、防火卷帘、防火阀等防火分隔设施缺少、损坏或发生故障的。

（八）建筑内安全出口、楼梯、疏散通道被封堵、占用的。

（九）疏散指示标志缺少、损坏或标志错误，影响人员安全疏散的。

（十）水源、消火栓、灭火器材不足或损坏的。

（十一）火灾自动报警系统、自动灭火系统或防排烟设施等自动消防系统发生故障、缺损，不能正常运行的。

（十二）室外消防设施被埋压、圈占、损坏，影响使用的。

（十三）消防安全责任人不明确，消防安全制度不健全，防火检查不落实的。

（十四）电器产品、燃气用具的安装或线路、管路的敷设不符合安全技术规定，危及消防安全的。

（十五）电工、焊接工等具有火灾危险的作业人员和自动消防系统的操作人员未经培训考核持证上岗的。

（十六）单位职工缺乏消防安全基本知识，本岗位安全职责不落实的。

（十七）消防安全重点单位不履行法律规定的消防安全职责的。

（十八）其他应当责令限期改正的行为。

对不能当场改正的火灾隐患，消防工作归口管理职能部门或者专（兼）职消防管理人员应当根据本单位的管理分工，及时将存在的火灾隐患向单位的消防安全管理人或者消防安全责任人报告，提出整改方案；消防安全管理人或者消防安全责任人应当确定整改的措施、期限以及负责整改的部门、人员，并落实整改资金。

在火灾隐患未消除之前，单位应当落实防范措施，保障消防安全。不能确保消防安全，随时可能引发火灾或者一旦发生火灾将严重危及人身安全的，应当将危险部位停产或停业整改。火灾隐患整改完毕，负责整改的部门或者人员应当将整改情况记录报送消防安全责任人，或者消防安全管理人签字确认后存档备查。

对公安消防机构责令限期改正的火灾隐患，单位应当在规定的期限内改正并写出火灾隐患整改复函，报送公安消防机构。

254. 火灾隐患的整改要求有哪些？

一、抓住主要矛盾，选择最佳方案

隐患就是矛盾，一个隐患可能包含着一对或多对矛盾，整改火灾隐患必须学会抓主要矛盾的方法。通过抓主要矛盾起到纲举目张的作用，使得其他矛盾迎刃而解，使问题得到彻底解决。抓整改火灾隐患的主要矛盾，要分析影响火灾隐患整改的各种因素和条件，制订出几种整改方案，经反复研究论证，选择最经济、最有效、最快捷的方案，避免顾此失彼而造成新的火灾隐患。

二、树立价值观念

整改火灾隐患应牢固地树立价值观念，分析隐患的危险性和危害程度。如果虽有危险性，但危害程度较小，就应提出简便易行的办法，从而得到投资少、消防安全价值大的整改方案。

三、关键设备和要害部位要严字当头

对于关键性的设备和要害部位存在的火灾隐患，要严格整改措施，拟订可行方案，力求解决问题干净彻底，不留后患，从根本上确保消防安全。

四、遵守法定期限

当存在火灾隐患单位接到公安消防机构的《责令限期改正通知书》或《重大火灾隐患限期整改通知书》等法律文书后，应当迅速研究整改方案，并在规定的时间内将整改方案或整改情况报当地公安消防机构。如果单位对存在的火灾隐患确有正当理由不能在限期内整改完毕的，单位可在整改期限届满前向公安消防机构提出书面延期申请，由公安消防机构审查后，作出是否同意延期的决定。对接到整改通知书后置之不理或拖延不改的，由公安消防机构根据有关规定予以消防行政处罚。整改的期限按以下规定确定：

（一）安全疏散设施未达到要求，不需要改动建筑结构的，责令其在10日内整改完毕。

（二）安全疏散设施未达到要求，需要改动建筑结构的，责令其在1个月内整改完毕。

（三）需要增设疏散楼梯，工程规模较大的，责令其在1年内整改完毕。

（四）设置的自动灭火系统、火灾自动报警系统存在盲区的，应根据实际情况确定整改期限，最长不超过3个月。

（五）应当设置自动灭火系统、火灾自动报警系统而未设置的，应责令其在1年内整改完毕。

对于建筑布局、消防通道、水源等方面的火灾隐患，应从长计议，纳入企业改造和建设规划中加以解决。当本单位无力解决时，应取得当地公安消防机构和上级主管部门的支持，提请有关部门纳入城镇建设规划，逐步加以解决。对于一些久拖不决的重大火灾隐患，可报请当地政府协调、督促解决。在问题未解决之前，应采取必要的临时性防范补救措施。

第三节 社区居民住宅防火

255. 社区消防工作职责有哪些?

第一，对居民进行防火宣传，负责对小区消防设施、器材的检查和维护保养。

第二，指导小区义务消防队、楼组消防志愿者和居民小组消防安全员开展防火检查工作，建立健全小区防火安全网络。

第三，掌握小区内残疾人、孤寡老人、精神病患者等弱势群体的基本情况，落实监护人员和具体监护措施。

第四，定期开展消防业务培训，提高小区居民群众的消防意识。

第五，制定小区灭火应急疏散预案，组织居民开展灭火、逃生演练。

第六，对日常防火检查中发现的火灾隐患进行跟踪整改，并将情况信息及时反馈给有关部门。

第七，结合小区精神文明建设，因地制宜地开展各项消防安全宣传活动。

第八，建立健全消防工作制度，经常检查其落实情况。消防工作制度主要包括：消防工作例会制度；火灾隐患跟踪整改制度；消防工作信息反馈制度；消防设施管理制度；消防安全宣传教育制度；消防安全检查制度；消防安全奖惩制度。

256. 社区居民住宅防火的重点是什么?

居民住宅楼的防火重点是通道、电气线路及设备、燃气燃具、火种管理、易燃易爆物品的储存及使用、居民家庭内装修等情况，同时要加强对外来民工和弱势人群的管理。具体有以下几个方面：

一、消防通道畅通情况

（一）高层住宅电梯、疏散楼梯及前室的防火门和疏散指示标志、火灾应急照明应保持正常、完好。

（二）楼梯、公共走道应保持畅通。对擅自占用或封堵公共走道和楼梯的要予以拆除，恢复原状；堆放物品造成通道堵塞、出口遮挡的要及时清理。

二、电气线路及设备

（一）电气线路布线、接线要合理、规范，老化线路要及时更换，并控制用电负载，防止超负荷运转。

（二）居民要安全使用家用电器设备。

三、燃气燃具

（一）要定期对燃具、管道、阀门进行安全检查，防止燃气泄漏。

（二）要保证燃具设置部位通风良好，废气排放正常，防止人员中毒窒息。

（三）要安全使用燃气，使用后要及时关闭气源开关。

四、火种管理

（一）烧饭、做菜时要有人员看守。

（二）要加强对烟蒂、蚊香、蜡烛、香火、煤油炉等明火源的管理。杜绝随意焚烧垃圾、废弃物品。

（三）供祭奠用的花圈不宜集中存放或随意放置在公共部位，防止因烟蒂或其他明火引起火灾。

五、易燃易爆物品储存

（一）高层居民住宅严禁使用液化石油气钢瓶。

（二）机动车用油要集中管理，定点储存，专人看管。禁止居民家中用塑料桶存放汽油。

六、居民家庭内装修

（一）要加强对装修过程中使用的油漆及调和剂等物品和作业时民工吸烟的安全管理。

（二）要加强对施工现场的用电、用火的管理，不得乱拉乱接电线和使用电炉、热得快、电水壶等。

（三）要加强对民工临时使用燃气的管理，尤其是冬季，要防止因缺氧或废气排放在室内而中毒死亡。

（四）进行电焊作业前要对可燃物进行清理，并落实防范措施。

257. 社区居民住宅防火的措施有哪些？

第一，居民住宅的物业管理部门应对公共部位进行检查，确保安全出口、疏散楼梯间及前室等疏散通道保持畅通；对消防设施加强日常维护保养工作，高层住宅的消防泵每月进行一次出水检查，居民住宅区的室外消火栓要定期进行油漆。

第二，街道、居委会应当加强对独居老人、长期卧床不起者、精神病患者、低能弱智者等弱势群体的监护，落实监护责任人和具体监护措施。

第三，房屋租赁要贯彻“谁出租、谁负责”、“谁使用、谁负责”的原则。居民住宅出租房不得用作存储可燃、易燃物品的仓库，尤其是烟花爆竹、打火机等易燃易爆物品仓库，不得开设旅馆和浴室。

第四，租赁居民住宅作为办公用房的单位不得侵占、堵塞公共部位。

第五，要加强对拾荒的居民家庭和外来民工居住地的检查和监管。

第六，要教育居民加强对存放在敞开式阳台、平台、房顶的可燃物品的清理和管理工作，防止因燃放烟花爆竹不慎引发火灾。

第七，要加强对居民住宅区违章搭建的检查，防止侵占消防车通道。

第八，对火灾隐患严重的老式居民住宅楼已经安装逃生绳、简易水喷淋等消防装置的，应保证装置的完好有效并组织相关人员进行演练、操作。对电气线路、公用灶间、楼梯通道、燃气使用、疏散指示牌等方面，应积极消除火灾隐患，提高居民自防自救逃生能力。

第九，居（村）委、物业管理单位应制定消防安全制度，落实消防安全责任，认真履行消防宣传防火检查的工作职责，积极向居民住户提倡配置一具灭火器、一根逃生绳、一只手电筒、一本防火手册，以提高火灾情况下逃生自救能力。

第四节　学生宿舍防火

258. 学生宿舍防火的重点是什么？

由于学生的消防意识淡薄，一旦发生火灾，人员集中，疏散困难，容易造成伤亡事故。因此，在对此类场所进行检查时，应突出安全疏散、电气线路及设备、火种管理和消防设施等内容。

259. 安全疏散方面有哪些具体要求？

第一，疏散走道，消防前室、防烟楼梯间严禁占用、阻塞和堆物，应保持畅通。疏散出口门应向外开启，不得设置门槛、台阶，严禁上锁。

第二，公共部位疏散指示、安全出口标志清楚，位置合理；疏散走道的指示标志宜设在走道及其转角处距地面 1 米以下的墙面上，间距不应大于 20 米。安全出口标志设在出口的顶部。

第三，楼梯间和疏散走道设置的应急照明灯位置合理，照度应符合要求。

第四，应按规定组织消防应急疏散预案的演练。

260. 对电气线路及设备有哪些防火安全要求？

第一，电气线路布线、接线要合理、规范，严禁乱接乱拉电线，老化线路要及时更换，并控制用电负荷，防止超负荷运转。

第二，宿舍内要安全使用电器设备，严禁使用电热水壶、热得快、电炉、电热器等电加热设备。

261. 对火种管理有哪些防火安全要求？

第一，要加强对烟蒂、蚊香、蜡烛、煤油炉等明火源的管理，宿舍内严禁使用煤油炉。

第二，禁烟区域应合理设置禁烟标志，严禁吸游烟。

第五节　宾馆、饭店防火

262. 宾馆、饭店防火重点是什么?

宾馆、饭店人员集中，流动性大，用火用电量大，防火安全方面要突出安全疏散、危险源控制、烟气控制、火种管理及消防设施等内容。

263. 安全疏散方面有哪些具体要求?

第一，疏散走道，消防前室、防烟楼梯间严禁占用、阻塞和堆物，应保持畅通。疏散出口门应向外开启，不得设置门槛、台阶，营业期间严禁上锁。

第二，公共部位疏散指示、安全出口标志清楚，位置合理；疏散走道的指示标志宜设在走道及其转角处距地面 1 米以下的墙面上，间距不应大于 20 米。安全出口标志设在出口的顶部。

第三，楼梯间和疏散走道设置的应急照明灯位置合理，照度应符合要求。

第四，客房内应配备应急疏散指示图、防烟面具和应急手电筒。

第五，消防应急广播的强制切换功能完好，接待外宾的宾馆、饭店应当事先准备好引导客人疏散的外语广播。

第六，应按规定组织消防应急疏散预案的演练。

264. 危险源控制有哪些具体要求?

一、管道燃气使用

应检查进户管总阀门的完好情况，管理责任的落实情况；竖向主管道进入各层面分管处的阀门完好情况，管理责任的落实情况；厨房管道总阀门、各灶具阀门的完好情况，使用管理责任人的落实情况。

二、液化石油气使用

液化石油气的使用应符合有关液化气使用安全的要求。还应检查使用和储存的消防安全管理制度及责任人落实情况和禁止使用燃气的车辆停放地下车库的措施落实情况。

三、厨房管道油污、洗衣房管道尘埃清洗

应检查厨房油烟管道内的油污以及洗衣房通风管道内的纤维等尘埃清理情况，以及每半年不少于一次清理制度的落实情况。

四、易燃、可燃液体（固体）使用

应检查易燃、可燃液体（香蕉水、酒精、汽油、油漆、割草机油等）和固体（樟脑丸、火柴等）的安全管理状况及管理措施、责任人落实情况。

五、烟气控制

（一）各竖向管道井内应进行防火封堵，防止火灾上下蔓延。

（二）玻璃幕墙建筑在每层楼板与玻璃的连接处的防火封堵应符合规范要求，采用与楼板相同耐火等级的材料。

（三）客房设置吊顶的，应加强横向孔洞缝隙的检查，防止烟气水平蔓延。

（四）建筑的防排烟设施应保持完好。

265. 明火管理有哪些具体要求?

第一，客房内应配有禁止卧床吸烟的标志。

第二，禁烟区域应合理设置禁烟标志，严禁吸烟。

第三，餐厅、客房等清洁时，应将烟蒂与其他物品分开。

第四，餐厅使用蜡烛时，应将蜡烛固定在不燃材料制作的基座上；使用酒精加热炉时，应与可燃物保持安全距离。

第五，厨房应落实油锅管理制度和停用后气源阀门关闭确认制度，工作结束应及时切断气源。

此外，还应对宾馆、饭店消防设施的完好有效情况实施检查。

第六节 公共娱乐场所防火

266. 公共娱乐场所防火重点是什么?

公共娱乐场所是指下列室内场所：影剧院、录像厅、礼堂等演出、放映场所；舞厅、卡拉 OK 厅等歌舞娱乐场所；具有娱乐功能的夜总会、音乐茶座和餐饮场所；游艺、游乐场所；保龄球馆、旱冰场、桑拿浴室、酒吧等营业性健身、休闲场所。

由于公共娱乐场所人员比较密集，一旦发生火灾，容易造成群死群伤火灾事故。因此，此类场所的检查应抓住设置部位、安全疏散、逃生自救措施和消防安全管理等重点内容。

267. 公共娱乐场所设置地点有哪些要求?

第一，不应设在古建筑、博物馆、图书馆建筑内，不宜设置在砖木结构、木结构或未经防火处理的钢结构等耐火等级低于二级的建筑内。

第二，不应在居民住宅楼内改建公共娱乐场所。

第三，不得毗连重要仓库或危险物品仓库。

第四，不应设在地下二层及二层以下。

第五，不应设在袋形走道的两侧或尽端（保龄球馆、旱冰场除外）。

268. 安全疏散方面有哪些具体要求?

第一，安全出口处不得设门槛，疏散门应采用推闩门并向疏散方向开启，不得采用卷帘门、转门、吊门和侧拉门，门口不得设门帘、屏风等影响疏散的遮挡物。走道不应设台阶。

第二，营业时必须确保安全出口和疏散通道畅通无阻，严禁将安全出口上锁、阻塞或用其他物品缠绕，影响开启。

第三，营业时，场所内所容纳的最大人数不应超过核定的最大人数，即：录像厅、放映厅人数应根据该场所（指独立的一个厅、室）的建筑面积按1.0人/平方米计算，其他场所（保龄球馆、旱冰场除外）的人数应根据该场所（指独立的一个厅、室）的建筑面积按0.5人/平方米计算。

第四，安全出口、疏散通道上应设置符合标准的灯光疏散指示标志。疏散走道、营业场所内应设应急照明灯，照明供电时间符合标准。

269. 对逃生自救措施有哪些具体要求?

第一，每间包房内应配备应急照明灯或应急手电筒，每名顾客配备一块湿手（毛）巾，应在每间包房门的背后或靠近门口的醒目位置及公共走道交叉处设置疏散导向图。

第二，无火灾报警、自动喷水灭火、排烟设施的多层建筑，应在二层以上的每个外窗口处安装固定式逃生绳（配手套）。

第三，卡拉OK厅及其包房内应设置声音或视像警报，保证在火灾发生初期，将各卡拉OK房间的画面、音响消除，播送火灾警报，引导人们安全疏散。

270. 消防安全管理方面有哪些具体要求?

第一，严禁带入和存放易燃易爆物品。在地下的公共娱乐场所严禁使用液化石油气。

第二，严禁在公共娱乐场所营业时进行设备检修、电气焊、油漆粉刷等施工、维修作业。

第三，不得封闭或封堵建筑物的外窗。因噪声污染影响居民等特殊原因确需封堵的，应采用可开启式，并安装自动喷水灭火装置、增设机械排烟设施等予以弥补。

第四，电气线路不得乱拉乱接，严禁超负荷使用。

第五，演出、放映场所的观众厅内禁止吸烟和明火照明。

第六，废纸篓不得采用塑料制品，应采用不燃材料制品。烟蒂要倒入金属垃圾桶内。

第七，使用燃气的场所应按有关规范和规定，安装可燃气体浓度报警装置，规模较大的应安装气源自动切断装置。

第八，疏散走道应采用不燃材料装修，营业场所内顶棚、墙面、地面的装修材料不应采用化纤织物等易燃材料。

第九，应按消防规范要求设置消防设施和灭火器材，并保证完好有效。

第七节　集贸市场、批发市场和商场防火

271. 集贸市场、批发市场和商场防火重点是什么?

集贸市场、批发市场和商场的消防安全，要在了解经营场所、物品等基本情况的基础上，抓住场所、安全出口、消防设施、电气

线路、火源、物品和人员管理等重点开展工作。

272. 集贸市场、批发市场和商场防火的基本要求是什么？

第一，集贸市场、批发市场和商场底层直通室外的安全出口处不宜设置卷帘门，当必须设置卷帘门时，应在卷帘门旁设置一扇向外开启的平开门；小型商业用房可采用镂空卷帘。市场应设置火灾时用于排烟的设施。

第二，设在商场内的儿童活动场所应设在建筑物的首层或二三层，并设置单独出入口。

第三，地下商场不宜设在地下三层及三层以下，集贸市场、批发市场和地下商场不应经营和储存属性为易燃易爆化学危险品的商品。

第四，化学危险品商场附设仓库内不得设置办公室、休息室；存有化学危险品实样的经营场所和附设仓库内，严禁住人。

第五，室外集贸、批发市场在高压线下两侧5米以内，不得摆摊设点。

第六，集贸市场、批发市场和商场要按商品的种类和火灾危险性，划分若干区域，区域之间保持相应的安全疏散通道。

273. 对安全出口有哪些具体要求？

第一，在夜间有人值班的集贸市场、批发市场和商场，门、窗等应急逃生出口不应少于2个，并应设置在不同方向。疏散走道、安全出口处应设应急照明及疏散指示标志灯。

第二，夜间有人值班的市场、商场，防盗门、窗应安装成便于从内部拆卸的形式。

第三，设有卷帘门的市场、商场，夜间有人值班时，在卷帘门关闭后应从房内将钥匙留置于锁孔内，以利于紧急情况下逃生。

第四，出入口、安全门不应设置门槛，紧靠门口1.4米范围内不应设置踏步和障碍物；疏散门应向疏散方向开启。

274. 对消防设施有哪些具体要求？

第一，市场、商场应配置足够的干粉灭火器，应设置在明显和便于取用的地点，并明确专人管理，保证正常好用。任何人不得将公共消火栓圈入摊位内。

第二，市场、商场内的消防设施应对其完好有效情况实施检查。

275. 对电气设备有哪些具体要求?

第一，市场、商场内的电气线路和用电设备，必须符合国家有关电气设计、安装规范的要求；市场、商场内经营者使用的电气线路和用电设备必须统一由主办单位委托具有资格的施工单位和持有合格证的电工负责安装、检查和维修。

第二，严禁擅自拉设临时线路。

第三，市场内的电源开关、插座等，应当安装在封闭式的配电箱内，配电箱应当用不燃材料制作。室外市场不应设置碘钨灯等高温照明灯具。

第四，化学危险品商场的经营场所和附设仓库的电气线路应采用绝缘电线穿管敷设，电气设备必须是符合国家现行标准的产品，且应为防爆型。

276. 对火源管理有哪些具体要求?

第一，市场、商场严禁使用明火，禁止使用液化石油气，禁止吸烟。

第二，市场、商场内禁止使用电加热器、电炉等大功率电器，如作为商品展示临时使用时，应与货架保持一定的安全距离。

第三，附设仓库内不得设置采暖设施。

277. 对物品管理有哪些具体要求?

第一，附设仓库（应经公安消防机构验收合格）与堆货区按仓库防火要求执行，储存量不允许超过公安机关核定的最大允许量。

第二，化学危险品经营商场只能存放民用小包装的易燃易爆化学物品。经营场所最多可放置甲、乙类物品200公斤，经营场所内的化学危险品应分类、分项摆放。

易燃液体的经营场所应设置防止液体流散的设施，遇湿易燃品的经营场所应设防水、防潮等安全措施。

278. 对人员管理有哪些具体要求?

市场、商场内禁止“三合一”现象。必须将值班的，住宿床位与商业部位应采取有效的防火分隔措施，值班住宿人数不得超过有关规定。化学危险品商店的从业人员必须经消防安全培训后持证上岗。

第十一章　常见犯罪案件的预防

第一节　住宅防盗

279. 一般住宅的防盗方法有哪些?

第一，外出时或临睡前，一定要检查门窗并上锁。

第二，贵重物品不可放置明显处，应妥善收藏。同时，如有可能，应做暗号，或将物品的特征、型号记下，或者拍照存证。

第三，家中如有防盗设备，就应充分利用，并经常检修。

第四，装门窗防盗装置，花费不多，但却非常有用。

第五，出门或远行时，布置成像有人在家的模样，避免被陌生人知道家中确实无人。

第六，被盗后，不可因价值小或无信心追回而不报案。因为不报案有可能助长窃贼的嚣张气焰，警方也无从下手破案。

第七，公共照明或报警设备如有损毁故障，应立即报请修复。

第八，如装有铁门铁窗，须考虑危难时逃避方便，所以应预留逃生的孔道。逃生孔道的钢材要粗厚，装饰要由内而外　并且不要留有空隙。

280. 公寓与宿舍的防盗方法有哪些?

第一，房舍门窗除采光通风所需外，应尽量少设少开，以增加行窃上的难度。

第二，应多与邻居交往，彼此守望相助，减少被盗的可能。

第三，公寓楼梯通往屋顶阳台的门，以及楼梯间的“三不管”地带，常为窃贼来去的地方，应派人员管理或定时巡查。

第四，住宅附近如有陌生人打转，行迹诡异，或有不明来路的车辆停放，需提高警惕。

第五，送货服务、家庭修缮人员按门铃或敲门时，应确定来人身份，不可随便放入，进入屋后，最好亲自陪同检修。

第六，大门应装“眼孔”和“门键”，以便开门前可辨别来人，以免敞开大门，使外人有观察屋里陈设的机会。

第七，凡遇有外人按错门铃的现象时，必须提高警惕，这可能是窃贼投石问路，探查环境的方式。

第八，电话常是窃贼打探的工具，故尽量避免让陌生人知道，接获不明电话时，也不可透露家里情形，以免窃贼有机可乘。

第九，新建的社区或住宅大厦，左右邻居稀少，相识不多。除非必要，不必急于搬入，待一切安排妥当后，再行搬入。

第十，房子改租他人时，应更换门锁和防窃设备，并记下先前房客家人的有关资料，租用他人房子时，上述方法也很重要。

第十一，平时随身携带的钥匙不可乱丢，以免他人有意仿造，其后果不堪设想。

第十二，好锁是值得购买的，因为它使小偷花费更多的时间和精力，一方面能使小偷心理受到打击，另一方面也能增加小偷被抓的可能。

第十三，活动的扶梯不可随便放在屋外，如无法收藏在屋内，也一定要上锁。

第十四，通风口要尽量做得小，并加装铁条，以免小偷由此爬入作案；楼上排水管的装设也要做得不让小偷有攀爬的立足点。

281. 独门独院住宅的防盗方法有哪些?

第一，聘用家政人员时，要充分了解他们的背景。离职时，尽可能更换门锁。受聘几天就借故离职的，极可能是窃贼的同伙，不能不防。

第二，衣着奢华、高级住宅、名牌轿车都是窃贼的目标，因此，切忌过分炫耀。

第三，家中的防盗设备及装置，应请防盗专家或信用可靠的保安公司加以鉴定和改进。

第四，独门大宅因其面积较大、不易照顾，可以养一只训练过的看门狗。

第五，使用自动电话答录机时，切忌在留言中说出自己何时回来，以免窃贼有下手的机会。

第六，在花园里种植花草树木时，如无特殊目的，不宜选择繁杂隐秘的植物。花园设计也应减少视线死角；应避免将乔木种在墙边。

第七，大门之内、主屋之外，入夜应打开照明设备。

第八，姓名不要标在信箱或门上，以免窃贼借此查得电话，打探虚实。

第九，屋里无人，或人到后院时，一定要注意前门是否上锁，以免歹徒趁机潜入。

282. 平常外出时住宅的防盗方法有哪些?

第一，全家出门时，避免全体在外乘车，让人知道是全家外出。

第二，平时全家外出而家中无人时，白天可打开收音机，晚间打开电灯。收音机和电灯若配合定时开关，时开时关，则效果更佳。

第三，避免一家人共用一把钥匙，或将钥匙藏在门框上、花盆下，一旦被窃贼发现，后果不堪设想。

第四，拉上窗帘，用以防止窃贼窥视屋内情景。

第五，不可轻易透露外出消息，不经意地泄露给交往不深的人，也会酿成盗案。

第六，车库要关闭，打开的车库而又没有车辆，就是告诉小偷家中没人。

第七，外出时，家人可互相配合调整，尽量不要常常没人在家。

第八，请邻居、守望相助的人员代为关照。

第九，外出时将报警系统与守望相助岗亭相连接。

283. 长期外出时住宅的防盗方法有哪些?

第一，举家远游，切忌在门上张贴“主人外出，某日回来”等字样的通告。

第二，订阅的报纸、杂志以及订购的牛奶，在远行前，须通知停送，邮件包裹则请有关人士代收。

第三，贵重物品应寄放银行保险箱，或暂时化整为零，散放在安全隐秘的地方。

第四，旅行前，将防窃设备设定妥当，并加以测试。

第五，找个可信赖的朋友，请他代为注意，或请亲朋好友暂时入住帮助看管房子且须叮咛对不明人士的询问，不必告知详细行程。

第六，窗帘拉上有助防窃，但悉数拉上则易显示无人在家的迹象。所以，选一两个无法窥视内部的窗帘不拉，以示有人在家。

第七，请邻居修剪花草，制造有人在家的假象。

第八，旅游返家的第一件事是检查有无窃贼光顾，如发现异常，不要入室，应先打“110”报警。

第二节　公共场所防盗

284. 百货商店与超级市场的防盗方法有哪些?

第一，在节假日人多拥挤时，工作人员须提高警惕。

第二，在适当的地方安装闭路电视或反光镜。

第三，收银处应设防盗警铃，按钮要装在适当的位置。

第四，要注意工作人员的品行，避免监守自盗。

第五，在明显处张贴警示标语，以防止顾客顺手牵羊。

第六，注意借与店员争吵，企图趁机下手者。

第七，加强工作人员的服务意识，避免报复性的盗窃行为发生。

第八，注意停电时的防盗措施。

第九，注意儿童的出入，他们可能被利用进行偷窃。

第十，发生突发事件时，如果有人大声争吵，谨防声东击西。

第十一，请顾客将手提包放在寄物箱内，然后进入超市购物。

第十二，易于夹带的贵重物品，尽可能以专柜销售。

第十三，由便衣人员佯装顾客在店内巡视。

第十四，关门前检查每一个角落，尤其是厕所、储藏室，以防小偷藏身，入夜行窃。

第十五，打烊时，查看门窗是否安全上锁。

第十六，打烊后，应有人值班留守。

285. 珠宝店的防盗方法有哪些？

第一，珠宝店是窃贼乐于光顾的地方，夜间应有人员留守。

第二，设置厚重的铁门及防盗系统，并注意检修。

第三，最好向信誉良好、制度健全的保险公司投保。

第四，店内职员应熟知与警察联系的方法。

第五，如果遇到成群结队的人入店选购珠宝，应预防珠宝被调包。

第六，店内钥匙最好由商店负责人自行保管。

第七，对于突发事件必须有应变的措施与能力。

第八，珠宝店打烊后，应将贵重物品藏在保险柜或其他隐秘处。

第九，应熟知贵重物品的特征，万一失窃，有助于查赃。

286. 旅馆的防盗方法有哪些？

第一，旅客的贵重物品，应点交服务台保管。

第二，房间内张贴警示标语，提醒旅客小心防窃。

第三，房间内应有良好的防窃装置。

第四，管理者应注意工作人员的操守。

第五，旅客多时，应防备有人趁机行窃，并提醒旅客注意保管好随身携带的行李。

第六，旅馆的照明设备应充足，以免小偷藏匿。

第七，柜台应时刻有人值班，不能轻易离开。

第八，注意来客的身份及行动。

第九，告知旅客要注意无故闯入自己房间或借口走错房间的人。

第十，旅客遗失房间钥匙，最好马上换锁。

第十一，旅客暂时离开房间时，应在其房间门口挂上“请勿打扰”的牌子。

第十二，钥匙应放在柜台的隐秘处，以免夜晚服务员离开时被小偷拿到。

287. 普通商店的防盗方法有哪些?

第一，柜台宜设置在适当的地方，可以清楚地观察顾客的行动。

第二，顾客众多时，谨防有人浑水摸鱼。

第三，张贴警告标语，以威慑小偷。

第四，商品要注上标记，以免引起纠纷。

第五，物品卖出应加以包装。

第六，在商品密集区成立“夜巡小组”，守望相助，以防窃贼夜间行动。

第七，设置防盗系统。

第八，当听到汽车引擎声、喇叭声或其他噪声连续不断，应提高警觉，避免窃贼利用噪声掩护盗窃。

第九，商店打烊时，应关门点数钞票，以免引起他人的不良企图。

第十，商店打烊后，若不留人守夜，应留一盏灯，表示有人在。

第十一，除营业时间外，所有贵重物品切勿放在展示橱窗。

288. 工厂的防盗方法有哪些?

第一，严格检查进出人员与车辆。

第二，休假时间，应有轮值人员留守，并注意巡视。

第三，工厂应有详细周全的防盗计划，并实施操作演习。

第四，保安人员应有防盗的专业训练。

第五，仓库应设精密的防盗系统。

第六，工厂周围应有良好的照明设备。

第七，有条件的，可以饲养警犬以帮助看守。

第八，与派出所或有关社区警务室、治安岗亭密切联系。

289. 车船上的防盗方法有哪些?

第一，上下汽车、火车、轮船时，切勿争先恐后，应特别小心随身携带的现金及贵重物品。

第二，行李箱应在箱面上加特别标记，以防他人调包。

第三，切忌在车上掏出皮包点数钞票。

第四，切忌在售票员、服务员警告“注意扒手”时，探摸自己的口袋。

第五，乘坐汽车、火车时，应特别注意身边的人，尤其是斜视窥探他人衣袋、手提包、左手拿报纸，不时用手折叠报纸，以及不停和他人互相交换眼神的人。

第六，当有人故意用手肘或膝盖碰撞你的钱袋、裤袋、皮包等部位时，应格外小心，注意他的行动。

第七，切忌将财物放在大衣袋、外衣袋、西装袋、裤袋里。

第八，太冷时，西装或外套故意挂在手上或穿着宽大衣服的人走近身旁时，应特别小心。

第九，公共汽车到站时，对堵塞车门向司机或售票员问路的人，要特别注意。

第十，女士切勿将贵重物品放在手提包的外袋里，不要戴贵重的珠宝。

第十一，对借故和你攀谈的陌生人应特别小心。

290. 火车站的防盗方法有哪些?

第一，购票时切忌将行李放在视线所不及的地方。

第二，购票时，应预先备好零钱，切忌当场取出钞票点数。

第三，购票时，应特别注意排在身后旅客的眼神和举动。

第四，候车时要随时注意其他旅客的行动，并小心自己的行李。

第五，候车时应特别小心自己所携带的贵重物品，切勿将它任意放在椅子上。

第六，候车时要特别注意成群结队且突然冲过来的人。

第七，有人故意把和你所携带类似颜色、形状的行李袋或皮包放在一起时，应特别注意，以免被人趁机调包拿走。

第八，借故与你聊天并与别人频频互换眼神的乘客，尤其是带黑眼镜以掩饰自己表情的乘客，要特别注意。

第九，要尽量避免挤进人潮汹涌的地方，如果无法避免时，在人潮中应静止不动，在有足够的空间时再行走动。同时要看好自己的行李、皮包。

第十，女士们切记皮包不离身，并将皮包夹紧在腋下。

291. 百货商店内外的防盗方法有哪些？

第一，切勿挤进人潮汹涌处看热闹，以免被窃。

第二，事先列好购物清单，如果某一家百货公司太拥挤时，则可以改到别家选购。

第三，在电梯间人群拥挤时应特别提防身边的人。

第四，最好结伴出门购物，彼此可以互相照顾。

第五，女士们宜选用双层拉链的手提包，并将金钱放在内层，外层拉链紧靠身体，以防扒窃。

292. 剧场、影院防盗方法有哪些？

第一，排队买票时，要准备零钱，切忌掏出钱包点数钞票。

第二，在剧场、影院里，切忌因闭目养神而睡着，以免被窃。

第三，注意前后左右观众的眼神与举动。

第四，看电影时，不可因过度专心而忽略身上的财物。

第五，上厕所时，手提包与衣物应随身携带。

第三节　车辆防盗

293. 自行车防盗方法有哪些？

第一，越野车与山地车较易失窃，应加易于辨认的标志或记号。因此种车辆体积不大，平时不用时，最好置于车库内。

第二，如骑车到郊外游玩、上班、外出购物或访友，应将自行车寄存或置于身旁及视线可及的地方，或锁在树干或固定物上。

第三，如无固定物可锁时，可用锁链将两辆自行车首尾交错，并排锁在一起。

294. 助动车防盗方法有哪些?

第一，助动车防窃最好的方法就是不随便将车停放在外面，因为，有的窃贼常以小型货车将助动车整辆搬走。

第二，助动车如停放在外，最好多重加锁（即前、后轮和把手均上锁）。锁头复杂且为合金制成的锁较好。忌使用链锁，因链锁结合力较差，窃贼可以用大力钳破坏其中环节。

第三，助动车在外停放好后，应左顾右盼，注意附近是否有人窥视。

第四，不要因为停放时间短暂，而忽视停靠地点及是否上锁。最好能内锁油门，切断电路，以防车子被窃贼开走。

第五，上班或出门在外，应尽量将车寄存在停车场，以减少车辆被窃的可能。

295. 汽车防盗方法有哪些?

第一，锁住方向盘、离合器及刹车等，汽车最不容易被偷走。如有可能，车主最好能装上这样的锁。

第二，如无车库，最好加装防窃设备，这对窃贼具有阻吓作用。而防窃设备应装在不易被发觉的地方。线路应通过车身的夹层部位不易被发觉，同时也可防止被窃贼割断。

第三，汽车门的卡扣宜使用圆形或光滑的，使窃贼不易由门外以细小钢丝钩开车门。

第四，最好于车内隐秘处另行装设电源暗锁，防止他人将车开走。

第五，如停车较久，应将车内重要组件取下，以增加窃贼偷窃的难度。

第六，路边停车应尽量找收费站停靠，有人看守，安全放心，切勿乱停、乱放。

第七，夜晚车辆失窃率高，停车最好选择光线明亮显眼处，避免停在阴暗的巷道内。

第八，修车或保养车子应找信用可靠的修理对象，以免修车技工复制钥匙而偷走车子。

第九，租车或借车给他人时，应注意其人品性，以免钥匙被复制而偷走车子。

第十，切勿贪小便宜，购买来路不明的汽车，这样做可能违反法律又后患无穷。

第十一，贵重及可以携带的物品，应随身带走，不可留置车内。除非不得已，也应置于车后行李箱内，并紧紧锁上。

第十二，名牌轿车的精美标志，离车时应顺手取下拿走，以防被窃。

第十二章　各类案件事故现场处置

第一节　治安案件现场处置

296. 打架斗殴案件的处置程序与方法是什么？

一、制止、抓获行凶人，堵控嫌疑人员

保安人员赶赴现场后，如发现违法犯罪人员仍在现场尚未逃离，应果断制止现行违法犯罪，将其抓获归案。如已知作案者体貌特征、尚未逃远时，要通过电话对讲机报告公安保卫部门，以便迅速组织追缉、堵截，尽早抓获。

二、抢救受伤人员

对于现场受伤人员，包括被害者和作案人员都要组织抢救。对伤情不重的人员，也可告知被害人到医院救治。在抢救被害人的过程中，要尽快了解作案者的体貌特征、衣着打扮，所持伤害工具、器械，逃跑方向等基本情况，以便及时组织追堵。对于有生命危险的被害人，要在医疗人员协助下，抓紧询问，以查明被害人的身份，被害原因、经过，作案人数、特征和案件过程等基本情况。在抢救受伤人员时，要注意受伤人员的伤情及躺卧的位置姿势，查看受伤人员的衣服、鞋袜上是否沾有血迹、带有泥土等附着物，及时发现提取痕迹物证。要将抢救过程中现场的变动情况及变动原因作出记录。

三、保护现场

要以违法犯罪行为现场为中心，结合案犯逃跑的方向等因素，准确划定现场保护范围，实施警戒。对于现场的血迹、毛发、手印、足迹，作案人遗留在现场的加害工具、器械，搏斗中扯落的纽扣、衣片要加以标示，以供公安机关刑事技术人员勘验。

297. 聚众斗殴案件的处置程序与方法是什么?

聚众斗殴是数人聚集在一起互相殴打。多数使用刀具、棍棒等器具，甚至使用枪支，危害较大，后果严重。处置程序要点是：

第一，保安人员到达现场后，要判明参与聚众斗殴的人数，使用的器械种类、数量。如果力量不足，立即报告公安保卫部门。

第二，如果现场斗殴行为尚未停止，保安人员要表明身份，进行制止。对拒不听从制止的采取必要的手段制伏。

第三，对受伤者进行现场救助。

第四，对现场目击者、围观群众中的知情人和寻衅滋事中的被害者要设法将其留下，为公安机关调查取证创造条件。

298. 寻衅滋事案件的处置程序与方法是什么?

寻衅滋事，是指在公共场所无事生非，无故引起争端，无理取闹，殴打伤害无辜，肆意挑衅，横行霸道，破坏公共秩序的违法犯罪行为。其表现形式为：随意殴打他人；追逐、拦截、辱骂他人；强拿硬要或任意损毁、占用公私财物；在公共场所起哄闹事，造成公共场所秩序混乱等。寻衅滋事主要发生在人群集中的区域、餐饮娱乐场所相对集中的地方，对此应按下列程序进行处置：

第一，保安人员到达现场后，先要判明参与寻衅滋事的人数，使用的器械种类、数量。如果力量不足，立即报告公安保卫部门。

第二，如果寻衅滋事行为尚未停止，保安人员要表明身份，进行制止。对拒不听从制止的采取必要的手段制伏。

第三，救助受伤者，保护案件现场，划定一定范围，禁止无关人员进入，对现场的痕迹、物证进行妥善保护，对伤者进行现场急救。

第四，迅速将涉案人员带离现场，疏散围观群众，疏导交通，恢复正常的社会秩序。

第五，对现场目击者、围观群众中的知情人和寻衅滋事中的被害者要设法将其留下，为公安机关调查取证创造条件。

299. 对利用迷信骗取财物行为如何处置？

比较常见的是一些不法人员利用群众的迷信思想，流窜于街头巷尾和旅游地区以相面、测字、算卦、看手相等手段骗取财物。

第一，保安人员现场发现后，要当场核实，情况属实的当场予以制止。

第二，对有明确的受害人、证人的，将双方当事人连同相关物品一起带到公安机关。

第三，如果是团伙作案，对其同伙也应当一起带到公安机关。

300. 制作、贩卖、传播淫秽物品行为的处置程序与方法是什么？

制作、贩卖、传播淫秽物品行为的方式方法很多，从其载体来看，包括书刊、图片、光盘、电子数据等；从其传播形式来看，包括地下加工、街头贩卖、组织播放、网络传输等。对这类行为的处置要点是：

对可能是淫秽物品的书刊、图片、光盘、电子数据；涉嫌制造、传播淫秽物品的设施设备，要连人带物一起控制起来，交公安机关处理。

301. 对组织未成年人街头卖艺卖花的如何处理？

《中华人民共和国未成年人保护法》第 38 条规定："任何组织或者个人不得招用未满十六周岁的未成年人，国家另有规定的除外。"第 41 条规定："禁止拐卖、绑架、虐待未成年人，禁止对未成年人实施性侵害。禁止胁迫、诱骗、利用未成年人乞讨或者组织未成年人进行有害其身心健康的表演等活动。"第 71 条规定："胁迫、诱骗、利用未成年人乞讨或者组织未成年人进行有害其身心健康的表演等活动的，由公安机关依法给予行政处罚。"

《中华人民共和国治安管理处罚法》第 20 条规定："违反治安管理有下列情形之一的，从重处罚：……（二）教唆、胁迫、诱骗他人违反治安管理的。"第 40 条第（一）项规定："有下列行为之一的，处十日以上十五日以下拘留，并处五百元以上一千元以下罚款；情节较轻的，处五日以上十日以下拘留，并处二百元以上五百元以下罚款：（一）组织、胁迫、诱骗不满十六周岁的人或者残疾人进行恐怖、残忍表演的。”第41条第1款规定：“胁迫、诱骗或者利用他人乞讨的，处十日以上十五日以下拘留，可以并处一千元以下罚款。”

组织未成年人在城市街头卖艺、卖花的，属于违反《中华人民共和国未成年人保护法》的行为。如果构成组织、胁迫、诱骗不满16周岁的人进行恐怖、残忍表演或者胁迫、诱骗或者利用未成年人乞讨的，可依据上述《中华人民共和国治安管理处罚法》的相关条款予以治安处罚；如果构成教唆未成年人违反治安管理的，可依据《中华人民共和国治安管理处罚法》第20条第（二）项的规定从重处罚。

对上述行为的现场处置要点是：

第一，当场制止。

第二，对其为首者、组织者予以控制。

第三，连同被胁迫、诱骗的未成年人、残疾人送交公安机关处理。

302. 如何处理高空坠物？

这里所说的高空坠物，是指人为地将物体从建筑物上面抛下来。如果物体质量较大，将危及到公共安全，造成不特定的人员伤亡或财产损失。高空坠物不仅是道德问题，行为人可能因此涉嫌违法犯罪，导致一系列法律问题。对高空坠物的处理方法是：

第一，对发生高空坠落物的体积质量足以造成人身伤害或财产损失的，无论是否造成实际损害，立即了解情况，设法寻找投物者。

第二，高空坠物致人受伤的，要及时救治伤者。

第三，对投物者进行调查，查清其动机目的。

第四，对出于过失高空坠物未造成损害后果的，要对其进行批评教育，防止类似问题发生。

第五，对已造成损害后果的，要及时报告公安机关。

第六，注意保护现场，固定保全相关证据。

303. 如何救助自杀者？

第一，维护现场秩序，疏散现场围观群众。特别是对采取或者扬言自爆、自焚现场，要立即将自杀者与围观群众隔开，保持足够的安全距离。要疏散车辆和行人，保持正常的交通秩序。

第二，进行劝解与谈判。对悲观厌世的自杀者，要对其进行安慰、劝解，给予同情和关怀，鼓励其正确地对待挫折，解除其厌世自绝之念。还可以通过家属亲友、单位领导等进行劝告，晓之以理，动之以情，动摇其企图自我伤害的意志，促使其放弃自我伤害。对于以自杀为手段达到解决个人问题的，要主动与其沟通，摸清底细，了解其心理，进行谈判，必要时可以请当事人到场谈判，力争达成协议，化解危机。

第三，及时果断解救。对不听劝阻疏导，一意孤行，坚持要自我伤害的，要继续与其对话，分散其注意力，以寻找有利时机，出其不意，乘其不备，强行制止。对利用桥梁、楼顶、塔架进行自杀的，一方面应在地面设置具有弹性的着地垫，一方面可视情从其侧面隐蔽接近，乘其不备，强制牵拉，使其获救。

第四，强行制止带离。对于使用煤油、汽油、酒精等危险物品引火自焚，威胁公共安全的自我伤害行为，要采取一切必要手段，坚决予以制止，收缴危险物品，将其强行带离现场。交公安机关一并处理。

304. 非正常死亡处置程序与方法是什么？

非正常死亡的表现形式很多，有自杀、意外伤害死亡、自然灾害死亡、原因不明死亡、无名尸体等，其中包括自然因素，也包括人为因素，既包括自杀，也包括他杀。因此，对非正常死亡的先期处置应做好以下几方面：

第一，划定保护区域，布置现场警戒，疏散围观群众，保护现场；有条件的应对尸体进行遮掩保护。尽量保持现场原始状态，不得触动现场痕迹、物品。

第二，有条件的可以现场了解一些情况，主要内容包括：

（1）案件发生的时间、地点、详细经过，发现后采取的保护措施，现场所见的情况，有无可疑人或者其他人在现场，现场有无反常情况以及物品损失情况等；

(2) 可疑人员的性别、年龄、口音、身高、体态、相貌、衣着打扮，携带物品及特征，来去方向、路线等。

第三，将现场情况及时报告公安机关。

305. 扬言爆炸、投放危险物质行为处置程序与方法是什么？

无论从何种渠道获悉有人扬言已放置了爆炸装置、要引爆爆炸装置，投放了剧毒物品，甚至核生化物质的，都要引起高度重视，宁可信其有，不可信其无，绝不可掉以轻心，不报告、不处理。

第一，尽可能问清具体情况，特别是爆炸、剧毒等危险物质的投放地点、场所、数量等情况，立即报告上级。

第二，要立即封锁现场、疏散无关人员，划定警戒范围，关闭火、电、气等易燃易爆源。

第三，协助公安机关进行现场处置。

第二节　治安灾害事故现场处置

306. 什么是治安灾害事故？

治安灾害事故，是指由于违反治安管理法规或安全操作规程，造成较大物质损失或人身伤亡，影响社会安定，危害社会治安秩序的灾害性事故。

治安灾害事故的基本特征是：事故的发生，必须是由事故肇事者或责任人的故意或过失行为引起的；事故责任者的行为，必须是违反国家法律、法规或安全操作规程的行为；治安灾害事故的后果必须是已经造成了较大物质损失或人身伤亡，引起人们心理恐慌，危害社会治安秩序，造成不良社会影响，甚至损害国家声誉。

307. 治安灾害事故有哪些种类？

治安灾害事故主要有爆炸事故、枪弹事故、中毒事故、放射性事故、火灾事故、交通事故及挤压伤亡事故等。

第一，爆炸事故。指由于火药、炸药、起爆药以及各类火工品和弹药等具有爆炸性能的物品在受到高温、摩擦、撞击或与其他物品混放而引起猛烈爆炸的事故。

第二，枪弹事故。指枪支走火、弹药爆炸造成人身伤亡、物质损失的事故。其他纯属弹药爆炸的事故，可按爆炸事故处理。

第三，中毒事故。指人畜受到某些毒性很强的物质的侵害导致伤残、死亡的事故。

第四，放射性事故。指受放射性物质的照射、侵害而造成人身伤亡和放射性疾病的事故。

第五，挤压伤亡事故。指人们在公共场所集体活动中，由于人群拥挤、秩序混乱和建筑物倒塌等造成的人身伤亡事故。

第六，火灾事故。指由于违反防火规章制度和安全操作规程，或由于不了解物质的特性，放置不当、混装混存而发生物质自燃、雷击、静电起火等造成人身伤亡和财物损毁的事故。

第七，交通事故。指车辆驾驶人员、行人、乘车人以及其他在道路上进行与交通有关活动的人，因违反道路交通管理法规或违反安全操作规程而引起的人身伤亡或者财物损毁的事故。

308. 治安灾害事故现场处置的任务是什么？

事故现场是指事故发生地点、事故波及范围及关联场所在发生事故后的原始状态。保安人员遇有治安灾害事故后的重要任务是保护好现场，在向上级报告情况的同时，应视现场情形进行先期处理。

治安灾害事故现场是事故发生的地点，是事故真相的客观反映，也是事故责任者或肇事者留有痕迹物证的场所。现场遗留的痕迹和物品可为查明事故的起因提供重要的线索和证据。事故发生后，应首先采取有效措施保护现场不被破坏。这对于分析判断事故调查范围、调查方向，查清事故原因和确保抢救工作的顺利进行十分重要。治安灾害事故现场处置的具体任务有以下几个方面：

一、维护事故现场秩序

事故发生后，首先应迅速赶到现场，维护事故现场秩序。这是因为事故发生后，在现场周围容易聚集较多群众，有的参与救人、救灾、抢救物资，也有的是围观的，甚至有趁火打劫者混迹其中。如果事故发生在繁华地带和交通要道，还可能造成交通堵塞，甚至造成新的挤压伤亡事故。这样极易造成对事故现场的破坏，影响抢救工作的顺利进行，妨碍事故现场的勘查。因此，维护事故现场良好的秩序，是保安人员主要任务之一，是现场处置工作得以顺利进行的保证。

二、保护事故现场原始状态

在维护现场秩序的同时，还要正确划定现场保护范围。除需进入现场的紧急救护人员外，严禁无关人员进入保护区范围内，尽可能使事故现场保持原始状态。特别是应将事故原发点作为保护的重点，要避免人为或外来因素的破坏。在抢救伤员、物资时，往往会造成原始现场的变动。因此，进入现场要尽力使现场少受破坏和变动，必须变动的应将变动前的原始状态加以详细记录，有条件的应加以拍照录像，以便提供给现场勘查人员使用或备查。

三、抢救伤员、物资，积极排除险情

事故发生后，如仍有连续爆炸和引起燃烧、放射扩散等情况，现场保安员要迅速组织群众和有关力量共同抢救伤员和物资，对受伤人员要进行就地急救或拦截过往车辆送入医院抢救。对伤者原来躺卧的位置、姿势及提供的情况要详细记录下来。对现场上的尸体，应予覆盖，留待勘查。如发现未及逃脱的嫌疑人或有重大嫌疑的人，要有专人控制，其中身受重伤需送医院治疗的，要布置专人严加监视，防止逃跑、行凶、自杀或毁灭证据。同时，在疏散物资时，首先要疏散易燃易爆物品，防止灾情扩大，尽快消除扩大事故危害的不安全因素，组织力量把可以抢救的物资撤离险区，尽可能地降低事故损失。

四、及时汇报现场情况

保安人员到达治安灾害事故现场后，应立即向公安保卫机关报告。当事故调查的组织领导人员、现场勘查人员到达现场后，应把事故现场原始状况、抢救过程和保护措施及记录的各种情况，立即汇报给现场组织指挥者，以便有针对性地布置工作，开展事故调查。

309. 治安灾害事故现场处置的程序与方法是什么?

一、设置现场警戒范围

保安人员在第一时间到达现场后，要立即划定现场保护范围。保护范围的大小视情况而定。对继续燃烧、爆炸和尚在挥发扩散的毒源等灾情未解除的现场，要本着有利于抢救，有利防止扩大危害的原则，现场保护区要划得大些，以免危及警戒人员和群众的安全。有些现场根据需要可划两道保护圈，允许部分有关人员进入两道圈之间活动。保护圈可用警戒带、绳索、白灰、标杆及其他醒目标志作为警戒线的标志，由专人执勤守护。对重要部位、出入口要道派人守护或设置屏障遮挡。保护现场时，除紧急救险人员外，严禁其他无关人员进入警戒保护圈范围，尽可能使现场保持原始状态。

二、固定现场痕迹、物证位置

对现场的尸体，在天气正常的情况下，可用席子等物品将尸体遮盖，防止太阳暴晒；遇有雨雪天气时，应用塑料布等不透水的材料将尸体盖好。对现场发现的可疑物品或痕迹，应用粉笔划圈标明，以免破坏。特别是明显的具有证据作用的痕迹、物品，可用盆、塑料布、木箱等器具将其逐件遮盖好，以免遭到破坏。遮盖痕迹、物证不能使用带有强烈气味的器具，以免破坏嗅源，失去可能使用警犬的条件。还应视情况和条件，把物体移动前的状态、位置客观地记录下来。

三、注意现场动态，收集群众反映

要注意发现有无可疑人员进出现场。对出入现场的可疑人员要严加盘问查验，严防可疑人员逃离现场，或其他违法犯罪人员趁火打劫进行破坏活动。现场的保安人员还应抓紧有利时机，开展初步访问。凡群众耳闻目睹的有关情况，都要记录下来。在急救、护送受害人员时，应不失时机地从他们口中了解事故的有关情况，其中有价值的应记录下他们的谈话内容及姓名、住址等情况，以便在事故的调查处理中进一步核实。

四、做好宣传教育，组织群众共同抢救和维护秩序

要善于宣传和发动群众，组织群众有序地投入抢救工作。特别是在人员不足，增援人员尚未到达现场之前，而事故又比较严重的情况下，更应及时组织群众，配合进行抢救伤员、物资，维护现场秩序，疏通道路交通等，保证抢救工作顺利进行，把事故损失减少到最低限度。

310. 爆炸事故现场处置的程序与方法是什么？

一、保护事故现场

现场是事故发生、发展的客观存在，其各种痕迹、物证，都直接或间接地反映着事故的起因、历程和相互关系。因此，保护好事故现场是应急处置事故的重要任务。

二、积极抢救伤员

抢救受伤人员是现场处置的首要任务。在事故现场，积极有效地抢救伤员，对于安定公众心态，消除事故造成的恐慌心理十分重要。但是，在抢救伤员之前，必须判明是否还有易燃、爆炸或中毒危险，如危险继续存在，应及时排除险情，以防造成更大的伤亡和损害。

三、防止二次灾害

在第一次爆炸事故发生后，要防止现场残留危险品的燃烧和再次爆炸；防止可燃气体、液体继续泄漏、挥发形成爆炸性混合气体，防止吸入有害化学气体中毒。此外，还须防止由于悬吊物垮塌等造成的二次事故。因此，要尽快组织撤离所有无关人员，禁止无关人员进入保护圈。在有发生二次燃烧、爆炸事故可能的地点，必须中断交通，禁止一切车辆和行人进入现场危险区域。

四、现场了解情况

要不失时机地向在场群众了解爆炸发生的详细经过，包括爆炸发生的准确时间，爆炸发生前后听到、看到、感觉到的一切声响、震动，以及人员、车辆等情况；详细了解爆炸前现场物品位置及爆炸后变动的情况，爆炸后进入现场的人员对现场所作的改变情况；

了解发生爆炸单位使用、储存、接触爆炸物品的情况，爆炸物品的品种、用途、来源、保管情况，以及爆炸现场是否存放过爆炸物品等；对被伤害人，还要尽可能了解其政治、经济、社会关系、生活作风等情况，以备查明因果关系。

311. 中毒事故现场处置的程序与方法是什么?

一、布置现场警戒

保安人员到达中毒事故现场后，要立即向公安保卫机关报告情况，同时根据现场情形，迅速划出警戒保护圈。如系重大毒气、毒液泄漏事故，要迅速采取各种方法尽快消除毒源，积极抢救中毒人员。而现场的警戒区域要尽可能大一些，严禁一切非抢险车辆和人员进入警戒保护圈，既为保护现场不受或免受破坏，又为防止造成无谓的人员伤亡。

二、疏散现场群众

在组织现场保护和抢救的同时，要迅速动员和组织群众疏散到安全地带，并指导群众用湿毛巾等防毒器具加强自我保护，尽可能减少事故的危害。如疏散情形紧急，可动员或拦截运载工具迅速将事故区的群众撤离至安全地带。如情况紧急还可以请指挥中心动用广播、电视等手段紧急通告事故区和非事故区的群众撤离或禁止进入事故区，尽最大努力减少中毒人员。

三、清除毒源，搜寻毒物

在对运输途中丢失泄漏剧毒物品的，在向“110”报告的同时，应立即组织力量沿运输路线积极寻找，并运用各种手段提示周边群众不要误食剧毒物品。如剧毒物品落入水中，应立即组织打捞并通知卫生、环保部门采取相应措施，如测定毒物对水质的污染程度，确定禁止饮用的水域，告诫居民不要食用水中死亡的鱼、虾等，防止中毒事故。总之，必须将丢失的剧毒物品全部找回，将泄漏的毒物控制、清除，以免留下后患。

对发生的剧毒物品被盗案件，应迅速派人赶赴现场，保护现场，通告有关业务单位组织现场勘查，及时破案，并积极寻找剧毒物品的下落，防止发生更大的危害。

312. 放射性事故现场处置程序与方法是什么？

从造成事故的原因来区分，放射性事故可分为责任事故、技术事故和其他事故三种；按其性质可区分为超剂量照射事故、放射性流出物排放事故、表面污染事故、丢失放射源事故、临界事故和其他事故六类。为了保障工作人员和公众的安全与健康，对一切放射性事故都应尽量避免，如果一旦发生事故，就应把事故的危害控制在最低限度和最小范围内。

一、采取应急措施，处置放射性污染

保安人员接到放射性事故报警后，应迅速赶赴现场进行先期处置。首先要了解事故发生的原因，初步判明是放射何种射线的放射品，立即采取措施防止事故继续发生和蔓延。如遇到强放射源失去屏蔽或大的泄漏事故，要立即动员一切运载工具撤离现场工作人员和群众，将他们护送到安全地带，然后再根据事故现场情形采取应急处置措施，并要保证现场附近的水源、农作物及一切食物或其他饮品少受或不受污染。如遇到盛放放射性溶液的器皿破裂，放射性溶液正在外渗，须尽快将溶液转移到完整坚固的容器内。如来不及迅速疏散现场群众，可宣传并告知群众就地取材加强自身防护，等待专业救援人员增援排险，切不可在现场混乱穿行，以免遭受放射性物品大剂量的辐射，尽力减少事故损害。

二、保护好事故现场

在现场采取应急措施时，要迅速划定现场保护范围，布置安全警戒线，严禁一切无关车辆和行人进入现场保护圈。在尚未判明是何种射线的放射源时，不可贸然闯入事故现场，以免遭无谓的辐射伤害，防止无关人员遭受辐射，防止污染范围扩大，防止破坏现场，必要时，可以明显的警告标志划出禁区，设立警戒岗哨。

如属放射源丢失，要立即组织力量，沿车行驶路线向两侧适当扩大范围积极找寻，同时，将事故情形、放射源称谓、射线种类、外表形状、危害向公众通告，求得公众支持查找或交还捡拾到的放射源，尽一切可能使放射源回收。如已经传播过，要组织卫生部门迅速对相关场所清污，受辐射人员要及时送医院治疗。如属放射源被盗，要与公安机关配合，尽最大力量将放射源找回，防止流散在社会上造成后患。

三、协助专门人员做好处置放射性事故准备工作

在处理事故之前，应协助专门人员做好准备工作，其目的是防止事故扩大，尽量缩短救护人员现场工作的时间，减少不必要的辐射。

协助专门人员弄清事故类型，确定事故性质和危害范围。根据事故的类型、性质和造成事故的核素的毒性、活度，尽快估算出事故的危害和辐射场的强度，以作为处理事故方案的依据。根据事故的类型、辐射场强度、人力物力情况，制定出处理事故的具体程序和步骤，以及辐射场防护和监测方案。特别是救护人员在现场的停留时间应做明确规定，并协助坚决执行。对处理事故过程中产生的废物也要做出处理方案，不能因废物处理不当，发生“连锁反应”而造成新的事故。

协助专业人员准备好所需要的物资、设备。如个人用防护用品、监测仪器、防护屏蔽材料、操作机械、化学去污药品等，在选择防护监测仪器时，注意其性能、测量类型和范围。在强辐射现场处理事故时，必须佩带个人辐射剂量报警器。

四、要在安全防护人员指导下进行处置工作

处理复杂的放射性事故，必须听从有一定专业知识的安全防护人员指挥，在他们的指导下进行处置工作。有些事故技术性比较强，如果处理不当，就会产生新的事故。对在现场处置中发现的受辐射人员，要协助专门救护人员做科学的安置，不可擅自处理。

313. 火灾是怎样分类的?

火灾，是指凡是在时间或空间上失去控制的燃烧所造成的灾害都称为火灾。火灾的分类有以下几种分法：

一、按燃烧对象分类

（一）A 类火灾。指普通固体可燃物燃烧引起的火灾。

固体物质是火灾中最常见的燃烧对象，包括：木材及木制品、纤维板、胶合板、纸张、纸板、家具；棉花、棉布、服装、被褥、

粮食；合成橡胶、合成纤维、合成塑料、电工产品、化工原料、建筑材料、装饰材料等，种类极其繁杂。

固体物质火灾危险性差别很大，评定时要从多方面进行综合考虑。其主要理化参数有熔点、自燃点、比表面积、氧化特性、密度、导热性、热惯性等。

（二）B类火灾。指油脂及一切可燃液体燃烧引起的火灾。

油脂包括原油、汽油、煤油、柴油、重油、动植物油；可燃液体主要有酒精、苯、乙醚、丙酮等各种有机溶剂。原油罐、汽油罐是B类火灾的重点防护对象。

液体燃烧是液体蒸汽与空气进行的燃烧。液体在火灾中受热首先变成蒸汽，蒸汽与空气混合后燃烧。原油罐火灾的喷溅和可燃液体的蒸汽云爆炸，是B类火灾中的两种特殊燃烧现象，破坏性极大。

（三）C类火灾。指可燃气体燃烧引起的火灾。按可燃气体与空气混合的时间，可燃气体燃烧分为预混燃烧和扩散燃烧。可燃气体与空气预先混合好以后燃烧称为预混燃烧。可燃气体与空气边混合边燃烧称为扩散燃烧。预混燃烧由于混合均匀，燃烧充分、完全，不产生碳粒子，燃烧速度快。失去控制的预混燃烧会发生爆炸，这是C类火灾最危险的燃烧方式。扩散燃烧由于是边混合边燃烧，混合不均匀，燃烧不充分、不完全，会产生碳粒子，火焰呈黄色，燃烧速度受混合快慢及混合比控制。

（四）D类火灾。指可燃金属燃烧引起的火灾，如锂、钠、钾、钙、锶、镁、铝、钛、锆、锌等。之所以将可燃金属燃烧引起的火灾从A类火灾中分离出来，单独作为D类火灾，是因为这些金属燃烧时，燃烧热很大，为普通燃料的5~20倍，火焰温度很高，有的甚至达到3000℃以上，并且在高温下金属性质特别活泼，能与水、二氧化碳、氮、卤素及含卤化合物发生化学反应，使常用灭火剂失去作用，因此，必须采用特殊的灭火剂灭火。

（五）带电火灾。指带电的电气设备及其他物体燃烧的火灾。

不同类型火灾具有不同特点，应采取不同的灭火措施。

二、按火灾损失严重程度分类

（一）特大火灾。死亡 10 人以上（含 10 人），重伤 20 人以上，死亡、重伤 20 人以上，受灾 50 户以上，烧毁财物损失 100 万元以上。

（二）重大火灾。死亡 3 人以上，受伤 10 人以上，死亡、重伤 10 人以上，受灾 30 户以上，烧毁财物损失 30 万元以上。

（三）一般火灾。不具备以上条件的火灾。

三、按起火的直接原因分类

（一）放火。刑事犯放火；精神病人、智障人放火，自焚。

（二）违反电气安装安全规定。电气设备安装不合规定，导线保险丝不合格，避雷设备、排除静电设备未安装或不符合规定要求。

（三）违反电气使用安全规定。电气设备超负荷运行、导线短路、接触不良、静电放电以及其他原因引起电器设备着火。

（四）违反安全操作规定。在进行气焊、电焊操作时，违反操作规定；在化工生产中出现超温超压、冷却中断、操作失误而又处理不当；在储存运输易燃易爆物品时，发生摩擦撞击、混存、遇水、酸、碱、热等。

（五）吸烟。乱扔烟头、火柴杆。

（六）生活用火不慎。炉灶、燃气用具、煤油炉发生故障或使用不当。

（七）玩火。小孩玩火，燃放烟花、爆竹。

（八）自燃。物质受热；植物、涂油物、煤堆垛过大、过久而又受潮、受热；化学危险品遇水、遇空气，相互接触、撞击、摩擦自燃。

（九）自然灾害。雷击、风灾、地震及其他自然灾害。

（十）其他。不属于以上九类的其他原因。

314. 初起火灾怎样扑救?

火灾扑救是保安人员应掌握的基本技能，一方面可以对火灾现场应急处置，另一方面也可以向群众进行防火灭火知识宣传教育。

火灾初起阶段，一般火势都很小，如果掌握了正确的灭火方法，就能及时扑灭，不让小火酿成大祸。

第一，扑灭火苗可就地取材，使用灭火器或沙土，若用毛毯、棉被等简便物品覆盖火焰灭火，最好用水浸透。

第二，在消防车到达现场前，应设法扑救。不要盲目打开门窗，以免形成空气对流，造成火势扩大蔓延。及时组织人员用脸盆、水桶等传水灭火，或利用楼层内的墙式消火栓出水灭火。

第三，可移动物品着火，可视情况将着火物品搬到室外灭火。着火处附近的可燃物要及时搬移到安全的地方。

第四，油锅起火，不能用水浇油锅中的火，应马上熄掉炉火，迅速用锅盖覆盖灭火。

第五，燃气灶具着火，要设法关闭灶具阀门或将衣物、棉被等浸水后捂盖灭火，并迅速关闭燃气总阀门。

315. 火场中如何紧急避险逃生?

正确掌握火场紧急避险知识，既可以使自己遇险自救，更重要的是可以在火场中挽救生命。

第一，平时要熟悉生活环境中的各种通道和安全出口，发生火灾后才能正确地选择逃生路线。

第二，初起火灾时，可披上浸湿的衣服或裹上湿毛毯、湿被褥勇敢地冲出去。同时要大声呼唤受火势威胁的居民。

第三，不要留恋财物，应尽快逃出火场，逃离火场后切不可返回取物。

第四，在浓烟中逃生时，要用湿毛巾捂住嘴鼻，弯腰行走或匍匐前进，寻找安全出口。

第五，如果身上着火，千万不要奔跑，要就地打滚，压灭身上的火苗。同伴身上着火，可用衣、被等物覆盖灭火或用水浇灭火苗。

第六，不要盲目跳楼，可用牢固的绳子或把床单撕成条状连接起来，紧拴在门窗等固定物体上，然后滑下逃生。可充分利用房内的门窗、天窗、阳台或竹竿等逃生自救。

第七，楼上居民被火围困时，可向室外扔抛沙发垫、枕头、衣服等软物或其他小物品发出求救信号。夜间则可打手电或敲击铁质面盆等发出求救信号。

第八，若逃生路线被火封锁，应告诉被围困者立即退回室内，关闭门窗，用毛毯、棉被浸湿后覆在门上，并不断往上浇水冷却，以防止外部火焰及烟气侵入，同时，等待救援。也可充分利用室内设施自救，如用毛巾塞紧门缝，打开水龙头把水泼在地上降温，躲进放满水的浴缸内等，但千万不可钻到阁楼、床底、大橱内避难。

第九，公共场所（如商场、舞厅、影剧院等）遇到火灾，应就近打开安全门（安全通道），迅速分流疏散撤离，千万不能惊慌失措，防止拥挤踩踏，造成意外的伤亡。

第三节　刑事案件现场处置

316. 入室盗窃案件处置程序与方法是什么？

一、保护现场

保安人员到达现场后，要迅速封锁现场。让所有已经进入现场保护范围内的人，包括事主及其家属退出。要重点保护好作案人进出口，包括留有指纹、脚印、擦痕、破坏工具等痕迹较多的出入口和被盗窃财物保管处所。对案犯搜寻财物时经过的地面，触动过的箱柜、抽屉、提包等留有案犯手印的要保持原状。对散落地面上的衣物、纸张、作案工具等，一律不准触动。还要注意对作案人踩点、停留、坐卧等痕迹及运输工具痕迹加以保护。

二、抓捕现行，追堵逃犯

保安人员到达现场时，如果作案人尚未逃离，应立即抓捕。如尚未远逃，并已掌握作案人数、体貌特征、携赃情况的，或已明确其逃跑方向、路线的，应立即报告公安机关设卡堵截。

317. 抢劫抢夺案件处置程序与方法是什么？

一、抢救伤员

当抢劫现场有人受重伤或生命有危险时，要立即送往医院抢救，特别是对受伤的事主，要在组织抢救的同时，在医疗人员的配合下，尽快了解有关作案人的体貌特征、逃跑方向、行抢工具、被抢财物等基本情况。

二、保护现场

对入室抢劫案件，要封锁住进出口并控制好现场周围地带。对拦路抢劫和在公共交通工具内的抢劫案件，要以行抢地点为中心，结合作案人的来去路线等情况，划定现场保护范围。对案犯的足迹，遗留在现场的棍棒、砖石、匕首等行抢工具，纽扣、纸片、烟头等遗留物品以及遗弃的抢劫物要妥善保护。对现场搏斗痕迹、血迹、毛发，现场周围可疑的坐卧痕迹、徘徊脚印等痕迹物证，也要予以保护。

318. 抢劫机动车、驾车行凶等涉车案件处置程序与方法是什么?

一、迅速制止犯罪

对犯罪分子正在驾车撞人等涉车犯罪的，要迅速疏散周围车辆和行人，并采取一切必要手段，包括使用器械迅速制止犯罪。

二、封锁、保护现场

要根据案件具体情况，准确划定现场保护范围。对现场上的肇事车辆痕迹、搏斗痕迹、血迹、手印、足迹等痕迹和遗留在现场上的作案工具、扯落的毛发、纽扣、布片、随身物品等物证要妥善保护，防止人为破坏。对现场上的尸体更要严加保护。要禁止无关车辆和人员进入警戒区域，保证外围道路畅通，使增援警力能顺利进入现场。对现场围观群众要尽快疏散，防止造成新的伤亡或被罪犯劫为人质。

三、抢救重伤员

对被车辆撞伤的人员，要根据伤情，进行现场救护或送往医院治疗。对受重伤的被害人应抓住时机，围绕案犯情况和案件过程等重要情况进行简短提问，以获取线索，及时采取紧急措施。

319. 爆炸案件处置程序与方法是什么?

一、抢救伤员

坚持救人第一的原则，首先解救受到爆炸物威胁的群众。对现场及其周边地区的易燃易爆物品要迅速转移，妥善处置。当有人受伤或有生命危险时，要设法组织抢救。在排险救人中，要尽可能减少对现场的变动，对变动部分要做好记录。

二、保护现场

在排险救人的同时，要尽快封锁案件现场，防止遭到人为破坏。对爆炸时从炸点散向周围的抛出物，对爆炸后散落在现场上的导火索、雷管、脚线、火柴、打火机、碎纸屑、铝盒、铜盒、玻璃瓶、布片、塑料、电池、绳索等残留物，要明确标示，妥善保护。对现场上的尸体，要观察并记录其位置、姿势，等待勘查。

320. 涉枪案件处置程序与方法是什么?

一、保护现场

保安人员赶赴现场后，要对涉枪案件主现场和可能涉及的区域迅速加以封锁，对现场上的弹头、弹壳、毛发、搏斗痕迹、手印、足迹、撬痕、遗留物、尸体等都应认真保护。对可能受到风、雨、雪等自然条件影响的痕迹、物证，要设法遮掩，以保证勘查工作的顺利进行。

二、抢救伤员

对现场上的受伤人包括被害人和作案人，都要根据伤情，就地急救或送往医院抢救。对受重伤者，要抓紧开展调查访问。对救治中的受害者，要采取安全保护措施，防止犯罪分子再次袭击。对救治中的犯罪嫌疑人要设专人看管。对受伤者被抢救前在现场上的位置、姿势要做好记录。对被害者和犯罪嫌疑人在抢救过程中替换下来的衣物要妥善保管。

第十三章　群体性事件现场处置

第一节　群体性事件概述

321. 什么是群体性治安事件?

所谓群体性治安事件，是指聚众共同实施的违反国家法律、法规、规章，扰乱社会秩序，危害公共安全，侵犯公民人身安全和财物安全的行为。

构成群体性治安事件，应同时具备下述六个要件：

一、主体是社会违规群体

所谓社会违规群体是指以一定的社会关系、类同的需求或旨趣为纽带联结的人群，他们往往法制观念淡薄，承受能力和自控能力差，言行出格，有失规范。

二、事件引发的突然性

群体性治安事件常以出乎意料、突然爆发的形式出现。虽然群体性治安事件从萌芽、发生、发展到爆发，有一个从量变到质变的过程，但这一过程往往时间短暂，不易被察觉。有些群体性事件虽有较长的准备和预谋过程，但隐蔽性很强，常被人们疏忽，一旦发生就会感到突如其来。

三、事件参与者的多层次性

参与者地位、作用不同，形成了不同的层次。一是核心层。这一层次的人员基本上是事件的煽动者、组织者和指挥者。他们目的清楚，方向明确，对其他层次的成员有制约和统领作用。二是骨干层。处于这一层次的基本上都是与核心层关系紧密的人员，在群体中发挥骨干作用。三是附和层。这一层次的人员在群体中占居多数，参与动机复杂，一般以达到个人目的为满足，既不积极，也不消极，有的则取观望态度。

四、事态发展的扩张性

事件一旦形成，如不断然采取有效的措施，就会使事态迅速扩大，并向周边辐射。这是由于：

（一）事件的参与者希望扩大事态，通过“人多势众”，扩大社会影响，向对方施加压力。更有一些居心叵测之徒，企图扩大事端，浑水摸鱼，坐收渔翁之利。

（二）群体性治安事件多发生在公共场所，如体育场、影剧院、交通干道、中心广场等，这些地方人群密集，流动性大，事件辐射广而快。

（三）参与者情绪相互感染，再传递给周围的人，导致现场人群社会责任心减弱，随波逐流，推波助澜，使事态愈益扩张。

五、诱发原因的多样性

诱发群体性治安事件的因素错综复杂，呈现出多样性，它涉及社会的政治、经济、文化、生活等诸多方面。诸如非法集资、传销，城镇下岗职工、困难企业职工、离退休人员的基本生活保障及再就业和农民负担，以及诸如征地拆迁、土地纠纷、民间纠纷、交通事故、医疗事故、干部腐败、执法不公等问题都是引发群体性治安事件的原因。

六、事件危害后果的严重性

群体性治安事件的侵害对象、危害后果都是多方面的。从根本上说，群体性治安事件破坏了社会稳定，损害了党和政府的形象，危害国家统一、民族团结和政权的稳固。群体性治安事件是一种严重妨碍和破坏大局稳定的社会消极因素。每发生一起群体性治安事件，不仅给当地正常的政治、社会、经济、文化、生活带来冲击和干扰，而且有的还会形成局部地区的社会动荡，其危害后果因其辐射效应越来越严重，给社会稳定构成威胁。一些人出于“小闹小解决，大闹大解决”的心态，把闹事作为解决问题的一种手段，在自身利益的驱动下，稍有不满就采取过激行为，且不计后果，动辄围堵、冲击党政机关，堵塞公路、铁路交通，实施有组织的暴力对抗，进行打、砸、抢等违法犯罪活动，以此制造影响，严重扰乱了社会治安秩序。

322. 群体性治安事件分为哪几类?

一、按照事件的性质分类

按照事件的性质，可将群体性治安事件分为政治性的群体性治安事件和非政治性的群体性治安事件。政治性的群体性治安事件主要是指为实现政治目的而形成的事件。如反政府的动乱、骚乱，邪教组织的集体“会功”、“护法”等非法活动。非政治性的群体性治安事件主要是指为实现某一个人、集体或地区经济利益以及其他非政治性目的而形成的事件。

二、按照事件的主体和指向目的分类

按照事件的主体和指向目的，可分为普通群体性治安事件和涉外群体性治安事件。凡事件主体和指向目标均属我国范围的，统称普通群体性治安事件；事件主体或指向目标有一项涉及他国的，皆属涉外群体性治安事件。

三、按照事件的形成与发展分类

按照事件的形成与发展，可分为预谋性的群体性治安事件和随机性的群体性治安事件。预谋性的群体性治安事件往往组织严密，计划周密，目标明确，行动统一。随机性的群体性治安事件，一般因某事而当场形成，往往一哄而起，一哄而散。

四、按照表现形式分类

按照表现形式，可分为暴力型群体性治安事件和扰乱型群体性治安事件。前者是指以武力来破坏社会秩序和公共安全的行为，如打、砸、抢、烧、械斗、哄抢公私财物、暴力抗拒执法等；后者是指以非武力手段干扰正常的工作、生活、生产、教学秩序和国家管理秩序的行为，如非法集会游行、示威等。

五、按群体性治安事件发生场所、地区分类

按群体性治安事件发生场所、地区的不同，可划分为单位内部的群体性治安事件、公共场所发生的群体性治安事件、重点地区发生的群体性治安事件和农村地区发生的群体性治安事件。

（一）单位内部的群体性治安事件。事件主体因对本单位、系统某些问题的处置有异议，或者共同利益受到影响，而在所属机关、团体、大型企业和高等院校等部位举行的集会、游行、集体请愿、罢工、罢课、罢教等群体闹事活动。

（二）公共场所发生的群体性治安事件。发生在车站、码头、公园、影剧院、体育场（馆）、集贸市场、城市广场和繁华街道等部位的群体闹事活动。比如哄抢、群体骚扰、球迷闹事等。

（三）重点地区发生的群体性治安事件。事件主体在党政机关、重要警卫目标、广播电台、电视台、通信枢纽、外国驻华使领馆的周围和重要交通枢纽、交通干线等部位进行聚众围堵、冲击、上访、请愿等。

（四）农村地区发生的群体性治安事件。事件主体因土地、山林、水利等权益纠纷引起的群体械斗，因非正常死亡引起的闹丧，以及群众性的封建迷信活动等，都是农村地区多发性的群体性治安事件。

六、按群体性治安事件危害后果分类

按群体性治安事件危害后果的不同，可划分为一般群体性治安事件和重大群体性治安事件。

（一）一般群体性治安事件。事件主体的规模较小、涉及范围小、影响较小、危害后果不重的群体性治安事件。比如发生在单位内部的群体性治安事件。

（二）重大群体性治安事件。凡有以下情形之一的，属于重大群体性治安事件：

（1）20人以上的结伙打架，流氓团伙侮辱妇女，扰乱公共场所秩序，哄抢或集体冲击党政机关，围攻、殴打国家机关工作人员，静坐、示威、游行等闹事行为。

（2）50人以上的群众纠纷、械斗、封建迷信活动。

（3）涉及外国人的群体性治安事件。

（4）死亡3人或死伤5人、伤10人以上的群体性治安事件。

（5）其他影响很大，损失严重的群体性治安事件。

323. 群体性治安事件的处置原则是什么？

一、党委、政府领导下统一协调的原则

坚持党委、政府领导下统一协调的原则，是由处置群体性治安事件工作性质和群体性治安事件处置工作的复杂性决定的。公安保卫部门在处置群体性治安事件过程中，既是党委和政府统一领导下的重要力量之一，又是处置群体性治安事件的参与者。按照社会治安综合治理领导责任制的要求和“谁主管，谁负责”的原则，条块结合，分级负责，在党委、政府的统一领导下，全方位实行综合治理。主要应做好以下工作：

（一）建立精干、高效、有权威的处置群体性治安事件的指挥中心，制定处置各种可能发生的群体性治安事件的预案。

（二）当好党委、政府的参谋。在群体性治安事件处置中，党委、政府是组织、指挥、决策者，公安保卫部门是参与者、执行者，在处置过程中，应把握以下两点：

一是多请示、多汇报。群体性治安事件发生后，应迅速赶赴现场，及时摸清群体性治安事件的性质、起因、目的以及事件主体构成等情况，掌握事态，及时向党委、政府汇报，听取上级对事件的意见。

二是当好参谋、助手。公安保卫部门在处置群体性治安事件的过程中应处于助手、配角的位置，在党委、政府的领导下有理有节地开展工作，绝不能有特权思想，以管人者自居，简单地用对付犯罪嫌疑人的方法来对付群体性治安事件的参与者。同时，根据事件的性质、起因、规模、危害程度和事态发展，提出解决问题的相应途径和具体的处置方案，供领导决策参考。

（三）相互配合，协调处置行为。一是明确职能分工。根据党委和政府的决策，积极动员和组织力量，并根据处置群体性治安事件的要求，合理安排使用人力。二是加强协作。各部门、各单位既要分工合作，又要统筹安排，减少内耗，特别是思想劝导工作口径要统一，行动要一致，以利于产生最大的合力来处置事件，绝不能互相推诿，也不能包办代替，以保证党委、政府的决策得到有效的贯彻实施。

二、防止矛盾激化原则

防止矛盾激化的原则，是处置群体性治安事件的基本立场和出发点。处置过程中要坚持教育疏导，着力缓解各种引发事件的矛盾，使事件向平息的方向转化；要采取各种措施，使事件主体的情绪由不正常状态恢复到正常状态；对一些确实应当解决的实际问题，要及时予以解决；暂时解决不了的，要做好解释说明工作，使矛盾得以缓解。主要应做好以下几点：

（一）加强情报信息收集工作，防患于未然。要对可能发生的群体性治安事件保持高度的敏感性，经常研究本地区的热点和敏感问题，特别是在重大改革和与人民群众权益相关的重要政策、方法、制度出台的时候，要密切关注社会动态，利用各种手段，排查不安定因素，超前分析预测可能发生的群体性治安事件，真正做到“月晕知风，础润知雨”，尽可能把问题解决在萌芽阶段，把事件制止于初动，平息于无形。

（二）因势利导，采取有针对性的措施化解矛盾。群体性治安事件形成的原因十分复杂，群体成员的情况也各不相同，仅靠一般号召和方法难以奏效。必须根据事件成员具体的不同情况，认真分析研究，采取不同的疏导方法，促使矛盾向有利的方面转化，使事件不至引发，或减轻事件的危害后果。

（三）讲究工作方法，坚持“可散不可聚，可顺不可激，可解不可结”的工作原则。“可散不可聚”，是指在处置群体性治安事件过程中，要注意将消极的群体性意识状态逐步分解为个体意识状态，使这些个体退出群体范围，达到制止事态发展的目的。因此，制止和平息群体性治安事件就应根据其发展规律，做缓解矛盾的工作，迅速将群体心理和行为从“聚”的状态分解为“散”的状态，使大多数人不再卷入事件或中止实施危害社会行为并退出事件，以减少群体性治安事件多层次危害社会的行为，制止事态进一步扩大。“可顺不可激”，是指在处置群体性治安事件过程中，先要顺着事件当事人的“思路”和“脉络”找出矛盾和问题，抓住有利时机引导、疏通；而不是在矛盾和问题尚不明确的情况下，采取压服的办法激化矛盾。同时，在弄清问题的全貌和症结后，分清是非曲直，运用各种行之有效的方法，积极消除那些容易激化矛盾的因素，避免言行过激、过粗而直接形成对峙局面。“可解不可结”，是指在处置群体性治安事件的过程中，要善于正视矛盾，妥善解决矛盾；而不要回避矛盾，甚至制造新的矛盾。要使事件主体成员看到事态的发展对社会的危害及对自己的不利。同时，对事件主体成员提出的实际问题，能够解决的，有关部门要尽快解决；一时难以解决和要求不合理的，要说明情况，做好解释工作，教育群众正确对待国家、集体、个人三者之间的关系，体谅党和政府的难处，把群众引导到正确的轨道上来。

第二节　群体性治安事件处置的步骤、方法

324. 群体性治安事件的初期处置的程序与方法是什么？

初期处置，也称前期处置，即群体性治安事件发生前后、处置工作的开始阶段。能否将群体性治安事件制止于初动，平息于无形，最大限度地减少损失和危害，关键在于初期处置的步骤和方法是否得当，措施是否得力。初期处置的步骤和方法如下：

一、及时获得信息，迅速报告

强化掌握和研究本辖区情况及相关社会信息，是做好预防和处置群体性治安事件的关键。为了及时准确地获得闹事苗头的信息，要采取多种措施，广泛收集情报信息，及时掌握各种动态，从中发现群体性治安事件的苗头、诱因。在获得并核实情报信息的基础上，准确地判明事件性质，迅速报告党委、政府，以尽快采取预防措施，力争把群体性治安事件解决在萌芽状态。

二、设置警戒线，封锁现场，控制局势

对已形成群体之势，并有流向社会可能的事件，要在当地党政部门、公安机关的组织下，设置劝阻线，层层劝阻，晓以利害；采

取措施解散事件主体，尽力不让其流入社会，扩大影响。

通过设置警戒线、巡逻哨、路障等措施，尽可能封锁事件现场，清除事件主体设置的多种障碍，包围和孤立事件主体，切断事件主体与外界的联系及与冲击目标的接触，利用群众中有利于平息事态发展的情绪和舆论，造成一定的声势，遏制事态发展。具体措施是：

（一）在事件主体现场，通过使用有效队形，将事件主体双方、事件主体与指向目标隔离，使其脱离接触，最大限度地保护被指向人员安全撤离现场，保护受到威胁的重要设施，减少事件可能造成的损失。

（二）在事件主体外围设置警戒线，将事件主体与尚未卷入事件的人群隔开，切断事件现场与外界的联系，防止和减少外界对事件主体的挑动、寻衅等刺激因素。当控制外围、封锁各通道后，现场人员只出不进。这样，一方面可使事件主体陷于被孤立的境地，产生畏惧心理，促其分化瓦解；另一方面可控制现场范围，避免其扩大、蔓延。

根据现场情况，还可设置多层次维护秩序的控制圈，阻止行人、车辆靠近现场，防止事件危害发展蔓延。对进出现场的人员要严格验证检查。

（三）处置现场发生的各种紧急情况。现场处置队伍封锁现场后，应快速有效地进入现场，处置现场发生的各种紧急情况。

（1）对伤亡人员及时进行抢救。如有服毒、上吊、自焚及受其他伤害的，应先行解脱或将其送往医院抢救。

（2）对遭劫持、围攻、殴打的人员，积极做好强行解救的准备工作，采取恰当措施，缓和气氛，巧妙周旋，控制事态发展。

325. 群体性治安事件的中期处置的程序与方法是什么？

中期处置是在基本控制局势的前提下，疏散群众，平息事件。中期处置的步骤和方法如下：

一、开展正面宣传教育

现场处置人员应积极配合党委、政府和有关部门，广泛动员单位各种力量，对事件主体有理、有利、有节地开展正面教育。还可组织人员深入群众，重点宣传党和国家的有关政策、法律，开展强有力的政治攻势，以理服人。对群众晓之以理、明之以法，正确引导群众认清形势，区分善恶，积极向上，孤立少数闹事者；对事件主体提出劝告或警告，瓦解事件主体不正常的群体意识，逐步消除事件主体的激情反应，引导他们走上正确的认识轨道，为平息事件创造条件。

宣传教育要有针对性。在初到现场对事态还不明了的情况下，也可以边摸底边教育，达到双方心理接触、心理相容。在处置如民族纠纷、宗教问题及经济因素等引发的群体性治安事件时，因政策性较强，要始终按照上级党政部门的指示、要求，认真开展处置工作。

二、疏散现场周围人群

在上级党政部门的领导下，主要采取"剥笋式"的方法，即由后向前、由表及里、由外向内层层剥离，逐层分化，疏导不明真相的人群离去。疏散人群时，应根据事件主体结构的不同层次，采取不同的方法：

（一）对于滞留围观的人员，主要采取教育疏导的方法，使其自觉离开现场；

（二）对处于附和层次的人员，主要是劝阻其中推波助澜的行为，要求其退出事件现场；

（三）对流动中的主体，可采取分割、追踪、迎前、阻拦等方法进行疏散，引向利于平息和制止的路线和场所。

通过以上措施，逐步消除事件主体的锋芒和激情反应，从而达到分化瓦解事件主体的目的，防止事态扩大。

还可根据实际情况，分一次或数次选一个点或数个点循环实施，并对被驱散人员进行控制，防止反复。现场封锁圈应随着疏散工作的推进而逐步压缩，建立有利于事件平息的"真空地带"。必要时，可划定较大的多层次的设防地带。

三、现场调查，获取证据

中期处置中获取的证据材料，是后期处置群体性治安事件的基础。调查取证应随着各项处置工作的开展而同时进行。

（一）调查的内容。现场调查的主要内容是事件的性质、起因、规模、类型、表现形式及其发展趋势等，重点是造成危害的有关人、事和幕后操纵者、煽动指使者的情况以及造成危害后果的手段、后果等。以事件为主题，按照何时（事件引发时间）、何地（事件发生地及指向目标）、何事（事件性质、类型及规模）、何人（引发及卷入事件的人）、何故（引发事件的直接因素及动机、目的）、何手段（引发事件的方法、手段）、何果（事件造成的后果及社会影响）“七何”要素的要求，进行全面调查。

（二）调查的方法。一是调查应客观、全面、系统，以了解事件主体情况开始，从人到事、从事到人，调查事件的全貌，重点是调查事件的阶段性和主体的层次性，把幕后操纵者、挑头闹事者、一般参与及围观者等层次分清，在调查中应有所侧重。二是调查可以采取公开与秘密多种方法和手段进行，注意调查与取证相结合。在事件发生后，就应抓住事件主体和其他在场人员记忆清晰和难以统一口径的有利条件，进行全面细致的调查询问，并采取措施将证据加以固定；即使条件所限，无法当场取证，也要把涉及人员的姓名、住址和工作单位记下来，以利于事后取证。不仅要重视证人证言，对物证也要千方百计进行收集，以求形成相互印证的证据体系。特别是那些对认定性质、分清责任有直接关系的重要情节，务必做到求深、求细、求实，保证准确无误。

四、收缴和扣押闹事的工具及抢、拿的财物

对闹事者的凶器、非法印刷的煽动闹事的宣传品、非法携带的危险物品，以及事件中被抢劫或丢失的武器、警械、装备和抢、拿的财物等，应进行收缴，对收缴的物品，应做详细登记，以便后期处理。

326. 群体性治安事件的后期处置的程序与方法是什么？

后期处置是指在事件基本平息以后，配合公安机关，开展进一步调查分析，依法查处事件中的违法犯罪分子，消除事件造成的危害后果，恢复正常的社会秩序。后期处置的中心任务是：善后处理，恢复正常秩序。后期处置的善后处理，包括对人的处置方法和对后果的处置。

一、对群体性治安事件主体的处置方法

群体性治安事件参与人员众多，涉及面广，有时闹事者与围观者混杂、罪与错交织，两类不同性质的矛盾一时难以区分。因而在后期阶段，必须严格按照法律和有关规定办事，还要使所有参与或卷入事件以及关注事件的群众都受到深刻的社会主义法制教育，防止类似事件发生。

（一）对于不明真相而一般卷入事件且有过某些错误言行的人，经劝阻、疏导和批评教育退出事件的，可以采取不予追究的方法解决；对虽然实施了危害行为但情节显著轻微的人，一般主要通过批评教育的方法解决，帮助他们总结教训，提高认识；有的可建议单位给予行政或纪律处分。

（二）对于因思想认识问题或确有实际困难等正当理由，未得到及时解决而产生偏激情绪以致有轻微越轨行为的，要坚持教育疏导方针，教育他们通过民主与法制的正常渠道来反映情况，解决问题，让其认识到以“闹”及“大闹大解决，小闹小解决，不闹不解决”的消极方法来表达诉求是不能解决问题的，使当事人增强法制观念。

（三）对于确属无理取闹、滋事生非等扰乱社会秩序而劝告无效的，或对于在事件中幕后策划、组织指挥聚众冲击党政机关和广播电台、电视台等重要部门，聚众堵塞交通或破坏交通秩序致使交通中断，煽动进行械斗以及聚众进行打砸抢烧杀等暴力活动的首要分子和骨干成员，应当立案调查，依法处理。

二、对群体性事件危害后果的处理

群体性治安事件一般都会给社会造成严重的危害后果，有时甚至会危及到社会和政治的稳定。因此，消除事件造成的危害后果是后期处置中难度较大的工作，必须在党委、政府领导下，依靠有关部门、单位的配合，恢复正常的社会秩序。

（一）对在事件中造成的人身伤亡和物质损失进行妥善处理。在对事件中造成的人身伤亡进行积极抢救、转移的同时，详细了解人身伤亡和物质损失的原因、经过等情况，逐人登记造册。

（二）利用传播媒介，加强宣传，以稳定群众情绪。群体性治安事件不仅会造成社会秩序的混乱和物质的损失，而且给公众造成严重的心理恐慌，引起公众思想的混乱。要主动利用单位的传播媒介和现代化的宣传设备，做好正面宣传教育工作，宣传党和国家的政策、法律，正面引导公众的言行，稳定群众情绪。

（三）尽快恢复正常的社会秩序。群体性治安事件往往会造成工作秩序、生产秩序、教学科研秩序以及群众生活秩序的混乱。比如交通堵塞、中断或秩序混乱，被迫停止正常的办公、生产、科研、教学等工作，而且常常波及社会供应，如市场供应短缺、水电煤供应中断等。因此，应尽快恢复正常的社会秩序，恢复的重点应是直接危及或影响广大群众生活、工作等切身利益的秩序，如排除路障、疏通交通，恢复各方面的供应，保障人员流动的安全等。

（四）妥善保存处置中获取的有关物证。群体性治安事件处置中获取的有关物证，要注意妥善保管和登记，防止泄密，同时尽快移交给有关部门。

第三节　大型文体活动中的群体性治安事件处置

327. 什么是大型文体活动中的群体性治安事件，其具有哪些特点？

所谓大型文体活动中的群体性治安事件，是指在活动所处的环境或场所中，参与者起哄、闹事，妨碍活动的组织管理，甚至导致事态加剧、扩大，扰乱社会秩序，具有较大影响的治安事件。其具有以下特点：

一、管理难度大，诱发因素多

大型文体活动一般在露天场地举行，活动规模大，涉及人员部门多且复杂，时空广泛，对活动的规模和参加活动的人员难以实施全程控制，安全防范工作容易留下盲点。如现场人员超出预计，过多、过挤，或相关的事宜安排不当，管理不善，演出或比赛过程中，不能满足部分参与人员的需求，出现问题未能及时处置，这些问题都会引起公众不满，一些图谋不轨的人员就可能乘机煽动闹事。

二、表现形式多，危害大

大型文体活动中的主要闹事行为有：

（一）围哄谩骂。在活动进行中或结束后聚集在场馆门口等处，借人多势众，以侮辱性、不堪入耳的语言进行谩骂、人身攻击。

（二）投掷物品。少数观众避开检查，将饮料瓶等物品带入场内，遇有不满，即向执勤人员、演员、球员、裁判等投掷。

（三）参与者之间互相对峙。活动的参与者各有自己崇拜的偶像或自己的观赏习惯，但一些偏激的人往往不能包容对方，由此引起纠纷和冲突。

（四）酿成火险。有些观众为泄愤或狂欢，在看台上燃放烟花爆竹或纸片、塑料椅等，不仅殃及其他观众，也可能造成火险。

（五）实施暴力。少数挑头人物在观众中起煽动、组织作用，欲将事态扩大化。受少数别有用心的人鼓动，一些观众把哄闹的矛头指向公安保卫人员，恶语挑衅，或投掷物品，阻碍执行公务等。

328. 如何防范大型文体活动中的群体性治安事件？

一、建立活动安全保卫组织

大型文体活动参与人员很多，规模相当大，各种各样的矛盾与冲突在活动中随时可能发生，其后果影响极为广泛。因此，在部署与实施安全保卫工作时，首先就是要建立安全保卫组织。由主办单位、举办单位及有关部门的负责人参加，共同组成一个领导班子。对安全保卫工作实施统筹部署、指挥。其主要任务是了解掌握保卫目标和对象的情况，分析各种威胁与隐患的来源，制定安全保卫工作计划，研究具体问题的处理预案，组织协调各种保卫力量，实施安全保卫措施等。

二、制定安全保卫实施方案

在制定安全保卫实施方案之前，首先应搞好情报与分析工作，掌握活动安全保卫有关的情况，进行风险评估，为制定实施方案提供可靠依据。大型文体活动中与安全保卫有关的情报信息主要有：

（一）活动规模，包括活动始末时间、项目设置、程序安排、人员数量等；

（二）参加人员的层次结构、相互关系情况，参加活动的单位、部门情况；

（三）活动场所，包括地理位置、建筑结构形式、人员容量及各种门票的发售情况；

（四）活动需用或与活动有关的各种器材、设备等情况。

对有关大型文体活动安全保卫的情报信息搜集得越多、越充分，安全保卫工作就越有针对性，越有重点，实施方案就能制定得越周密。制定总体方案时，首先应明确以安全保卫领导机构为核心，动员各相关部门，提供各项保障，共同完成保卫任务。在广泛搜集各种安全保卫情报信息和确立总体方案的基础之上，进行严密的分析研究，根据大型文体活动的各个环节、因素制定相应的、具体的安全防范专项方案。

三、强化安全检查，严格控制出入口

安全检查的目的是将可能危及活动安全的物品堵截于活动场所之外，这是保障安全的重要环节。活动开始前要对场地、设施、电器、通道等进行详细的安全检查与搜索，消除安全隐患。为强化安全检查工作，除人为的因素即提高警惕、严格细致之外，还应加强安全检查技术工作，改善安全检查的设备、设施，包括各种检测仪器、红外线夜视仪、电视监控系统等。

对进入活动场地的所有人员（包括观众、记者及工作人员等），应检查入场券或通行证。严禁观众将酒类、罐装和玻璃瓶装饮料、水果刀、石块、侮辱或挑衅性标语、旗杆及其他危险品（如烟幕弹、烟火、鞭炮等）带入场内。

认真核定看台容量，确保场内看台的安全。发售门票必须留有一定余地，不准超过饱和容量，一般不超过核定容量的90%。为防止场内观众爆满，入口工作人员应随时同售票处联系，控制入场观众数量。

四、合理部署现场保卫力量

现场指挥机构在部署保卫力量时，应确立安全责任制，实行明确的分工，使各行动小组及安全保卫人员充分了解与认识自身所担负的任务及其重要性。力量部署应遵循预防为主的指导思想，争取尽早发现闹事倾向并及时采取措施加以制止，对活动场所内外局势的变化随时作出灵活的反应。可从场内、场外和出入口三个方面着手实施。在活动场所内多部署保卫人员，有计划地分布在各区域执勤，维持秩序，随时发现和处理问题，对少数别有用心者和伺机闹事者也能起到一定的威慑作用，使他们不敢轻举妄动。在活动场所外布置适当的保卫力量，通过严格的安全检查把一些有闹事倾向的危险分子挡在活动场所之外，减少场内闹事的隐患，减轻场内安全保卫的压力。出入口附近部署力量守护出入口负责有关的进出场安全；对活动场所附近或活动途经的道路可实行交通管制，对活动人员乘坐的车辆进行周密的安全检查，严格管理与控制停车地点的秩序。

329. 大型文体活动中群体性治安事件的处置程序与方法是什么？

一、适时发出通告

在处置大型文体活动群体性治安事件的过程中，应根据事态发展的不同情况，适时发布通告，充分运用法制宣传教育的作用控制事态的发展。当一些群众不明真相或发现活动中存在不合理现象，在少数人挑拨、煽动下，情绪极为激动，意欲进行骚扰活动时，要及时发出通告，讲清事实真相，作出详细的解释说明，劝说群众冷静下来或尽快离开现场，防止有人借机闹事，使事态有所缓解。如果事态得不到控制，少数人借故闹事，搞打砸抢烧，事件的性质发生了变化，此时也应发出通告，向群众讲明情况，要求群众明辨是非，不要上当受骗；并告诫少数人悬崖勒马，不得轻举妄动，使事态朝有利的方向转化。

二、保护重点目标

保护重要人员、来宾、演员、裁判员等的安全。加强对主席台、赛场等的警戒，组织引导、保护重要人员等退场，离开赛场。对尾随、纠缠演员、运动员、裁判员的，要及时疏导，视情况采取驱散措施，防止上述人员遭闹事人员的袭击。对活动场地内的重要部位进行保护。

三、穿插隔离，分割包围闹事者

发生闹事事件后，应调集公安保卫力量，迅速穿插入现场之中，在现场内观众的背面、侧面和中间，布置有遏制震慑作用的警卫力量。一方面将煽动闹事者与现场群众分离、隔断开，阻止其相互联系，避免因少数人的煽动、挑拨，使更多的群众受骗上当，盲目参与闹事活动；另一方面将煽动闹事者和一般违法行为者分离。设置警戒，封锁现场，准出不准进，防止现场外的群众参与进来聚集围观、闹事，以最大限度地降低消极互动影响，防止闹事主体扩大。之后，由外向内剥笋式地分化闹事主体，削弱闹事群体的凝聚力，使带头煽动闹事者自感孤立无援，从心理上和行动上由“聚”向“散”转化，从而控制住事态的蔓延、扩大。

四、确保要道畅通，疏散围观群众，驱散闹事人群

对于活动场所外发生的闹事，应及时予以制止，将堵塞安全门、入出口的闹事者，强制带离现场，确保入出口的畅通。对场内趁机进行打砸抢烧和流氓滋扰等活动的违法人员，要当场抓获；对于一般的围观群众和附近人员，应采取教育劝导的办法，按照指定的路线和出口，将他们疏散开，不能聚集在场所内，避免使事件规模与影响扩大。如果这种事态难以控制，规模不断扩大，危及局部地区的安全，则应采用果断措施，强制驱散闹事人群，必要时，公安机关可使用催泪弹、水枪等非杀伤性警械。

五、做好善后处置工作

大型文体活动闹事同其他治安事件一样，在事态平息之后，如果不能做好善后处置工作，可能导致难以预料的后果。轻则不能有效地减少或避免闹事带来的损失与影响，重则使事件再度爆发，并呈现连锁反应，矛盾加剧，规模扩大，增加平息难度。因此，当闹事人群被驱赶出场或在场外被驱散，围观群众被疏散之后，公安保卫人员要在一定时间内，在闹事主体及一般群众容易聚集的某些地区、场所、部位观察巡视，一旦出现重新纠合闹事的苗头，应及时平息，以免养痈遗患。

第四节 群众性械斗事件处置

330. 什么是群众性械斗事件，其具有哪些特点?

群众性械斗，是指群众因人民内部矛盾引发，使用械具或杀伤性武器相互对阵打斗、残杀的群体性治安事件。

从性质上看，引起群众性械斗的诱因是民间纠纷。有的是因山林、水面、滩涂、草场等的所有权和使用权纠纷引起的；有的因城市开发建设过程中产生的诸如征地补偿、“三废”污染、噪声干扰、日照影响等引发纷争；不同性别、不同民族、不同教派之间，因邻里、婚恋、宗教信仰、民族生活习惯等纠纷引起的械斗；还有的因交通事故、治安案件等触发。其具有以下特点：

一、群众性械斗是一种暴力性群斗行为

所谓暴力性，是指使用刀、枪、棍、棒等杀伤性武器和非杀伤性器具，致使他人身体健康或者生命受到损伤或者死亡的威胁。群众性械斗是一种侵害他人生命和健康的行为，不管是处于进攻的还是防卫的，双方的行为从行为的形式看，都是暴力性的，而且是多人参与暴力性的行为。

二、情况复杂，处置难度大

由于群众性械斗涉及面广，参加人数多；引起械斗的原因既有历史的遗留问题，又有突发性因素；既有权属争夺，又掺杂进了封建迷信、宗教色彩；而且绝大部分群众性械斗是有预谋、有组织的，有的还制定了械斗活动的计划，甚至订立攻守同盟，千方百计对抗政法机关；加之一些基层干部特别是村级干部往往从狭隘的地方本位主义出发，袒护自己的一方，有的成为械斗的组织者和指挥者；而基层干部的参与，客观上强化了群体的争斗心理，使事态扩大，因而增加了处置工作的难度，即平息事态难、调查取证难、善后处理难，有的甚至不了了之，形成恶性循环，连续发生械斗事件。

331. 如何处置群众性械斗治安事件?

一、及时掌握可能引发械斗事件的纠纷苗头

群众性械斗事件有一个发生和发展的过程。因此，要密切注意群众性械斗的征候，及早采取措施，尽可能把各类群众性械斗事件处置在预谋和始发阶段。要通过开展专题调查、处理纠纷、基层工作、治安管理等经常性工作，及时掌握苗头和动向，区分不同情况，及时化解纠纷。

二、宣传教育，积极疏导

要善于通过说服教育的方法进行劝阻，分化瓦解械斗群体，打消他们相互依赖、徘徊观望的思想。要动员有过激行为的人立即停止活动，教育不明真相的群众不要盲目参与。重点做好左右群体局势的关键人物的工作，他们既是械斗的组织者、策划者，也是防止矛盾激化、解除纠纷的先行者，只要抓住他们，就抓住了重点。因此应责令其放弃非法活动，不要做有害于社会，有害于群众的事；同时安排与其关系好或信誉高、影响力强的人员进行个别谈话，把握脉搏，晓以利害，迫使其收敛自己的行为，从而实现解散械斗群体的目的。同时，要主动教育那些已恢复理智的人作出表率，启发和利用他们按照我方的意图，引导其他人员消除心理上的种种顾虑，使之心悦诚服地接受处理。面对叫嚷起哄、煽风点火之徒引起和煽动发泄对领导或政府的不满，或口出挑衅言论，企图激怒对方和处置人员时，处置人员务必要保持头脑冷静，不要同激怒的群众短兵相接打舌战，以免授人以柄，使处置工作陷于被动。现场处置人员要注意抓住关键问题，既要理直气壮、坚决驳斥，把那些无理取闹者的气焰打下去，又要掌握语言技巧和分寸，做到有理、有利、有节。

三、多方协作，妥善处置

（一）穿插隔离。如果双方人员已经处于对峙或械斗正在进行的状态，处置人员要对双方人员进行穿插隔离，穿插的队形一般以箭形为宜，边行动、边警告，迫使械斗双方后退，将械斗双方隔离开；然后划定警戒线，实行控制疏导，避免双方人员接触，使其失去械斗条件，以缓和现场气氛。当双方或一方处于动摇时，参加处置工作的人员要迅速分成若干工作小组，将械斗群体进行分割，化整为零，进行“冷处理”。

（二）驱散无关人员。通过驱散围观人员，造成事件主体孤立受击的局面，使他们不敢轻举妄动。

（三）暗中监控。对械斗事件组织者、策划者和骨干成员应派人监控，防止他们再度生事。在事件平息前，一般不宜采取强制措施。此时不管抓谁，必然会有人来保护，很容易转移矛盾、引起新的事端。

（四）制止暴力，收缴械斗器具。当械斗双方人群冲越警戒线、冲击处置隔离分队，经处置人员宣传、劝阻、隔离无效时，可采取强行驱散手段。与此同时，要立即收缴械斗人员手中的武器和械具，并动员放下武器、械具的群众返回住地。

（五）做好善后工作。对于引起械斗事件的焦点问题，提请当地党委、政府或有关部门及时处理，做到不留尾巴、不存后患，从根本上消除械斗的隐患。群众性械斗事件得到解决后，要就地对群众进行一次社会主义法制教育和政策教育，教育群众要善于运用法律手段和依靠政府解决生产生活中遇到的矛盾纠纷，不能诉诸暴力，从而达到控制和消除群众性械斗活动的目的。

第五节　高校群体性治安事件处置

332. 高校学生闹事有什么特点?

一、高校学生闹事起因多集中在社会热点及与学生切身利益密切相关的问题上

高校教师和学生，思想活跃，眼界开阔，富于理想，勤于思考，反应敏锐，对国家的前途十分关心。他们的知识面宽，同社会各方面联系广泛，对境内外各种信息接受快、来源广、了解多，他们自身的特点与知识层次决定了他们是整个社会思想倾向演变的前锋。所以，高等学校是整个社会的重要窗口，是社会的晴雨表，是社会各种思潮和矛盾的汇集点。

二、时间不特定

有的因社会热点及政治问题引发的闹事，相对集中于一些历史纪念日及敏感时期；有的因后勤管理、治安纠纷等切身利益问题引发的闹事，时间不特定，传播快，辐射广，易波及到社会面上。

三、参与者常常有强烈的情绪表现

大学生正处于生理、心理的敏感期，容易冲动，对于微小的刺激，往往也会失去自我约束和控制力，不善于自我审视。这种情绪的冲动表现为两极，即极易出现高度的兴奋、激动、热情，或是极端的发怒、宣泄、绝望。在某种情景下，这种情绪上的冲动与其心理、社会因素相互作用，极易产生闹事行为。

四、易被别有用心的人利用

高校是青年学生的聚集地。青年学生的特点是求知欲强，思维活跃，但他们毕竟涉世不深，思想单纯，有的人往往激情似火，但还不善于对社会现象和社会问题进行深入冷静的思考，这就容易受社会上那些居心叵测的人的挑拨煽动，充当挑头闹事的工具。高校还是外国留学生集中学习、工作和生活的地方，尤其是留学生较多的院校，由于留学生的宗教信仰、情趣爱好、生理特点和种族不

同，容易与其他学生产生矛盾、缔结怨恨，加之国别、群体作用的因素很强，一旦出现问题，容易产生连锁反应和互动效应。这也很容易成为境内外敌对势力与敌对分子攻击我国的人权、民族或外交政策的口实。

333. 如何处置高校学生闹事?

一、强化情报信息工作，提高预警能力

情报信息工作是及时发现、预防和处置学生闹事的基础和先导。要提高政治敏感度，建立一支多渠道、全方位的信息队伍。要健全信息网络，全面搜集掌握高校动态。积极动员各方面的力量，充分利用学校党组织、教师经常与学生接触，容易与学生打成一片的优势，高效准确地收集掌握各类情报信息。同时，加强信息研判，及时做好动态预测，全面落实应对群体性治安事件的工作预案，提高快速反应能力，一旦发现闹事苗头，能提前报警、超前防范，及时将矛盾化解在萌芽状态。

二、积极疏导，化解矛盾

公安保卫部门要协助高校及其主管部门的党政领导做好疏导调解工作，实事求是地向闹事学生说明情况，认真解决学生提出的诸如教育体制改革、知识分子待遇、后勤服务、毕业分配、治安纠纷等与师生切身利益密切相关的具体问题。应采取正面教育、积极疏导的方法，坚持惩前毖后、治病救人的方针，以诚相待，以理服人。要有针对性地做工作，对学生提出的问题，凡要求合理又能够解决的，在力所能及的情况下，尽量予以解决；有时在不妨碍大局和不违背政策的前提下，做一些适当的让步，以防事态扩大也是必要的。对一时解决不了的，要动之以情、晓之以理，耐心地向学生说明情况，不能粗暴压服。

在事件初期阶段，公安保卫机关不宜公开出面干预，力戒对闹事学生进行指责、威胁甚至动用强制手段等。因此，在做好疏导工作的同时可着便装，做好现场的拍照、取证、保护，有条件的可以录音、录像。要注意发现、识别极少数别有用心的人利用学生情绪的稳定性、困难的承受力、自我约束力等方面的弱点，故意制造混乱，以推动事态的恶性发展。

三、守护要害部位，做好重点保卫

（一）对校内要害部位，要派专人守护，防止有人趁机破坏。要害部位是指对整个高校教学、科研、生活等具有重大影响和作用的部位。主要包括财务室、储蓄所、配电房、图书馆、档案室、计算机房、广播室、食堂、饮水房、汽车库及重要的实验设备场所等。

（二）对派往高校了解情况、处理问题的党政领导干部，要做好保护工作，严防发生围攻、殴打党政领导干部和劫持人质等严重侵犯人身权利的事件发生，确保调处人员的人身安全。

（三）积极指导和协助高校保卫组织维护好高校内部秩序，组织保卫人员巡逻控制，防止打架斗殴、损毁公私财物及其他案件事故的发生。

（四）在解决闹事的同时，要指导学校确保水电供应、生活保障、交通医疗的正常运行，同时做好特殊情况下的后勤服务，防止由此引发新的事端。

四、加强学校周边环境控制

对高校的门口和院墙周围，要派出保卫力量巡逻，加强警戒，防止闹事学生与社会上的不法分子内外勾连、里应外合，挑起更大的事端。并且要掌握动态，设法阻止闹事人员离开学校，防止活动扩散到社会面上去，防止更多的人卷入和出现暴力事件。

第六节　哄抢事件的处置

334. 什么是哄抢事件？

哄抢事件，一般是指参与人数较多，被抢财物数量较大，造成一定后果的非法侵占公私财物的违法事件。

哄抢国家、集体、个人财物是一种违法行为。这种行为在客观上表现为聚众行动，集体哄抢公私财物，把国家集体和他人财物非法占为已有；在主观上表现为行为人是以公开强抢的方式，直接故意的非法侵犯公私财物所有权。易发生哄抢的情况包括哄抢铁路、公路运输物资；哄抢盗伐林木；哄抢煤炭、建材、化肥和农副产品；哄抢丢失的公私财物；哄抢国营厂矿、油田、建筑工地、港口码头和物资仓库等。

335. 如何处置聚众哄抢事件?

第一，及时组织力量赶赴现场，制止不法哄抢行为，抓获为首的哄抢分子，保护受害者及公私财物，控制事态的发展和扩大。

第二，对参与哄抢的群众进行法制宣传教育，动员他们将哄抢到手的公私财物交公或交还失主，使公私财物的损失减少到最低限度。

第三，立案调查，搜集证据，依法查处违法犯罪人员。

第四，区别情况，分别处理。处理过程中，要注意区别带头煽动哄抢与大多数贪图便宜随同参与哄抢的界限；要注意区别哄抢大量财物的人与只哄抢少量财物的人的界限；要注意区别哄抢的性质：对于确系由于灾情生活困难造成的哄抢事件，要以批评教育为主，由有关部门采取救灾安抚和改进供销措施等办法进行处理，并要尽力追回被抢财物。

第五，在党委、政府的统一领导下，配合有关部门和单位处理善后事宜。

第七节　球迷闹事事件处置

336. 什么是球迷闹事事件，其具有哪些特点?

球迷闹事事件是指一些球迷或观众由于某种动因，交互感染、串通，在赛场内实施妨碍赛事的组织管理与正常进行比赛的行为并导致事态加剧、扩大，扰乱比赛秩序，妨害社会管理，具有较大的政治、经济影响与社会危害性的治安事件。

球迷闹事事件与其他因人民内部矛盾激化引起的治安事件相比，有相同点又有其特殊性，其诱发原因、发展过程、危害后果具有以下特点：

一、心态复杂

从参与者在事件中的不同作用、不同心态，大致可分为三种。一是主动型。这部分人有的个体素质差，言行举止不文明，以无事生非、打闹为乐；有的因曾受到治安、刑事处罚，借机发泄内心不满；更有的人别有用心，喜欢煽风点火，推波助澜，力图促使事态扩大化。这部分人虽是极少数，但在闹事中起骨干作用。二是助动型。这部分人以“铁杆球迷”自诩，对赛事中出现的各种“问题”爱“打抱不平”，以满足其表现欲望，遇有人挑头闹事，积极参与助威，有的缺乏自制力，也会做出种种出格之举。三是从众型。受好奇、寻求刺激等心态支配，在闹事过程中从众围观，附和喊叫，这部分人占绝大部分，使处置难度增大。

二、诱因较多

诱发球迷闹事的直接原因往往是一些偶然性的因素，如裁判误判、错判，个别球迷就情绪失控冲入场内，球迷间发生对抗行为；个别球迷不服管理言行出格，对关键性赛事失利不满，以及主队取胜后的狂欢等。

三、扩散迅速

球迷闹事由各种因素促成，但其事态发展转变过程，往往呈一触即发、迅速扩散之势。一是现场扩散快，从叫喊哄闹转变为扰乱赛场秩序、危害公共安全的闹事事件，从局部的滋事转变到大规模的闹事，往往具有突发性。二是舆论扩散快，由于各种媒体对球赛采取现场实况转播，受众面十分广，球迷闹事的信息会在第一时间迅速向全社会扩散。

四、危害严重

球迷闹事不仅影响体育事业的健康发展，滋长不文明行为，与社会主义精神文明建设的要求严重相悖，同时对社会秩序、群众生命财产的安全和国家财产的安全都带来损害，其事态的扩大或被别有用心的人插手，还将给社会稳定带来不良影响。

由于球迷闹事事件具有的以上特点，加大了赛场安全保卫工作难度。一是安保人员难以预测事态发展的规模、性质。球迷闹事扩散快、突发性强，如在思想上、措施上准备不足，易形成被动。二是难以实施现场处置。比如对看台上个别球迷的出格行为，如不能迅速制止控制，就可能引起更大的哄闹。三是难以形成优势力量，速战速决处置局部发生的哄闹。四是难以把握政策界限。参与闹事的人群中，心态各异，作用不一，有的是有预谋的，有的是看热闹的，难以区分。五是难以取证定性。从法律的角度来说，对现行扭获的个别故意扰乱治安秩序，有打砸抢烧等违法犯罪行为的球迷，必须予以制裁；但事过境迁，人证物证难以取得，影响审查定性。

337. 球迷闹事事件表现形式有哪些？

第一，围哄谩骂。在球赛进行中或结束后聚集在球场门口等处，借人多势众，以侮辱性、不堪入耳的语言对球队、球员、教练、裁判、执勤人员进行谩骂、人身攻击。

第二，投掷物品。少数球迷避开检查，将饮料瓶等物品带入场内，遇有不满，即向球员、裁判、执勤人员投掷。

第三，球迷对峙。由于球赛特别是甲级联赛等多采用主客场制，一些组队包车、包船、包机前往赛场助威的球迷，往往与当地球迷产生冲突。

第四，酿成火险。少数球迷为泄愤或狂欢，在看台上燃放烟花爆竹或烧纸、塑料椅等，不仅殃及其他观众，也可能造成火灾。

第五，扰乱场内秩序。少数无票球迷在入场高峰时趁机起哄推挤，混入场内；个别球迷在比赛中翻越栏杆冲入赛场，造成比赛中断；还有的球迷在散场时蜂拥而出，造成通道堵塞，或滞留看台，堵在门口处阻止运动员车辆进出，造成秩序混乱，易酿成挤压伤亡事故。

第六，实施暴力。少数挑头者在观众中起煽动、组织作用，欲将事态扩大化。受少数别有用心的人鼓动，一些球迷把哄闹的矛头指向公安、武警、保安执勤人员，恶语挑衅，或投掷物品袭击民警，推砸警车，阻碍执行公务等。

338. 如何对球迷闹事事件进行现场处置?

一、及时宣传疏导，稳定观众情绪

赛场内一旦出现球迷群情激昂、哄闹现象，现场指挥员应及时掌握动向，可利用广播宣传，解释情况，直陈利害，规劝闹事者遵守国家法律、法规，使那些闹事流氓和别有用心制造事端的人受到孤立，从而为事件的顺利处置创造条件。要与有关部门、人员联系，及时发布通告，正确引导宣传导向，适时揭露闹事流氓，从而稳定观众情绪，将事件平息在萌芽状态。

二、迅速采取措施，保护重点目标

（一）保护重要人员、外宾、运动员、裁判员等的安全。加强对主席台、赛场的警戒，组织引导、保护重要人员、外宾、运动员、裁判员等退出，离开赛场；对尾随、纠缠运动员、裁判员的，要及时疏导，视情况采取驱散措施，防止球迷袭击。

（二）对赛场内的重要部位进行保护。对赛场内赛委会、新闻中心、供电系统、火炬台等部位，进行 24 小时守护。

三、迅速调集力量，分割、驱散闹事球迷，疏散观众

发生球迷闹事后，应迅速调集力量穿插于现场之中，在观众的背面、侧面和中间，布置足够强大的保卫力量。一方面将闹事球迷双方、现场观众分隔开来，阻止其相互联系，避免因少数人的煽动、挑拨，使更多的观众受骗上当，盲目参与闹事活动；另一方面，对煽动闹事和一般违法行为的球迷进行分割包围。

设置警戒线，封锁现场，对观众只准出不准进。禁止场外观众参与进来，聚集围观、闹事，以求最大限度地降低消极互动影响，防止闹事主体扩大。然后，采用由外向内“剥笋式”地分化闹事球迷，削弱闹事主体的凝聚力，从而控制住事态，防止其蔓延、扩大。

对于赛场发生的球迷闹事，应及时予以制止。按照易散不易聚的原则，将堵塞出入口、安全门的闹事者强制带离现场，确保出入通道的畅通。对比赛过程中跳入赛场、扰乱赛场秩序的球迷，现场执勤人员要立即将其带离场地，一般不得动用器械，避免引发其他

球迷哄闹。对人数多、经宣传劝导不能疏散又难以短时间全部带离现场的闹事球迷，可使用非杀伤性警械予以驱散。对于一般的观众，应采取教育劝导的办法，按照指定的路线和出口，将他们疏散出赛场，避免其聚集场内使事件规模与影响扩大。

四、做好善后处理工作

事件平息后，根据闹事主体的行为情节及在事件上所起的作用，分别依法予以处理，并充分利用新闻媒介予以宣传。对大多数观众进行教育，使他们进一步了解事件真相，认识赛场闹事的非法性及严重后果。对于一些不明真相，凭着好奇心与狂热而参与起哄闹事的球迷，着重进行批评教育、劝导说服，使其充分认识到自己的错误；根据其情节，有的可给予治安处罚或通过行政处分，从而达到打击少数、教育多数的目的。同时，在赛场及其附近安排适当保卫力量进行组织巡查观察，防止被驱散的球迷重新纠合、闹事。

第十四章　现场保护方法

339. 什么是现场保护？

现场是指案件和事故发生及与案件、事故有关的一切场所。现场保护，就是指案件和事故发生后，及时采取保护措施，使现场保持案件和事故发生时的原始状态，以便为现场勘查创造有利条件。实践表明，保护好现场有利于查明犯罪活动和事故发生的情况，有利于收集证据，有利于现场情况的保密。保护现场人人有责。对于犯罪现场的保护，《中华人民共和国刑事诉讼法》第 102 条规定："任何单位和个人，都有义务保护犯罪现场，并且立即通知公安机关派员勘验。"这就是说，保护现场是法律赋予每个公民的义务。根据我国治安管理部门的有关规定，公安派出所民警，厂矿、企业、机关、学校的保卫人员，以及治保人员都负有保护现场的职责。

340. 什么是犯罪现场？

犯罪现场，是指犯罪嫌疑人实施犯罪活动的地点和遗留有与犯罪有关的痕迹和物品的一切场所。

第一，犯罪的地点。主要是发生案件的地点。这些地点，是犯罪嫌疑人活动时间长、因果联系集中、留有痕迹物证最多的地方，是罪犯最主要的活动场所。

第二，遗留有与犯罪有关的痕迹、物品的一切场所。指除了犯罪嫌疑人实施犯罪的地点以外的有关场所，即犯罪嫌疑人实施犯罪前预谋犯罪，准备犯罪工具，窥探踩点、出入现场路线和实施犯罪后收藏处理赃物、罪证或肢解、转移、掩埋尸体等一切场所。这些与实施犯罪相连贯的场所，反映出犯罪活动的不同侧面和发展过程，也是犯罪活动的重要现场。

341. 犯罪现场分为哪些种类?

一、按犯罪人实施犯罪的过程划分，可把现场分为预备现场、实施现场、犯罪后应变现场。

（一）预备现场。犯罪嫌疑人准备实施犯罪的地点。

（二）实施现场。犯罪嫌疑人实施犯罪的地点。

（三）犯罪后应变现场（又称掩盖现场）。犯罪嫌疑人作案后隐藏赃物、掩埋尸体和销毁罪证的场所。

二、按犯罪现场在作案过程中所处的地位划分，可把现场分为主体现场和关联现场。

（一）主体现场。又称为中心现场，是指犯罪嫌疑人实施主要作案活动的场所。

（二）关联现场。又称外围现场，是指与案件有某种联系的周围有关场所。

三、按犯罪现场形成之后被变动的程度划分，可把现场分为原貌现场、变动现场。

（一）原貌现场（原始现场）。指发案后至勘查之前，没有遭受自然或人为因素的影响，仍保留着作案地点原貌的现场。

（二）变动现场。指案件发生以后，由于自然或人为的原因而改变了原貌状况的现场。

四、按犯罪现场的真伪性质划分，可把现场分为真实现场、伪装现场、伪造现场。

（一）真实现场。指确实存在犯罪行为而无故意伪装的现场。

（二）伪装现场。指犯罪嫌疑人在实施犯罪过程中，为了掩盖真实动机与目的，以便转移侦查视线，逃避打击，故意将原貌状况进行改变的现场。

（三）伪造现场。指事实上没有刑事案件的发生，而当事人出于某种不可告人的目的，编造事实，制造假象，故意设置的现场。

五、按犯罪人的犯罪行为性质划分，可把现场分为杀人现场、放火现场、毒害现场、强奸现场、抢劫现场、盗窃现场、爆炸现场等。

342. 现场保护的任务是什么?

一旦获悉案件发生，首先奔赴现场，察看犯罪事件是否属实。如确实应立即向公安部门报案，并迅速采取有效措施，保护现场的原有状态，禁止无关人员进入。现场保护的具体任务有以下5项：

一、核实情况，迅速上报

闻悉案件发生后，必须迅速赶赴现场。到达现场后，首先应当对有关案件的情况进行初步的询问和了解，其要点是：

（一）什么时间、什么地点，发生或者发现了什么事件。

（二）发生或者发现事件的简要经过和现场的梗概情况。

（三）事主、被害人的基本情况，受到何种伤害及其程度，或者被抢、被盗财物的基本情况。

（四）犯罪嫌疑人的人数和特征，有无凶器和交通工具，逃跑的方向。经初步核查后，迅速向公安机关报告。

二、划定保护区的范围，布置警戒

根据犯罪现场的情况和周围环境划定保护区的范围，布置警戒，是保护现场的主要措施。范围的大小原则上应包括中心现场和外围现场。划定范围后应布置警戒，将现场封闭，不允许任何人接近。保护现场的人员也不得无故进入，更不准擅自勘查，以免破坏犯罪分子遗留的痕迹和物品。

三、针对现场情况，采取紧急措施

在保护现场的过程中，遇到某些紧急情况时应积极采取紧急措施，减少公民生命财产的损失，保全人证、物证，迅速获取罪证材料。常见的紧急措施一般包括急救人命、排除险情、排除交通障碍、扭送和追缉人犯等。

四、收集对案件的反映，登记在场的证人

负责保护现场的人员应抓紧发案不久的有利时机，及时开展初步访问工作，掌握情况，及时向事主、发现人和现场周围群众了解案件发生、发现的经过，收集群众对案件的议论等，并对现场的在场人员和车辆逐一登记，以便为现场调查工作打下基础。

五、向勘查人员报告发现案件的经过和保护现场的情况

勘查现场人员到达现场后，现场保护人员应将发现案件的经过和保护现场的情况向勘查人员报告。报告的要点是：

（一）案件发生、发现的时间，接受报案的时间，保护现场的时间，以及案件发生、发现的简要经过，保护现场的人员的姓名、单位和职务。

（二）现场发生变动、变化的情况。

（三）事主、被害人、发现人、报案人的基本情况，了解犯罪案件的有关人员的名单及群众对案件的议论、反映等情况。

343. 现场警戒措施有哪些？

由于现场所处的环境和条件不同，保护的方法也多种多样。但不管现场情况多么复杂，其保护时的共同做法是：划出一定的保护范围，把现场封锁起来，禁止与现场勘查无关的任何人进入，以保持现场的原始状态。常用的警戒措施有：

一、设置“人墙”

在来不及设置障碍和现场警戒线，或者案情十分重大的现场，以及处于闹市区域的现场，现场警戒人员应组织群众或利用自己的身体组成“人墙”临时应急警戒现场。

二、设置障碍物，划警戒线

利用警戒带、结实的绳索、铁丝或其他物品，在保护区外道路上摆放障碍物，设置警戒线。条件许可时，还可在现场周围拉绳索或撒白灰作为标记。警戒带的高度一般在人的腰部为宜，同时，在现场警戒线外设置岗哨看守，防止他人翻越障碍物出入现场。

三、封锁交通道口，指挥现场交通

如果现场范围较大、案情重大，或者现场上存在险情需要排除，而现场周围来往的车辆、行人又很频繁时，应根据实际情况，封锁通往现场的交通道口，禁止车辆行人通过。同时，派出专人指挥现场交通，让车辆、行人绕道通行。

四、张贴布告、关闭大门、划出通道

若现场在室内、院内的，可暂时将大门关闭，张贴布告，禁止

无关人员进入，同时为不影响室内、院内住户的日常出入，应根据现场具体情况，划出供其出入的通道。

在采取警戒措施的同时，还应开展以下工作：

第一，劝退或撤离现场围观人员。

第二，禁止外人闯入保护区。

第三，圈养或赶走家禽、牲畜。

第四，设置现场接待站，处置现场保护中的各项事务。对前来采访的新闻记者，要予以接待，但在侦查人员到达现场之前，不得擅自透露现场情况，更不能擅自准许其进入现场。

344. 如何保护室外、室内现场？

室外现场的保护，通常是划出一定的范围布置警戒，将现场封锁起来，禁止一切无关的人员进入。保护区范围的大小，原则上应当把所有留有痕迹、物品的场所都包括进去。通常的做法是先划得略大一些，勘查人员到达现场以后再根据情况调整缩小。

第一，范围较大的现场，可在通往现场的各个道口，布置岗哨，设置路障，禁止行人和车辆进入。现场周围设置的岗哨之间的距离应以相互能够照应为度。

第二，范围较小的现场，除了应派专人进行看守外，条件允许的，可在现场周围布置警戒带或绕以绳索，或撒白灰作为标志，阻止行人和车辆撞入。

第三，有道路通过的现场，一般应暂时中断交通，派出专人指挥来往行人、车辆绕道而行。但如果系铁路和公路干线，过往车辆频繁，附近无岔道可绕，侦查人员又不能及时赶到现场时，可在现场保护人员的指挥和监督下，或在现场保护人员对影响车辆通行的尸体、痕迹、物品作妥善的保存处理后，允许车辆通行，以免造成大规模的交通堵塞。

第四，城市繁华街道或者人口稠密地区的现场，为了防止围观群众过多而冲击现场，要派出较多的力量维持现场秩序，指挥疏导来往车辆和行人，同时要加强对保护区的看守，以免现场受到变动、破坏。

第五，住户院内空地上的现场，可暂时将大门关闭，张贴布告，禁止无关人员入内，或者明确划定禁止入内范围。如果院内住户较多，在封闭现场时应注意留出一定的通道，以免影响群众的正常工作和生活。

针对室内现场，可采取以下几种保护方法：

第一，单门独院的室内现场，可在该现场所在房门、窗户和房间外周围四五米外的地方，划出一道现场警戒线，设岗看守。

第二，楼群内某个办公室或住户的室内现场，可在出事房间的门、窗外设岗看守。如果对现场周围的职工群众的工作、生活没有多大影响，现场保护区的范围也可扩大到通往出事房间的楼梯，以及周围的房间、通道等。或者可在封闭室内现场的同时，对上述可能留有犯罪痕迹、物品的地方进行一次巡查，若发现可疑的痕迹、物品，就地保护起来。但要注意尽量减少因此给该楼内居民群众的工作、生活带来的不便。

第三，其他范围较小的室内现场，如果侦查人员一时不能赶到现场，可以先将现场上的门窗封闭起来。但事先应记明现场门窗的原始状况。现场保护人员在封闭门窗时，应避免接触门栓、锁头、插销等可能留有犯罪痕迹的地方，更不要把自己的指纹留在门窗上。

345. 如何保护现场痕迹物品?

根据室内、室外犯罪现场的痕迹、物品的特点，对不同情况下的犯罪痕迹、物品的保护，有以下几种方法：

一、警戒法

警戒法，是指不进入现场内部，而在现场周围设岗，警戒看守痕迹、物品的保护方法。这种方法适用于一般的室内犯罪现场，只要在现场出入口外派人警戒看守，现场及其痕迹、物品即可得到保护。另外，某些室外现场，如地处偏僻地方的犯罪现场，或者现场不具备用其他方法进行保护的条件，也可以用警戒法进行保护。

运用警戒法时要注意：在看守时不仅要防止人为因素的变动、破坏，而且还要注意非人为因素（动物闯入、温度湿度影响）对现场的变动，防止发生意外。

二、标记法

标记法，是指在犯罪痕迹、物品周围用一些醒目的物品作标记，以提醒或告诫人们注意保护的一种方法。这种方法主要用于以下两种现场：一是遇有某种紧急情况的室内现场。二是范围较大，痕迹、物品较分散，随时有被人为因素变动的室外现场。

运用标记法时应当注意：保护人员在行动中应尽量减少对客体物的变动；标记物的颜色应与被保护痕迹、物品载体的背景形成鲜明对比。

三、遮盖法

遮盖法，是指在犯罪痕迹、物品上用适当的物品进行遮盖保护的方法。这种方法主要适用于室外现场痕迹、物品的保护，特别是遇到刮风、下雨、下雪等情况时，可以用盆、塑料布等不透风雨的物品进行遮盖保护。

运用遮盖法时应当注意：一是忌用带有浓烈气味的器物遮盖，以免污染嗅源，妨碍使用警犬追踪鉴别；二是如遇下雨且雨水较大时，还应当在痕迹、物品周围挖一道排水沟，让积水顺沟流走，以免损坏痕迹、物品。

四、转移法

转移法，是指转移现场上带有证据的物体，以适当方式保存保护的一种方法。这种方法主要适用于两种现场：一是具有某种特殊紧急情况的室内现场；二是地处特殊位置的室外现场。

运用转移法时应当注意：一是在搬动或转移物体前，必须先标明或记录物体的原始状态；二是在搬动或转移物体时应当选择适当的部位和动作，以免改变、损坏原有的痕迹，或者留下保护人员自己的痕迹。

五、提取法

提取法，是指在保护现场过程中，用适当的方法将特定的痕迹物品进行提取的一种方法。这种方法适用于现场上存在细小物品和贵重物品，如不提取就可能使其遭受变动、破坏的情况。

运用提取法时应注意：一是在提取痕迹物品前应先固定记录；二是此法应尽量少用，只是在特定的情况下，即现场上存在细小物品、贵重物品，如不提取就会使痕迹物品遭受变动、破坏时才使用。

在现场痕迹、物品的保护过程中，上述几种方法既可单个运用，也可综合运用，可根据现场情况而定。

346. 如何保护现场尸体?

一、室外暴露在空气中尸体（尸块）的保护

对这类尸体，要用苇席等物进行遮盖，以防烈日暴晒，加速腐败过程。如遇下雨、降雪、刮风等气候变化时，应用塑料布等不透风雨的材料遮盖，以免尸体上附着的血迹、毛发、精斑等被散失、污染和变化。处于山林、旷野等处尸体（尸块）的保护除了上述要求外，主要是现场保护人员要加强值班看守，以防止尸体受到兽食鸟啄而发生变化。

二、水中尸体（尸块）的保护

如果确认水中的被害人已经死亡，则不必打捞上岸。因为尸体暴露在空气中较之浸泡在水中更容易腐败，而且打捞时，极易损伤尸体上的附着物，从而增加检验工作的难度。如果尸体处于水流湍急的水中，尸体有被水冲走的危险，应设法加以固定，无法固定的，则打捞上岸并进行遮盖保护。如果尸体位于深水区，可将尸体置于浅水区保护，而不必打捞上岸。在打捞尸体时，不要使用铁钩等尖硬物去打捞，以免形成新的损伤而增加现场勘查工作的复杂性。尸体打捞上岸后，应就近存放。

三、火场中尸体的保护

如果尸体有被烧毁或被倒塌的物体覆盖的危险时，应首先记录尸体的原始状态，然后设法将尸体移出火场保存。对于搬运出的尸体，要用干净的遮盖物将其遮盖好。如火已被扑灭，尸体不存在被破坏的危险时，则不用移动尸体，应就地保护。

四、吊挂尸体的保护

发现吊挂尸体，首先判明被吊挂者是否死亡。如果确认吊挂者还活着，需要急救人命时，可用剪刀将颈部未打结处的绳索剪断（切忌解绳），并将绳索完整地保存好。在摘卸吊挂者时应注意方法，应由一人或几人托住吊挂者，另一人将绳索剪断，然后将吊挂者轻放在适当地点进行抢救或保护，以免吊挂者被摔坏形成新的伤痕。如果被吊者确已死亡，则不必急于将尸体卸下来，应照原样进行保护，以便侦查人员进行勘验、检查。

五、位于交通要道上的尸体的保护

可暂时中断交通，让车辆绕道行驶；如果车辆无法绕道行驶，在不影响尸体原始状态的情况下，可在现场划出一条通道，在保护人员的指挥和监督下，让车辆慢慢通行；如果尸体所在位置阻碍车辆通行，而车辆又无法绕道行驶时，可将尸体移至路边，保持尸体在现场上的原有姿势和状态并用干净的遮盖物加以遮盖保护，同时派专人负责守护，防止动物啃咬尸体。

六、移动搬运尸体的注意事项

（一）移动搬运前要对尸体在现场的姿势进行标划和记录。标划尸体前应选择好进入现场的路线，标划者一般应站在尸体的腰部，选择尸体的头或脚为起始点开始标划。标划时应注意尽量减少在现场的移动，避免对尸体的触碰，标划过程要既快又稳。

（二）移动时要尽量使用担架、门板等适当的工具，以防止因搬动不当而造成新的伤痕。

（三）搬运人员要戴手套，尽量避免触碰尸体上的伤痕和留有痕迹物证的地方，在移动过程中，要保持基本平移；双臂交叉放在胸前。

（四）为了防止死者手中、鞋上、脚上粘附的微量物质在移动过程中丢失，可在尸体的手、脚套上干净的塑料袋，用橡皮筋将口扎紧。

（五）如果没有特殊原因，移出现场的尸体仍应按搬动前的姿势存放。

（六）严禁死者家属因悲痛而触摸尸体，破坏尸体上的痕迹物证。

347. 盗窃案件现场处置与保护要点是什么?

一、现场保护的重点

（一）作案人出入现场进出口，如门、窗等。

（二）被盗财物存放处所，如被作案人破坏翻动过的箱柜、抽屉等。

（三）盗窃现场外围，如围墙周围、现场周围有作案人的明显逃跑路线的地点、作案人遗弃物品的处所。

二、抓捕、追堵犯罪嫌疑人

进行临场处置时，如遇到犯罪嫌疑人还未逃离现场时，应当对犯罪嫌疑人实施抓捕；对尚未逃远且知道犯罪嫌疑人体貌特征、逃跑方向及携带赃物特征的，应迅速报告上级，组织设卡堵截。

348. 杀人案件现场处置与保护要点是什么?

一、抓捕、控制犯罪嫌疑人

进行临场处置时，如发现犯罪嫌疑人仍在现场时，应组织力量将犯罪嫌疑人抓捕；如犯罪嫌疑人作案后尚未逃远，应组织力量进行追堵；如发现重大犯罪嫌疑人，应立即组织专人看护、监控，以防止其自杀、逃跑、继续行凶杀人或毁灭证据。

二、抢救伤员、排除险情、疏导交通

（一）抢救被害人时，如被害人生命垂危，应尽可能从其口中了解有关犯罪嫌疑人的情况；对受伤的犯罪嫌疑人也要进行抢救，以获取其口供与其他证据。

（二）抢救、排险过程中，要注意对现场的保护，移动物品、伤员、尸体前应对其原始状态进行记录。要特别注意发现受伤人员的衣物、鞋袜是否有泥土、血迹等，对容易遭到破坏的应尽可能提取，并做好记录。

（三）封锁现场，严禁一切行人、车辆通过，疏散围观的群众远离现场。

349. 爆炸案件现场处置与保护要点是什么?

一、抢救排险，维护秩序

（一）在医护人员的陪同下抢救受伤的被害人、证人。

（二）如爆炸引发火灾，应通知消防部门灭火。

（三）疏散围观群众，封锁危险地域，禁止一切人员靠近。

（四）通知专业排爆人员处置未引爆的爆炸物、爆炸装置。

二、进行现场询问

（一）询问爆炸案件现场的目击者，了解发现爆炸的时间、具体的部位，爆炸时看到的火光、烟雾的颜色，当时的气味，听到的爆炸声响等情况。

（二）询问在场的群众，了解参加抢救排险工作的人员情况，如人员的姓名、住址、工作单位等，在民警到达现场之前现场的状态及变动情况，在抢救排险过程中发现的可疑人、可疑事、可疑物。

（三）询问事主及知情人，了解现场内部的原始状况，如物品的摆设，堆放的易爆物品的种类、数量、部位、存放的方法等，在社会上有无各种纠纷、矛盾，有无怀疑对象以及怀疑对象的具体情况。

三、保障警卫对象的安全

在临场处置中如发现爆炸是针对党政军首脑或国家的重要设施时，应使用交通工具迅速掩护警卫对象脱离危险区域或组织力量在重要设施外围进行严密警戒，禁止无关人员靠近。

350. 纵火案件现场处置与保护要点是什么？

一、组织救火，维护秩序

（一）救火过程中应注意观察风向、火势、火焰及烟雾的颜色、气味等；

（二）排除房屋倒塌、余火重新燃烧的危险。

二、现场基本稳定后，立即进行现场初查

重点了解起火的时间、地点、经过、燃烧现象特征、救护措施、现场变动情况、可疑情况、事主的为人表现、社会关系、有无矛盾等。

三、缉捕、控制犯罪嫌疑人

351. 计算机犯罪现场保护要点是什么?

第一，封锁所有与犯罪有关的现场，包括锁上文件柜、工作台、计算机工作室和进出路线，在出入口设岗看守，禁止无关人员靠近。

第二，封锁整个计算机系统所涉及的区域，同时对网络通信线路设线所经过的不安全区域也要注意保护。对于网络系统封锁和控制的重点是服务器和特定的客户机。

第三，切断远程控制。检查计算机是否连接有电话线，如果有应该将其拔下；在局域网中要检查是否连接有电缆，如果有应予以分离；还要注意发现附近有否无线调制解调器，如果有应将其关掉。

第四，查封所有涉案物品：

(1) 磁盘、磁带机、CD-ROM 等存储设备及存储介质；

(2) 所有的打印输出和打印机色带；

(3) 所有电器、调制解调器等网络部件；

(4) 录音电话传真机、台历带定时功能电子日历；

(5) 机房中所有文档；

(6) 重点保护好系统日志、应用软件备份。

第五，根据案情，也可先在保密的情况下复制机内可能与罪犯有关的所有信息资料，特别是系统日志等，再让原使用者继续进行日常的计算机操作，这样一方面可避免罪犯毁灭证据，另一方面便于通过分析机内信息或数据的变化来掌握犯罪活动情况，以发现犯罪证据。同时也有利于维护发案企业的经济利益。

第十五章　现场急救技术

第一节　现场急救概述

352. 什么是现场急救?

现场急救，是指在伤病发生、发现的现场，对伤病人员采取的紧急救护措施。

这里所说的现场急救并非专业医护人员对伤病人员的现场治疗，是指保安人员在专业医护人员尚未到达现场的情况下，利用现场环境可提供的人力及物力，对伤病人员采取的临时紧急救护措施。当人遭受到意外伤害、突发疾病时，保安人员往往先于医生和救护车到达现场，为了挽救生命（不论是普通公民还是犯罪嫌疑人），都有责任对伤病者进行现场急救。

353. 为什么要掌握现场急救技术?

现场急救是医学的一个分支学科，是一门应用科学。对于保安人员而言是勤务技能的一种，是必须掌握的基本技能。保安人员的工作面向社会，处于治安保卫工作基层一线，直接同社会公众打交道，查处各种违法犯罪行为，预防、制止和打击犯罪，为社会提供服务，救助危险群众。同时，保安也是一种高风险的职业，极易受到违法犯罪人员的侵袭，如何有效地救助他人和更好地保护自己进行自救同样重要。意外事故或疾病难免发生，但致残或死亡可以尽量避免、减少，最关键、最重要的是当突发事件发生后，现场抢救应及时，技术须得当，护理要得法，经过抢救能使伤病人员转危为安，避免不必要的伤亡。

目前，一线保安人员缺乏医学知识，不会做现场急救的问题是普遍存在的。在执勤过程中经常遇到危重伤病人员，在现场处置时，无法施救也不会施救，只能将现场伤病人员转移到安全地方等救护车来，情急之下直接送到医院。事实上从伤病人员被现场发现后到送到医院治疗，这段时间成为医疗空白区，这段医疗空白区恰恰是抢救伤病人员的关键时段，称为救命的黄金时刻。及时有效地急救，可以挽救生命；处置不当，坐失良机，救命的黄金时刻则成为要命的黑色时间。这正是掌握现场急救技术的价值所在。忠诚敬业的保安人员在现场，面对危重伤病人员束手无策心急如焚的场面并不少见。如果具备了现场急救能力，通过一个简单的处理，就可能会收到妙手回春的效果，使一个宝贵的生命得以延续，其价值和意义不言而喻。现场急救填补这个医疗空白区，并不是靠高不可攀的高超医术。急救的对象大部分是受伤人，少数是病人，对不同的伤病人员处理的方法不同，但基本原则是一致的，比较容易掌握，不需要复杂的医疗设备，但其在挽救生命方面的作用十分明显。

354. 现场急救的任务是什么?

一、挽救伤病人员的生命

这是现场急救的首要任务。保安人员在执勤时遇到的案件、现场和伤病人员的具体情况种类多样，即使是同类案件，也有着很多差异，不论具体情况如何复杂，都要把伤病人员的生命放在首要位置上，千方百计，竭尽全力地进行抢救。在拨打了“120”电话的同时，在现场要进行积极的救护。当然，保安人员自身必须要具备现场救护的能力，否则，不仅无法施救，还可能由于判断失误、操作方法不当，导致不良后果。

二、调查案件事实

在现场急救中，有些伤员是由于受到违法犯罪行为的侵害或者是治安灾害事故的直接受害者，这些伤员既是受害者，又是知情人、证人，他们最了解案件发生的原因、过程、违法犯罪人员的具体情况。执勤人员在第一时间赶到现场，进行急救的同时，还要抓住案件刚刚发生，当事人记忆犹新的有利时机，尽量争取时间询问伤员，从他们的讲述中了解案件情况，获取证据。特别是对伤势严重、处于休克、昏迷前期的受害人，更要抓紧时间，用简短、明确的语言询问。比如，谁打的、几个人、用什么打的、往什么方向跑了等问题。这时伤员讲的一两句话，很可能成为破案的重要线索。

355. 现场急救应遵循哪些原则？

一、先抢救生命，后勘查现场

保安人员在处理刑事案件、治安案件或治安灾害事故等各类现场时，首先要确定是否有人在里面，人的伤势如何。对伤势较重、生死不明的，还要通过现场快速鉴定方法确认人是否死亡，常用的鉴定方法有3种：

一是用双手拇指用力按压眉弓下眶神经孔，观察伤者有无反应；二是用手电筒光直接照射瞳孔，观察瞳孔见光有无缩瞳反应，离开手电筒光，有无散瞳反应；三是针刺人中或用指甲用力掐人中，观察有无反应。凡是有伤者在内的现场，首先要抢救伤者，不能因为案情重大，现场重要而封锁现场，不去抢救伤者或者先勘查现场后救人，延误急救时间。

二、既要救人，又不破坏现场

案件现场是调查案件的基础，是与案件相关的各种痕迹物证、信息的载体。现场急救与保护现场两者之间确实有一定的矛盾，不能因此而不去救人，也不能为救人而忽视对现场的保护。只要遵守工作规则，对这个矛盾就能妥善地处理好。

先期到达现场的保安人员，如需进入现场，应沿着一定的路线谨慎进入现场。比如，沿着墙壁进入，绕过痕迹物品，不能无视现场情况径直冲入。进入现场后，用简单快速的方法确定人是否死亡，如果没有死亡，沿着进入的路线将伤员抬出，并要做好标记，注明伤员的身体位置、姿势和出入路线。在救人时，不能破坏现场，也不能影响和干扰物证的提取和鉴定。比如，对上吊没死的人现场急救，在卸下上吊人的操作中应戴手套，需要剪断缢绳时，不能破坏绳结。如果是开放性“U”形绳套，不要在兜住弧处剪；如果是闭锁性“O”形绳套，应在兜住弧的两侧剪断缢绳。要知道，第一时间进入现场急救的人，一个不当的动作，可能会对现场造成致命的破坏，甚至阻断了破案的路径。

第二节　伤病人员现场检查的方法与步骤

356. 怎样对伤病人员进行初步和全身检查?

保安人员赶到现场后，首先要对伤病者进行检查，对其伤病种类程度作出判断。初步检查的要点：

第一，观察：呼吸、出血、瞳孔、肤色、分泌物、外观。

第二，触摸：脉搏、体温、疼痛反应、肿胀程度、皮肤湿冷或干燥。

第三，交谈：判断伤病者的意识状况、询问伤病发生的过程、疾病史、活动能力、疼痛感觉、姓名、住址、单位、电话号码。

在初步检查之后，如果现场情况允许，认为确有必要时，应当对伤者进行全身检查。检查的顺序是头、颈、胸、腹、背、骨盆、四肢。全身检查的要点：

一、头部

（一）检查头皮有无肿瘀、出血、畸形或凹陷。

（二）眼睛有无异物或损伤，瞳孔对光线的反应是否正常。

（三）耳朵及鼻孔有无渗液或渗血，耳后有无积血。

（四）口腔内是否有伤口、异物、松脱牙齿或假牙。

二、颈部

有无肿胀、畸形及出血。

三、胸部

（一）检查有无骨折及出血。

（二）观察两边胸部起伏是否平均。

四、腹部

按压腹部有无感到硬实或伤者感到剧痛。

五、背部

用手感觉背部有无肿胀及畸形。如果前部无严重骨折，可转侧检查背部有无其他伤势。

六、骨盆

轻压两边盆骨，检查有无骨折，膀胱是否胀满。

七、肢体

（一）检查有无出血或骨折。

（二）皮肤感觉有无丧失或刺痛。

（三）检查远端血循环。

全身检查的步骤：

第一，轻摇伤病者的肩膀并呼唤，试验他的反应；有反应，即代表仍有心跳和呼吸。如伤病者是俯卧的，在可能情况下应将其转为侧卧，方便检查。

第二，畅通气道可以用仰头抬颈法，防止舌头倒后影响呼吸；如果怀疑脊椎骨折，应马上用仰头举颏法，以免因抬颈而移动脊椎骨折处。

第三，检查呼吸。利用视、听、感觉的方法 3～5 秒检查伤病者是否仍有呼吸，如果有呼吸会看到胸部上下运动，急救人员将耳部和脸颊靠近伤病者口鼻，可以听到、感觉到呼气。如果伤病者呼吸微弱或呼吸停止，应立即进行人工呼吸。

第四，检查脉搏。用手指按压伤病者的颈动脉 5～10 秒，以确定有无心跳；如果没有感受到脉搏，意味着心跳可能停止，应立即进行心肺复苏术。

第五，控制严重出血。如果发现有大量出血的伤口，要立即采取止血措施。

357. 对创伤、伤员怎样进行分类?

创伤是人体体表或体内组织器官受损的现象。创伤主要是由外边造成的，包括机械、枪弹等。按伤情可分为两种：一是闭合性创伤。皮肤外表完整而下层组织受到损伤，如挫伤。二是开放性创伤。皮肤及下层的组织均受到损伤，并有创口，如切割伤、撕裂伤、穿刺伤等。

按创伤的合并损伤可分为 3 种：一是出血。根据血流速度及颜色的不同，可分为动脉出血、静脉出血和毛细血管出血。动脉出血似“喷泉”，血色鲜红，并与脉搏节律合拍喷涌而出。静脉出血时，血液由伤口不停地流出，颜色呈暗红。毛细血管出血，血流缓慢，能自动止血。二是组织损伤。创伤的同时可以伤及血管、神经、肌肉、骨骼等。三是感染。由于损伤加之其他因素条件的影响，可引起发炎、化脓、组织坏死、败血症、破伤风等。

根据伤情，伤势轻重程度，对伤员可分为3类：一是危重伤员，身体各部位大出血、内出血、重度脑外伤引起的深昏迷、严重休克、呼吸和心跳骤停等。二是重伤员，有脊椎和开放性骨折、内脏损伤、大面积烧伤、严重挤压等。三是轻伤员。仅有局部组织的擦伤、挫伤或皮下血肿等轻微损伤。

358. 检查伤势的要点是什么?

对现场的伤员进行检查时，无论是什么创伤都不能只看局部而忽视全身情况的检查，特别要注意是否有复合伤口存在。要学会简单、快速地检查伤员的伤势，检查的主要项目是：

第一，心跳（脉搏）：快、细而无力的多见于严重创伤、大量失血的人。

第二，呼吸：快、浅而不规则，多见于危重伤员。如果呼吸变得缓慢、不规则，伤员可能濒临死亡。

第三，瞳孔：脑部受到严重伤害的人，两瞳孔大小不等。如果瞳孔散大、固定、对光反应消失，则可能处于临死状态。

因此，检查伤势时，要把握死亡的三大特征：心跳、呼吸停止、瞳孔散大而固定，依此作出初步判断。

359. 怎样进行呼救?

在现场对伤病者进行初步检查后，要在采取急救措施的同时，立即向当地急救中心、医院急诊科、红十字救护站（点）呼救。因为，在现场进行的急救，仅仅是应急处理，给伤病者以初步紧急救助，要挽救伤病者的生命，仅凭这些是不够的。遇到下列情况，应当及时呼救：

第一，各种急性疾病，如突然晕倒、休克等。

第二，遇到意外灾害事故，如火灾、触电、塌方、溺水、交通事故、刀刺、枪击，药物、化学气体中毒造成的人身伤害。

第三，老弱者急症或孕妇突然临产等。

呼救的主要方式是打电话。在脱不开身的情况下，可以请周围群众帮助拨打电话。无论何人呼救，都要在电话中讲清下列内容：

第一，报告发生了何种意外，是急病、还是意外事故。

第二，如果是突发疾病，要报告病人症状、姓名、性别、年龄、人数。

第三，如果是意外事故，要报告是何种事故、发生地点、伤亡人数、伤者基本情况。

第四，准确地报告伤病者的详细地址、到达现场的路径、现场周围的明显标志，接车人的特征。

第五，要求接听者将内容复述一遍，纠正对方的差错，确认无误后再挂断电话。

第三节　心肺复苏技术

360. 什么是心肺复苏技术？

心肺复苏技术，是在伤病者呼吸和循环骤停的情况下，急救员采取人工呼吸，代替伤病者自主呼吸，以心脏按摩形成的暂时性人工循环来诱发心脏自主搏动的一系列急救措施。从而使血液携带氧气到脑部，维持生命。心肺复苏技术又简称为 CPR。

361. 心肺复苏技术适应哪些伤病者？

这里所说的心肺复苏是指针对猝死者在现场所采取的徒手抢救。其技术易于掌握，也不需要借助任何设备，只要及时、正确地运用抢救措施，对挽救生命能起到重要作用。

现场心肺复苏技术适应的对象有：溺水、触电、一氧化碳中毒、药物中毒、过敏反应、心脏病突发、异物梗塞、窒息、车祸等造成的呼吸、心跳停止的伤病者。

362. 心肺复苏的目的是什么？

人的心跳、呼吸停止后，时间过长会导致脑组织缺氧而形成脑死亡。人的脑组织对缺血缺氧十分敏感，在常温下缺氧不能超过3分钟。如果心脏骤停3秒钟，会感到头晕；10～20秒钟，昏厥或抽搐；30～45秒，昏迷或瞳孔散大；60秒钟呼吸停止、大小便失禁；3分钟后，脑细胞开始受损伤；4～6分钟，脑细胞开始不可逆转的损伤；6分钟以上，会造成脑细胞无法复原的永久性损伤；10分钟以后，脑细胞基本死亡。心肺复苏的目的就是恢复伤病者的人体循环功能，避免脑细胞因缺氧而死亡，从而挽救生命。

363. 心肺复苏的重要条件是什么？

心肺复苏技术的使用能否成功，最重要的条件是时间。必须争分夺秒，及时抢救，一般情况下，须在心跳停止的4～5分钟之内立即进行。复苏术使用得越早，其成活率越高，这里真正体现了时间就是生命。临床证明，4分钟之内效果最佳，8分钟之内也能收到较好的效果。超过8分钟死亡率高。时间过长，尽管抢救员技术娴熟，也可能是“回天乏术”。

因此，在执勤中，要增强现场急救意识，不仅要掌握急救方法，还要抓紧时间、分秒必争、及时施救，提高现场急救的效果。

364. 怎样判断心跳、呼吸骤停？

只有在伤病者心跳、呼吸骤停时才能施行心肺复苏术，这是先决条件。如果在心跳有搏动时，施行胸外按压是非常危险的，会适得其反。因此，准确判断心跳、呼吸是否停止十分重要。主要从以下几个方面来检查、判断。

一、检查呼吸

首先要观察伤病者胸壁有无上下起伏活动，可以将手掌心或耳朵、面颊贴在伤病者的鼻腔、口腔前，体察有无气流进出。也可以用一丝薄纸片、餐巾纸、一缕棉花、纤维放伤病者的鼻、口前，观察是否随呼吸来回摆动。如果没有呼吸迹象，可以初步判定为呼吸已经停止。

二、检查脉搏

检查脉搏主要部位是颈部两侧的颈动脉和大腿内侧根部的股动脉。成人在安静时，每分钟脉搏为60～100次，大多数为60～80

次。用食指和中指轻轻触及颈动脉或股动脉。如果脉搏消失了，可以初步判定为心跳已经停止。

三、检查心跳

心脏跳动是生命存在的主要征象。抢救人员可将耳朵紧贴在伤病者的左胸壁，听是否有心跳。当无法听清或者停止，可以初步判定为心跳已经停止。

根据上述情况，再结合对伤病者的瞳孔光照反应以及面部的体征，对其作出最后判断，决定采取心肺复苏术。应当注意的是，现场的检查、判断要迅速、果断，不得耽误过多时间，丧失抢救的机会。

365. 什么是人工呼吸法?

人工呼吸法是抢救员对不能正常自行呼吸或呼吸发生困难的伤病者，使用人工的方法帮助其得到被动式的呼吸，将空气迅速送到伤病者的肺脏中，使脑部在停止呼吸时继续得到氧气的供应，进而恢复自发性呼吸。

人工呼吸法分为直接入气法和间接入气法两种，而直接入气法是目前被公认的最有效的人工呼吸法。就是急救员直接从伤病者的呼吸孔道输入空气（氧气）到呼吸器官中，然后让其自行排出，完成吸与呼的循环，主要有口对口人工呼吸法、口对鼻人工呼吸法。下面所介绍的就是直接入气法。

366. 实施人工呼吸之前应做哪些准备?

第一，实施人工呼吸的地点，应选择在空气流通新鲜的地方。

第二，畅通伤病者的呼吸道。这是十分重要的环节，直接关系到人工呼吸抢救能成功。其步骤方法是：

（1）将伤病者的头稍侧转，取出假牙、松开衣领、领带、胸罩、腰带及紧身衣物等。清理口腔、鼻腔内的痰、涕、淤血和异物。

（2）用仰头举颏法或仰头抬颈法打开伤病者的气道。

①仰头举颏法的要领：急救员跪在伤病员的头部一侧，将靠近伤病者头部的手放在其前额上使头部后仰，用另一只手的食指与中

指放在下颌骨上，将下巴向上抬起往前推。

②仰头抬颈法的要领：此法与仰头举颏法不同的是抢救者另一手放在伤病员的颈后，将颈部向上托起。

采取以上两种方法，伤病者的仰额头程度的要求是：伤病者的下颏与耳垂连线和地面垂直，只有这样才能防止舌倒后，阻碍气道。

367. 怎样实施口对口人工呼吸？

口对口人工呼吸法的全部步骤和方法如下：

第一，轻拍伤病者肩部。

第二，在伤病者耳边呼唤。

第三，用正确的方法将伤病员放平仰卧。

第四，畅通气道，采用仰头举颏法或仰头抬颈法。

第五，将耳贴近伤病者鼻尖3厘米处，观察其胸部的起伏，听及感觉其呼吸流动的情况，即观察—听—感觉。以上每个动作需3～5秒钟。

第六，捏紧伤病者的鼻孔，用双唇紧盖住伤病者的口部；吹气2次，每次用1.5～2秒钟，吸气量为0.8～1.2公升。每次吹气后，急救员将双唇离开伤病者口部，使其自发性排气并留意胸部的起伏。

第七，实施口对口人工呼吸每分钟检查伤病者的呼吸、脉搏各一次。

368. 怎样实施口对鼻人工呼吸？

适合采用口对鼻人工呼吸法的情况是：伤病者口部紧闭不能张开；口部严重受伤、导致口部不能吹气；伤病者下颌骨骨折或牙齿完全脱落，急救员无法把伤病者的口紧盖；其他原因使急救员认为用口对鼻呼吸法更为适宜。

口对鼻人工呼吸的步骤方法与口对口人工呼吸基本相同，但应特别注意以下两点：一是用托下颌的手将伤病者双唇紧闭，急救员用双唇紧盖伤者的鼻部，然后进行吹气动作。二是完成吹气后，将托颌的手放松，使伤病者自发性进行排气。

369. 怎样实施心脏按压?

心脏按压是指间接或直接按压心脏形成暂时人工循环的方法，与人工呼吸同样，是心肺复苏阶段采取的主要抢救措施之一。心脏按压分为胸外心脏按压和开胸心脏按压两种，由于开胸心脏按压对现场条件、技术水平和仪器设备要求很高，不适合警务现场急救，这里仅介绍胸外心脏按压的方法。

将伤者平卧于木板、地板或现场的地面上，急救员在伤病者的一侧立位或跪位，一手放在胸骨中下 1/3 交界处，手指稍向上伸，另一手交叉平放在手背上，有节律地将胸骨垂直向下按压 4 ~ 5 厘米，每分钟 60 ~ 80 次，双手不离开胸壁。当触到颈动脉有搏动时，说明按压有效。如果心脏已恢复跳动，但心肌收缩无力、血压偏低，可继续按压一段时间，但按压的节奏应与心跳同步。

心脏按压可以单人按压和双人按压。并与人工呼吸同时进行。应当注意的是不要用力过大，造成肋骨骨折，易折的断端有时会造成肺、肝、脾、心脏的损伤。另外，老年人通常骨质疏松，更易发生骨折，在操作时要格外注意。

370. 心肺复苏术的程序有哪些?

心肺复苏术是人工呼吸和胸外心脏按压的合并使用，主要包括开放气道、人工呼吸、人工循环（即胸外心脏按压）3 个部分，基本程序和方法如下：

第一，检查伤病者有无反应，判断其有无意识。

第二，将伤病者仰卧放好，确定抢救者位置。

第三，畅通呼吸道。

第四，用看、听、感觉来判断有无呼吸。

第五，如果没有呼吸，实施人工呼吸。

第六，检查颈动脉，判断有无脉搏，通常用 5 ~ 10 秒钟。

第七，如果没有脉搏，立即开始心肺复苏术。

第八，实施心肺复苏术 1 分钟后判断呼吸、脉搏是否恢复。

第九，如果没有恢复呼吸和脉搏，应反复进行心肺复苏术，坚持几分钟检查一次呼吸和脉搏，直到伤病者复苏或死亡。

第十，在抢救过程中，要及时拨打“120”急救电话。

371. 单人怎样操作心肺复苏?

第一，心脏按压与人工呼吸同时进行，其比率为心脏按压 15 次，人工呼吸 2 次。即 15:2。

第二，心脏按压的速度为每分钟 60 ~ 80 次。

第三，人工呼吸每次吹气 2 口，用 1.5 ~ 2 秒，同时要注意胸部起伏情况。

第四，重复施行 4 次 15:2 的循环后，如果没有呼吸、脉搏，继续进行心肺复苏术，依然是 15:2 的比率。每隔几分钟检查一次呼吸、脉搏，直至伤病者恢复自发性呼吸、脉搏跳动为止。

372. 双人怎样操作心肺复苏?

双人施行心肺复苏，需要急救员充分合作及技术熟练才能发挥最佳效果。其基本步骤与单人施救法相同，但是，急救员要注意以下几点:

第一，急救员位于相对位置，一位负责检查伤病者的清醒程度、呼吸及脉搏，另一位同时迅速检查伤病者是否有严重出血或其他伤势。

第二，当检查伤势的急救员确认伤病者呼吸停止时，应立即就位，进行心肺复苏。

第三，在实施心肺复苏术时，一位负责心脏按压，另一位负责口对口或口对鼻人工呼吸并检查近身颈动脉的跳动情况，检查心脏按压的效果。二人的操作分工及要点是:

（1）心脏按压与人工呼吸比率为 5:1 次。

（2）心脏按压速度为每分钟 60 ~ 80 次，每按压 5 次约 3 ~ 4 秒钟。

（3）每 5 次心脏按压后作一停顿，以便人工呼吸操作。

（4）呼吸与脉搏检查应在 10 次 5:1 循环后进行，此后每隔几分钟重复检查一次。

如果急救员施救方法正确，迅速及时，就可能挽救伤病者生命。施救成功的象征，主要由伤病者的体征反映出来，比如：脸色好转；瞳孔收缩正常；恢复可感知的呼吸及脉搏；有知觉、反应呻吟等。

需强调的是，现场心肺复苏术的正确运用，需要掌握书本上的知识，更重要的是要反复训练，多次实践，真正牢记在心，运用自如，因人施救。其他各种现场急救技术也是同理。

第四节　止血技术

373. 失血有哪些症状?

血液流到血管外为出血。出血分为两类，一类是破裂性出血，就是血管破裂血液流出。二是渗出性出血。由于血管的通透性改变红细胞游离到血管外面。大量的失血，不及时控制会发展为休克，甚至死亡。失血量达全身血量的20%以上时则出现休克症状：面白、唇紫、出冷汗、四肢发凉、心慌气短、脉搏细弱而快速，以至摸不到，口渴，神志不清或烦躁，尿少。

374. 严重出血的处理步骤有哪些?

第一，立刻设法止血，预防休克。

第二，让伤者静卧，将出血部位抬高，露出伤口。

第三，不要轻易除去伤口的血液凝块。

第四，覆盖伤口，预防污染。

第五，伤者清醒时，一般可给予饮料，以供身体所需的液体。但昏迷不醒、呕吐、头部及胸腹部严重创伤及需要手术的患者，不可给予任何饮料。

第六，如伤口内有异物或突出的折断骨，应先用无菌敷料盖住伤口，用较大的环形垫置于伤口四周，以便止血。

第七，若有断肢（趾、指），应立即找到，并用无菌敷料包裹，置于塑料袋内，在塑料袋外放冰块（温度保持摄氏4度），随同病人送至医生处缝合。断肢者送医院时间不得超过6小时。

第八，随时观察及记录伤者的呼吸、脉搏、肤色、体温及意识状况，并报告医师。

第九，尽快将伤者送往医院。

375. 止血的方法有哪些?

止血的方法主要有5种：

第一，抬高伤肢止血法。将受伤的肢体抬到高于心脏的位置，降低压力，减缓出血速度。

第二，冷敷止血法。用冰块、冰袋（包括冷饮、冰棍）等物敷在出血部位，使出血变得缓慢一些。

第三，指压止血法。这是一种临时止血方法。较大的动脉出血，临时用手指压迫伤口的近心端，把动脉压在骨面上，以达到止血的目的，然后换上止血带；小的动脉出血指压后，改用加压包扎止血即可。具体方法有：

（一）颞浅动脉压迫止血法。在耳前对准下颌关节上方。用于头顶及颞部出血。

（二）耳后动脉压迫止血法。压住耳后突起下面稍外的耳后动脉。用于止头皮后部出血。

（三）颌外动脉压迫止血法。用拇指压迫下颌角与颏结节之间的动脉。用于止面部出血。

（四）颈总动脉压迫止血法。在气管外侧胸锁乳突肌前缘，将伤侧颈动脉向后压于第五颈椎上，但禁止双侧同时压迫。

（五）锁骨下动脉压迫止血法。在锁骨上凹，用拇指将锁骨下动脉向下内压于第一肋骨上。用于腋窝、肩、上肢出血。

四、加压包扎止血法

（一）填塞加压包扎止血法。较大伤口，可先用纱布块或急救卫生材料堵塞，再用棉团、纱布卷、毛巾等折成垫子，放在出血部位的敷料外面，用三角巾或绷带加压包扎。

（二）加垫屈肢止血法。上肢与小腿出血，在没有骨折和关节伤时，可采用屈肢加垫止血。

五、止血带止血法

当四肢动脉大量出血，用其他方法不能止血或伤肢损伤无法再复原时，才可用止血带。因止血带易造成肢体残废，所以使用时要特别小心。

（一）止血带的材料要用弹性好的橡皮管、带，也可用三角巾、绷带；现场可选用领带、呈布条状衬衫等材料代替，切忌不能用细绳类，以免伤及皮肤和内层组织，止血带宽度约5厘米。

（二）止血带要放在伤口上方（近心端）处，若伤口靠近关节，则置放在关节上方稍远处。上肢结扎于上臂根部，下肢通常在大腿的上1/3处。

（三）缠止血带部位必须加垫保护，不能把止血带直接扎在皮肤上。缠止血带松紧度要适宜，标准以刚能止血为好。

（四）用止血带的部位，要露在外面，并标明使用止血带的时间，而且要告诉伤员或护送人员。

（五）上止血带的时间一般不应超过50分钟，寒冷季节每30分钟要放松一次，时间约1~3分钟（此时用指压止血法）。松止血带时，必须慢慢地松开，以免松解太快造成血栓脱落，引起再次出血。

（六）上止血带的伤员，须优先送医，力争在2~3小时内送到医疗单位手术止血。护送途中要随时观察伤情和伤者的基本情况。

376. 怎样处理内出血？

内出血分为两种：隐藏不显现的内出血，如颅内出血、肠胃出血流入腹腔等；后来显现的内出血，如血液自耳道、阴道、口流出，肺部咳出等。内出血原因一般为撞击、压伤、骨折、创伤、肿瘤等。处理内出血的要点是：

第一，让伤者绝对安静，预防休克。

第二，已出现休克征兆的不可由口给予任何饮料或食物。

第三，如有条件可采取静脉输液，无输液条件的，应按出血部位的不同，采取适当姿势合理体位。

第四，松开领口及胸、腹衣物等，将头部转向一侧，下肢抬高20度，头部抬高约10度。

第五，保留伤者排泄物及呕吐物。

第六，持续小心观察伤者的意识、呼吸、脉搏、体温等迹象，尽快护送到医院。

第五节　包扎技术

377. 包扎的目的是什么？

第一，固定敷料、夹板、受伤部位。

第二，保护伤口免受污染和再受伤。

第三，支托受伤部位，使受伤部位舒适安全，减少痛苦。

第四，局部加压，帮助止血；也可预防或减轻局部的肿胀。

第五，矫正身体某一部位的畸形。

第六，保暖。

378. 包扎有哪些具体要求？

第一，包扎的动作要轻、快、牢。避免触动伤口。

第二，对充分暴露的伤口，要尽可能先用无菌敷料覆盖伤口再进行包扎。

第三，最好逆血液循环方向包扎（即由远心端往近心端）。

第四，包扎不可过紧或过松，以防滑脱或压迫神经和血管，影响远端血液循环。若是四肢，要露出指（趾）末端，以便随时观察肢端血液循环情况。

379. 包扎有哪些种类？

一、卷轴绷带包扎

（一）材料：纱布、棉布等制品。

（二）规格：我国标准绷带长一般约为6米，宽度分3厘米、4厘米、4.8厘米、6厘米、8厘米、10厘米6种，根据伤员的身材，伤口部位及大小选用。另外还有双头、四头、多头带等。

（三）基本包扎法：

（1）环形包扎法

应用：肢体粗细相等部位。

方法：将绷带作环形重叠缠绕。此法是绷带包扎中最基本的方法。

（2）蛇形包扎法

应用：扶托敷料和夹板固定。

方法：用绷带作斜形缠绕。每周之间基本不重叠。

（3）螺旋形包扎法

应用：臂、指和躯干等部位。

方法：用绷带作单纯斜旋上升，每周压盖前周1/2或1/3。

（4）螺旋反折包扎法

应用：肢体粗细不等处。

方法：先按环形法缠绕数圈，再作螺旋形的缠绕，待缠到渐粗处，将每圈绷带反折，盖住前圈的1/3或2/3。依此由上而下缠绕。

二、三角巾包扎

（一）材料。麻布或棉布，柔软、坚固、无缝边。

（二）尺寸。一平方米布料，对折为三角形，沿着对角线剪成两块三角形。

（三）用途及特点。较绷带简便、牢固，多用于人体面积不大且易包扎的部位、夹板固定手臂悬吊和止血等。

（四）使用形式。分别当做整块布料、宽绷带、窄绷带、环形布垫使用。

（五）三角巾包扎法

（1）三角巾的适用范围

将三角巾直接使用，或者折叠成带状、燕尾状，可以适合不同部位的包扎。

①巾状：适合包扎头部、面部、肩部、髋部、胸（背）部、腹部、手足部。

②褶带：适合包扎前额、额面、耳部、肘（膝）部、踝关节、手掌、拳头，可根据需要分为宽条带、窄条带。

③燕尾巾：适合包扎肩部、胸部、腹部、臀部。

④悬带：适合手臂使用的悬臂带。

（2）包扎方法

①头顶帽式包扎。即普通的头部包扎。

②头巾式包扎。三角巾腰边放在前额，顶角与底角在下额角处打结，一手将底边向上拉紧，另一手拉另一底角，包绕前额，在耳后上方与底边中央打结。

③风帽式头部包扎。将三角巾顶角和底连中央各打一结成为风帽状。方法：顶角放在额前，底边结放在后脑勺下方，包住头部，两角往面部拉紧向外反折包绕下颌，拉到枕后打结。

④面具式面部包扎。将三角巾包扎在整个面部上，在眼、口处剪开相应的洞口，利于眼、口、鼻的正常活动。

⑤单眼、双眼包扎。

单眼：三角巾折成带状，盖上敷料斜放好，在伤侧的耳下枕后作交叉，在前额处将结打好。

双眼：三角巾折成带形，约四横指宽，向下斜放，中央部分先压住一伤眼，下端从耳下绕过枕后，经对侧耳上方至眉上方，压住上端，反迭上端斜向下，压住另一伤眼，再绕耳下，在对耳上打结。

⑥肩部包扎。

单肩燕尾式包扎法。燕尾夹角朝上，放在伤一侧肩上。背角大于胸角，燕尾底包绕上臂在上部打结。然后两角侧到对腋下打结。

双肩包扎。使两燕尾角等大，燕尾夹角约120度，夹角朝上对准颈后正中，燕尾披在双肩上，两燕尾角过肩由前往后包肩到腋下与燕尾底边相遇打结。

⑦胸部包扎。把燕尾巾放在胸前，夹角约100度对准胸骨上凹处，两燕尾角过肩在后，再将燕尾底边角系带，围胸在背后相遇时打结。然后将一燕尾角系带并拉紧绕横带后上提，与另一燕尾角打结。背部包扎时，把燕尾巾调换到背部即可。

⑧腹部包扎。三角巾折叠成燕尾式，夹角约60度，朝下对准外侧裤线，大片在前压向后的小片，并盖于腹部，底边围腰相遇时

打结，两燕尾包绕大腿根打结。若腹部有内脏脱出时，不要马上送回腹腔，以免引起感染。用沾湿清水的干净敷料或保鲜纸遮盖脱出的内脏，然后用碗扣住，并扎稳。如伤口有异物，应在异物周围放置大量敷料并固定。肠脱出时应把三角巾顶角向下，横放在腹部，底边各腰两底角围绕到腰后作结。顶角由两腿间拉向后面和另两端作结。

⑨悬臂带的使用。

大悬臂带：主要用于前臂伤或臂骨折及肘关节伤。但肱骨骨折禁止使用此方法。

小悬臂带：用于锁骨和肱骨骨折，肩关节和上臂伤。

临时悬臂带：可用皮带、领带、手帕或紧身衣服绕过颈部打结，以承托手臂。如果前臂骨折断，不可用此方法。如果伤者身穿对胸的结纽外套，可以将外套的底部翻起，覆盖伤臂，然后用扣针将之扣在外套上。如果伤者身穿外套或背心，可以令伤者将他的手臂放入衣扣拉内。如情况许可，用扣针将袖口扣在翻领上。

第六节　骨折固定技术

380. 骨折有哪几种?

第一，闭合性骨折。骨折处周围的组织及皮肤无表面伤。

第二，开放性骨折。骨折处有伤口或断骨的尖端穿破皮肤表面。

第三，完全骨折。骨质完全断裂。

第四，不完全骨折。骨质未完全断裂。

第五，青枝骨折。骨的一边断裂，另一边完好，常发生于儿童的尺骨及桡骨。

381. 骨折的处理原则是什么?

第一，如非必要，千万不可移动骨折部位，以免骨折更为复杂。

第二，先作检查，处理呼吸困难、严重出血及昏迷。本着先救命后治伤的原则，呼吸、心跳停止者立即进行心肺复苏。有大出血时，应先止血，再包扎，最后再固定骨折部。另外，要预防疼痛性休克。

第三，固定时要用绷带、三角巾夹板固定受伤部分，不能随便移动伤员。除非现场环境对伤者或急救员有生命威胁。避免骨折断端刺伤皮肤、血管和神经。固定肢体使伤员安静以减轻疼痛，便于运送，避免在搬运与运送中增加受伤者的痛苦。

382. 骨折临时固定时应注意什么?

第一，有出血时，应先止血和消毒包扎伤口，然后固定骨折。如有休克，同时进行抢救。

第二，对于大腿、小腿和脊椎骨折，一般应就地固定，不要随便移动伤员。

第三、固定力求稳妥牢固，要固定骨折的两端和上下两个关节。

第四，夹板或其他器材不应直接接触皮肤，在固定时要用一些棉花、碎布、毛巾等软的东西垫在夹板和肢体之间，尤其是夹板两端和间隙的地方，可适当加厚，以免引起皮肤的损伤，而且要牢固。

第五，绷带松紧要适宜，过松达不到固定的目的，过紧影响血液循环，可导致肢体坏死。

第六，在四肢固定时，要露出手指或脚趾，以便随时观察其有无苍白、青紫、发冷、麻木等现象。发现上述情况时，应立即松开重新固定。

第七，对四肢骨折固定时，应先绑骨折断处的上端，后捆绑骨折断处的下端，如捆绑顺序颠倒，很容易导致断端再度错位，增加伤员的痛苦。

第八，上肢固定时，肢体要弯着绑，呈屈肘状。下肢固定时，肢体要伸直绑。

第九，开放性骨折禁止用水冲、不涂药物，保持伤口清洁。外露的断骨严禁送回伤口内，避免增加污染和刺伤血管、神经。

383. 骨折固定需要哪些材料?

一、夹板

制式木夹板最为妥善，其长宽以适合伤肢固定。现场没有定型夹板时，也可利用伤员胸部、健康肢体或木棒、树枝、竹竿等代替夹板，上肢可利用厚纸板、画报册等。

二、敷料

一种是作衬垫用的，如棉花、衣服、布；另一种是用来绑夹板的，如三角巾、绷带、腰带等。绝对禁止使用铁丝之类的东西。

384. 头颅骨折怎样固定?

一、头颅骨折的类型

（一）颅顶骨骨折。由直接暴力的打击或头朝下摔跌时所造成的，可能部分骨骼会向内陷入。

（二）颅底骨骨折。由间接力量导致，下颌受重击或跳下时脚跟先着地。

二、症状

（一）可能有明显的头部损伤，清醒程度下降。

（二）眼部充血。

（三）瞳孔反应异常。

（四）耳背充血。

（五）如颅底骨折，则耳及鼻可能会有血或脑脊液（透明）渗出。如颅腔内积血，可出现颅内压增高的症状。

三、处理方法

（一）先作初步检查及处理。

（二）止血时注意以下两点：一是不可用敷料填塞耳孔及鼻孔；二是如怀疑头颅骨骨折，不可使用弹性绷带给头部伤口加压。

（三）减少不必要的移动。

（四）固定颈椎。

（五）每隔数分钟检查伤者基本情况及清醒程度的改变。

（六）若伤者清醒，并无颈部受创时，则应让伤者仰卧，抬高头部。

（七）若伤者人事不省，并无颈部受创时，则应让伤者复原卧式。

（八）若伤者怀疑有颈部受创时，则应让伤者仰卧在硬板上，按照脊椎骨骨折处理。

385. 下颌骨骨折怎样固定？

通常是直接受力造成，一侧受伤情况较多，而此类损伤的特殊危险是由于颌部肌肉松弛，以致异物进入气道的自动咳嗽反射消失，因此血液或分泌物可能流入肺部而引起并发症，不省人事的伤者，更可能引发窒息。

一、症状

（一）伤者大多不能闭合或张大口部。

（二）吞咽及说话困难。

（三）唾液大量流出或有血。

（四）牙齿不齐或脱落。

（五）可能连带有牙齿、颅骨或颈椎骨的损伤。

二、处理方法

（一）清除口腔内的异味物，如脱落的牙齿及止血。

（二）用软垫支持颌部，并固定。

（三）伤者清醒时，安置伤者坐起使其头向前倾。

（四）如伤者不省人事，应安置复原卧式，头侧向健康一侧并略垫高头部，避免骨折处受压。

386. 臂部骨折怎样固定？

一、前臂骨折

（一）症状

（1）一般骨折症状。

（2）可能牵连关节损伤。

（二）处理方法

（1）肘关节屈曲成直角，腕关节稍向背屈，掌心朝向胸部。

（2）取两块长短适当的木板（由肘至掌心），垫上柔软的衬物，将两块板放在骨折处掌侧与背侧，用绷带缠绕固定，用三角巾悬吊伤肢。

二、上臂骨折

（一）症状

（1）一般骨折症状。

（2）如牵连肘关节，肘部可能无法屈曲。

（二）处理方法

固定时要达到肘关节屈曲成直角，肩关节不能移动。

（1）在伤处放置足够的软垫。

（2）伤肢外侧放置夹板加以固定（若无夹板可利用躯干固定）。

（3）用三角巾悬吊伤肢。

（4）若肘部不能屈曲则可安置伤者仰卧。

（5）放置软垫在伤处与身体之间。

（6）上臂、前臂、手腕用三角巾固定。

387. 大腿、小腿骨折怎样固定?

大腿骨为人体最长骨，内有大量血液流经，多数骨折情形下，大量血液会流入组织，并导致严重休克。

一、症状

（一）一般骨折症状。

（二）伤肢可能有缩短或向外翻。

（三）休克症状。

二、处理方法

（一）安置伤者仰卧。

（二）往两腿之间放置足够软垫。

（三）8 字带绕足部。

（四）阔带固定双膝部。

（五）窄带分别固定骨折之上、骨折之下和小腿部。如有条件，可选择一块从腋下至足跟长短的 8 厘米宽的木板，放置在伤肢的外侧固定。

小腿有两条骨，胫骨骨折通常为穿破性，腓骨骨折多发生于足踝关节之上2~3寸，常会误诊为扭伤。

一、症状

（一）一般骨折症状。

（二）当胫、腓骨同时折断时，小腿骨会折成角度或转向。

二、处理方法

（一）安置伤者仰卧。

（二）两腿之间放置软垫。

（三）8字带环绕足部。

（四）阔带固定双膝部。

（五）窄带分别固定骨折之上、下两端。

（六）阔带固定大腿部，如有条件，可选择一块齐大腿根部至足跟部长短的夹板放置伤肢外侧固定。

388. 脊柱骨折怎样固定?

脊柱骨折是一种非常严重的损伤，如处理不当，对伤者可能造成永久性损害，甚至死亡，因此处理脊柱损伤的重点是小心而快速。

一、症状

（一）脊柱剧痛。

（二）如神经受损害，手脚可能麻木或失去控制。

（三）可能昏迷及窒息。

二、处理方法

（一）如伤者清醒时，警告伤者不可乱动。

（二）迅速呼叫救护车，将伤者送往医院。

（三）用临时颈圈维持伤者颈部位置，并用手扶托，防止颈部转动，别让头后坠。

（四）如不需要搬运伤者，可将软垫放置在伤者身体自然凹位（足踝下、膝下、腰下等）及身旁四周。

（五）在移动伤者上担架时，必须用四人同侧平托法将伤者整个身体横移动，不得使伤者脊柱弯曲、下坠。

（六）搬运伤者担架应选择硬质木板。

（七）切勿扶持此类伤者走动或让伤者躺在软担架上，以免使脊柱骨折加重并对脊神经造成损伤，引起终生截瘫。

第七节　搬运伤病者技术

389. 搬运伤病者应注意什么？

搬运是现场急救最后一个步骤，也是一个关键环节。

一、运送伤者，救护员应考虑的因素

（一）现场环境的安全性和稳定性。

（二）伤者的伤势。

（三）救护员的数量。

（四）有多少可运用的器材、工具及物资。

（五）沿途的地势及道路的环境。

二、运送伤者的注意事项

（一）在运送伤者前，应先对其迅速作必要的、初步的救护处理。

（二）在现场，伤者和救护员如有二次损伤的危险，应迅速远离现场。

（三）要根据伤情，灵活地选用不同搬运方法和工具。

（四）伤者的运送必须是安全而稳定的，若用车送往医院时，所用车要选择可令伤者能平卧的车。

（五）在整个运送过程中，应随时观察与细心护理。

（六）除使用常备担架送伤者外，应就地取材，用座椅、门板、毛毯、衣服、竹竿等制作临时担架，担架要牢固。当徒步运送时，伤者头部在后，足部向前，便于观察。

390. 单人搬运伤病者有哪些方法？

一、扶行法

适宜清醒，没有骨折，伤势不重，能自己行走的伤者。

二、背负法

适宜老幼、体轻、清醒且无骨折的伤者。

三、拖行法

适用于体重体型较大的伤者，自己不能移动，现场又非常危险，需要立即离开时。非紧急情况下不可用此法，以免造成二次伤害。

四、抱持法

将伤患者抱起。适用于年幼、体轻、无骨折的伤者。

五、下梯法

适用于清醒或昏迷伤者、体形较大及重伤者，从楼梯向下拖拉运送。

六、爬行法

用于清醒或昏迷伤者，在狭窄空间或浓烟的环境下。

391. 双人搬运伤病者有哪些方法?

一、四手座抬法

适用清醒的伤者，能用一臂或双臂抓紧急救员的伤者。

二、三手座抬法

清醒伤者能用一臂抓紧急救员，急救员可空出一手携带器材。

三、前后扶持法

（一）将伤者移上椅子或担架。

（二）在狭窄地方运送伤者。

（三）适于昏迷或清醒伤者。

392. 三人以上搬运伤病者有哪些方法?

一、平托搬运

适用于脊柱骨折的伤者。三（或四）人救护者，站在伤者未受伤的一侧，分别在肩、臂和膝部。将伤者同时抱起，齐步前进。在固定骨折或搬运时，要防止脊柱弯曲或扭转。搬运时须托住伤者的头、肩和下肢。

二、铺垫搬运

最安全的搬运方法，适用于任何骨折伤者的搬运。

（一）一名急救员负责移动伤者头部，另三名急救员在负责将伤者身体向侧方轻轻翻起的同时，迅速将床板等硬物放于伤者身下。

（二）将伤者轻放于硬板上，并轻移使之身体平正。

（三）用宽带将伤者的整个身体与硬板捆牢固。

三、提拉搬运

（一）四名急救员面对同一方向站成纵队。

（二）同时用各自的左（或右）脚横跨伤者的身体，使伤者置于急救员的两腿中间。

（三）急救员用双手将伤者的领口、胸襟、腰带、裤角部位衣服抓牢并提起。

（四）在统一口号下提起伤者，使其离地。

（五）将伤者提离地面后，迅速把担架插入伤者的身体下面。

此法不能适用于颈部骨折等。

393. 器械搬运法适用哪些伤病者？

对于病情重，路途较远，又不适于徒手搬运的病人，必须使用器械搬运。常用器械有：

第一，软担架：帆布担架、绳络担架、被服担架。注意此类担架不宜运送脊柱损伤的伤员。

第二，硬质担架。采用木板、门板等硬质材料制作的担架。适用于脊柱损伤类伤员。

第八节 常见伤病的现场急救方法

394. 一氧化碳中毒的救护要点是什么？

煤气的主要成分是一氧化碳，它是一种无色、无味、对呼吸道无刺激性的剧毒气体，煤气中毒实际上就是一氧化碳中毒。其症状轻者发生头胀、头痛、恶心、呕吐、眩晕；重者呼吸中枢麻痹，心跳停止。患者的皮肤及口唇呈樱桃红色。当发现或怀疑一氧化碳中毒时，应立即采取如下措施进行抢救。

第一，脱离险境。一旦发现房间内有人煤气中毒，抢救者应设法进入，迅速将中毒者移到空气畅通的场所，或迅速打开门窗使中毒的现场空气流通。注意一氧化碳比空气要轻，因此越高的地方一氧化碳含量越高，故抢救者进入房间后一定要俯伏身躯。

第二，确保中毒者呼吸道通畅。松解衣领、裤带，保持呼吸道的通畅，平卧时头应转向一侧，以免呕吐时发生窒息，但必须注意保暖。

第三，如呼吸不规则或呼吸停止，应及时进行人工呼吸。

第四，如无心跳则进行心外按压。

第五，对于轻度病人，观察病人变化数小时后，通风观察即可恢复。

第六，对于重度病人，应及时送往医院进行高压氧舱治疗。

395. 中暑的救护要点是什么？

中暑是因为外界过高的热能作用于人体，引起体温调节功能障碍而发生的一种急性疾病。一般在环境温度超过34℃时即可发生中暑。空气潮湿、郁闷、通风不良、汗出不畅、剧烈的体力活动与衣着不合适等均能促使中暑的发生。

中暑根据具体症状，可分为先兆中暑、轻症中暑和重症中暑。先兆中暑时，患者大量出汗、口渴、头昏、耳鸣、胸闷、心悸、呼吸困难、恶心、呕吐、四肢无力、注意力不集中、体温升高。如能及时休息，离开高温环境，可于短时间内恢复。轻症中暑，除上述症状外，患者面色潮红、胸闷、皮肤灼热，并有早期呼吸循环衰竭的现象，皮肤湿冷、血压降低、脉细弱而快。重症中暑，除上述症状外，患者肌肉痉挛、出汗或无汗、体温超过39℃、休克、昏迷。中暑发病突然，严重的可以发生猝死。中暑的救护要点是：

第一，将病人移到清凉、通风、干爽的地方。

第二，适量脱衣，用湿毛巾或用冰袋置于颈侧、腋窝、腘窝等处，使体温下降。

第三，病人神志不清，切记不要给任何食物，清醒者也不要给予热或具有刺激性的饮料。

第四，迅速将病人移送医院治疗。

396. 溺水的救护要点是什么?

发现溺水者，应立即进行抢救，抢救者应脱去鞋、棉衣，尽量减轻自身负担，并按以下步骤进行抢救。

第一，快速游向溺水者，尽量从其背后接近并用手将其托起。正面接触正在水中挣扎的溺水者，有被紧紧抓住沉入水底而溺水的危险。

第二，当溺水者已无呼吸，拖上岸后，应简单清除溺水者口中的泥土、异物，立即进行口对口的人工呼吸。

第三，当溺水者停止心跳时，要及时采取心脏挤压法帮助其尽快恢复心跳。

第四，注意为溺水者保温，上岸后应及时给溺水者盖上棉衣、被褥，防止体温丧失。

第五，当溺水者出现呼吸并恢复正常时，再将其翻转成侧卧位，扣打溺水者背部，帮助其把气管及肺内残留的少量水咳出。

第六，对溺水者，虽心跳停止、呼吸消失，但不应该放弃抢救，应呼叫救护车快速送往医院，边复温边抢救。

397. 中毒的救护要点是什么?

某种物质进入人体，损害肌体的组织和器官，引起功能性或器质性病变，叫做中毒。能引起中毒的外来物质叫毒物。急性中毒一般情况紧急危险，抢救工作刻不容缓。一旦发现并判断是中毒，就应立即给予救治，即使当时不能确定是何种毒物中毒，也可以采取一些现场解救方法和措施，这样对减少中毒损害有极大的帮助，也有利于医院的治疗。

一、排除毒物

（一）吸入性中毒。应立即使中毒者脱离现场至空气流通处。吸入新鲜空气，解开衣服，静卧保暖。保持呼吸道通畅并及时吸出呼吸道分泌物，应将昏迷患者舌头拉出并使下颌前倾。

（二）皮肤黏膜沾染毒物。立即用大量清水冲洗，污染的衣服应及时脱去。清洗时不能使用热水，以免血管扩张促进毒物吸收。皮肤接触腐蚀性毒物时，冲洗时间要达 15 ~ 30 分钟。并可选用适当的中和液冲洗，如强酸接触中毒时可用肥皂水作为中和液冲洗浸泡。强碱中毒时可用食醋作为中和液冲洗。如系水溶性刺激性中毒，现场又无中和剂或解毒剂，即要用大量清水冲洗，以防皮肤灼伤等严重伤害发生。

（三）食入性中毒，采用催吐、洗胃、导泄等方法排出毒物。

催吐。由消化道进入的毒物大多数能引起呕吐，如果不发生自发性呕吐或呕吐不彻底时，就应采取各种措施催吐。催吐前先给患者饮水500～600毫升，然后用手指或木棒刺激咽后壁，会引起反射性呕吐。

洗胃、导泄应由医护人员操作。

二、阻止毒物吸收

（一）止血带。毒物由四肢局部进入体内时，可在肢体的伤口上端加止血带，以防止毒物自静脉或淋巴管弥散，止血带要每10～30分钟放松约1厘米。

（二）吸附剂。可用活性炭20～30克，加入200毫升温水中，于洗胃后饮服或注入，可迅速吸附毒物。氧化物中毒时禁用吸附剂。

（三）润滑剂。为早期处理手段之一。在误服腐蚀性毒物，如强酸强碱，要立即口服稠米汤、鸡蛋清、豆浆、面粉糊、牛奶等保护剂，保护胃黏膜，并能黏附毒物，减少吸收。

三、对症治疗

在急性中毒处理中，排毒、解毒的措施固然重要，但对症治疗也是不可缺少的，尤其是当发生一些危重病症的时候，对症治疗更是非常重要的环节。急性中毒容易发生的危害症一般包括呼吸衰竭、心跳骤停、中毒性心肌休克，水、电解质和酸碱失衡，中毒性脑病、中毒性肺水肿、急性肾功能衰竭等。

398. 烫伤的救护要点是什么？

人体受到高温的作用后，引起的局部损伤称为烫伤。在烫伤中，由开水、滚油、热蒸汽或沸腾的液体等所致的称为烫伤；由火焰、炽炭、电火花或烧红的固体所致的称为烧伤。人体受烫伤之后，先是剧痛，然后可能立即陷入虚脱，之后还可能伤处化脓，脓毒入体，就会使人发生危险。因此，对烫伤的人要采取急救措施，才能脱离危险或减少痛苦。烫伤的紧急救护要点是：

第一，热天，可把伤员的衣服脱去，担架铺上干净的布单，人躺好后盖上洁净的布单，防止发生再次污染。

第二，在送往医院的途中，不要颠簸，以减少伤员的疼痛。同时，要使伤员头部处于低平位防止发生虚脱。

第三，一般性的烫伤，最好的方法是用冷水冲洗，经过处理后，可用消毒纱布敷在创面上，再用纱布、三角巾之类的物品，进行简单的覆盖包扎。

第四，在急救外伤时，对烫伤创面不宜自行涂油、用药，不要弄破水泡或去擦皮肤，以免发生感染。

399. 触电的救护要点是什么？

人体是一个传导电流的导体，如果被一定量的电流通过，即能引起组织的严重损伤和脑、心等器官的功能障碍，称为触电，或称电击伤。触电多发生在下列两种情况：一是肌体直接与低压或高压电源接触；二是肌体处于高压电或超高压电的电场中，肌体本身虽未直接接触电源，但电源可先击穿空气或其他介质再进入肌体，产生触电现象。接触触电多因误触电源，或电器装置外壳未接地线；或未按安全规定，自行检修电器；或违章布线；或利用电线晾晒衣物；或在街巷玩耍误触电源；或大风吹断电线，电线坠落击中人体，或误踩踏电源等引起。

触电的紧急处置要点是：

第一，要迅速寻找和切断电源，防止再发生电击事故。

第二，查清电源的种类、电压。

第三，判明触电的性质，如果触电人未死亡或无法判断触电人是否死亡的，必须及时进行心脏挤压和人工呼吸，帮助触电人尽快恢复心跳和呼吸。

第四，在进行抢救的同时，应及时送往医院进行诊治。

400. 猝死的救护要点是什么？

猝死，又称内因急死或病理急死。它是指外表健康的人，因体内潜在的进行性疾病，可在某些外因作用下或没有外因突然发生的非暴力死亡。最常见引起猝死的原因是心血管系统疾病。猝死的情况常表现为：一是发病突然，经过短促。死亡急速的病例由于诊断不清，死因不明。二是疾病虽已发生，但经过缓慢，症状轻微，病人或其亲友认为无须诊治的情况下，却出人意料地突然死亡。三是疾病虽已诊治，但病情异常突变而死亡，这类病症特点是死得意外，其中多数又死得急速。常见猝死的救护要点如下：

一、中风

供应大脑的血液突然遭血凝块堵塞，或者大脑中的动脉破裂出血，都会造成中风。有高血压的人特别容易发生脑出血。发生中风时，患部的脑细胞会停止工作。大脑各部分分别控制着人体的不同部位及系统，中风发作时，大脑所控制的部位就会受影响，主要表现为突然发生严重头痛；脉搏极盛，跳动强烈；感觉迷惑、头晕，可能丧失意识，同时还可能出现嘴巴麻痹；肢体逐渐失去感觉；脸色潮红，皮肤干热；双眼瞳孔扩散不同；大小便失禁。发现中风的病人，要及时做好救护工作。救护工作方法如下：

（一）病人若意识清楚，应该躺下并略抬起头与双肩，头偏向一侧。

（二）松开颈部、胸部、腹部衣物的束缚，协助循环和呼吸。

（三）保持安静，避免人多喧哗，尽可能减少搬动、噪声和振动。

（四）病人失去意识，则让他以复原卧姿躺着。

（五）病人呼吸和心跳停止，立即进行心脏挤压和人工呼吸，帮助病人恢复心跳和呼吸。

（六）立即移送医院，用担架抬送时应保持处理的姿势。

二、休克

病人发生休克的原因很多，主要是由于遭到某种强烈刺激后出现的一种严重的全身综合征。其中最明显的是使心脏血液输出量骤然下降，在短时间内心脏未能及时进行代偿，有效循环血量迅速减少，因而组织灌血量不足造成缺氧，即所谓周围循环衰竭所引起的一系列临床现象。休克人员的救护方法如下：

（一）让病人仰卧躺下，将头部放低并偏向一侧，注意保持脑部血液供给，预防呕吐。

（二）放松病人身上的衣物束缚以协助血液循环和呼吸。

（三）让病人身处舒适、安静的环境中，并注意保温。

（四）经常检查病人的呼吸速度、脉搏及意识反应程度。

（五）如果病人心跳和呼吸停止，应立即实施心脏按压和人工呼吸，帮助病人恢复心跳和呼吸。

（六）立即移送医院，使用担架时应维持处理时的姿态。

三、心肌梗塞

心脏的正常活动突然受到干扰，会引起严重的后果。当冠状动脉遭血凝块堵住，血液无法到达心脏，或心脏因某些原因停止跳动，都会造成猝死发生，心肌梗塞是人体较大的冠状动脉分支发生急性闭塞，使由此血管供应血液的一片心肌的营养完全断绝，严重持久的缺血造成局部心肌的坏死。心肌梗塞的病人主要表现为心前区剧烈疼痛，并伴有烦躁不安、冷汗淋漓；血压急剧下降；呼吸困难；咳嗽甚至略出血沫样疾液；脉搏微弱、肢体发凉，多呈现休克状。发现心肌梗塞的病人，必须及时、有效地进行救护。救护工作方法如下：

（一）就地平卧或采用其他适宜体位，尽量减少不必要的挪动或其他增加病人精神紧张的措施。

（二）请附近的医疗单位迅速派人进行诊治处理。或呼叫“120”救护台，请速派人进行诊治处理。

（三）开展心脏挤压和人工呼吸，帮助病人恢复心跳和呼吸。并每隔 10 分钟检查病人的呼吸、脉搏及意识反应程度。

（四）在送往医院的途中，应平稳轻巧、尽量减少颠簸和振动，同时，要注意病人的保暖。

（五）在病人身上或周围群众中寻找硝酸甘油片、冠心苏合丸、丹参滴丸等对症药物。